유치권, 임차권, 법정지상권 등 경매 관련 분쟁을 정리한

|개정판|

부동산 경매 분쟁 사례

저자 **권 형 필** 변호사

개정판 서문

초판 출간당시 저자는 경매에서 가장 기본 중의 하나라고 생각되는 것이 권리분석이라고 판단하여 "권리분석이 먼저다"라는 제목으로 책을 출간하였다(이하 초판 머리말 참조)

다만 초판에서도 경매 분야를 넘어선 부동산 분야의 전반적인 분야를 다루었음에도 책 제목만을 본다면 특수물권 중 일부에만 적용되는 책으로 오인될 소지가 있어 개정판에서 부득이 제목을 바꾸게 되었다. 이 책은 경매에 한정되거나 특수물건에 해당하는 권리분석만을 다루고 있는 것이 아닌 유치권, 임차권, 법정지상권과 대지권 등 부동산분쟁 전반에 걸쳐서 다루고 있다.

특히 개정판에서는 대부분의 부동산 분쟁을 담기 위해 노력하였다. 즉 유치권의 내용을 보강함과 별도로 주택임대차 보호법에서 특히 문제되는 갱신기간을, 상가임대차보호법에서는 갱신청구권의 요건 그리고 권리금 관련 분쟁을, 그 외 대지권 관련된 경매 관련 없는 쟁점을 포함시켰고 무엇보다도 해당 분야의 최신 판례를 대폭 보충하였다. 그렇기 때문에 저자는 이 책을 경매를 하는 사람의 필독서라고 자부한다. 그 밖에 일반 부동산 분쟁을 경험하고 있는 사람도 이 책을 참고하면 아주 좋은 결과를 얻어낼 수 있을 것이다.

부동산 경매
분쟁 사례

    이 책을 쓴 목적은 단순한 법적 지식의 전달이 아닌 저자 스스로 부동산 소송에서 우위를 점하기 위한 것이다. 저자의 직업은 변호사이고 변호사는 사건을 수임해서 승소하기 위해 일한다. 그리고 승소를 위해선 어렵고 난해한 법리, 정치한 논리보다는 얼마나 더 많은 판결을 알고 있으며 그런 판결들에서 도출되는 법리를 실재 수행하는 사건에 적절하게 적용하는지 여부가 실질적으로는 승소의 가장 핵심 비결이라고 생각한다. 그래서 어떻게 해서든 판례들을 많이 알아야만 하는데 시중에서 검색해서 확인될 수 있는 판례는 전국 모든 판결의 0.1%도 되지 않는다. 이 책에 실린 판례들은 법원도서관에서만 검색가능한 판사들만 보는 판결문사이트(법원도서관에 단순히 4대 컴퓨터에만 연결되어 있다)에서 일일이 찾은 것들이다.

    판례 하나하나 그리고 그에 대한 해설들에 저자의 경험이 녹아있다. 부디 본 책을 통하여 경매에서 그리고 일반 부동산 분쟁에서 좋은 결실을 맺으신다면 저자에게 큰 보람이 될 것이다.

2023. 9. 30.
발리에서 가족 여행 중
권형필 변호사

CONTENTS

유치권 · 8

주택임대차보호법 · 168

상가건물임대차보호법 · 264

법정지상권 · 298

대지권 관련 분쟁 사례 · 342

유치권, 임차권, 법정지상권 등 경매 관련 분쟁을 정리한

부동산 경매 분쟁 사례

유치권

1. 서설

가. 의의 및 취지

　민법상의 유치권은 **타인의 물건 또는 유가증권을 점유하는 자가 그 물건 또는 유가증권에 관하여 생긴 채권의 변제를 받을 때까지 그 목적물을 유치함으로써 채무자의 변제를 간접적으로 강제하는 담보물권**이다(민법 320조 1항). 예컨대, 시계를 수선한 자는 그 수선료를 지급받을 때까지 그 시계의 인도를 거절할 수 있고, 임차인은 임차물에 관하여 지출한 필요비를 상환 받을 때까지 임차물을 그대로 가지고 있을 수 있는 권리가 인정되는데 이러한 권리가 바로 유치권이다. 이처럼 수선을 부탁한 자나 임대인은 수선료·필요비 등을 지급하지 않고서는 그 물건을 찾아오지 못하므로 이것이 간접적으로 심리적 압박의 효과를 나타내어 물건 등의 점유자인 채권자의 수선료채권·필요비상환청구권 등 채권의 효력을 담보하게 되는 것이다. 뿐만 아니라, 유치권자는 목적물을 경매할 수도 있고(민법 322조 1항), 경우에 따라서는 목적물로서 직접 변제에 충당할 수도 있다. 또한 다른 채권자가 수선의 목적물 또는 임차물에 대하여 경매 내지 강제집행을 하더라도 유치권자는 그 경락인에 대하여도 변제를 받을 때까지 그 유치물의 인도를 **거절할 수 있으므**

로 실질적으로 우선변제를 받게 되는 결과를 낳게 된다. 위와 같은 측면에서 우리 민법은 유치권을 담보물권의 하나로 인정하고 있다고 할 수 있으나, 유치권은 당사자 간의 계약에 의하지 아니하고 법률상 당연히 인정되는 것인데다가 물건의 교환가치를 담보하는 가치권의 성격을 가진 통상의 담보물권과는 달리 현실적인 점유를 통한 간접적인 채권담보에 주안점이 있다는 점에서 물권적인 채권담보로서의 성격이 강하다고 할 수 있다.

> **제320조 (유치권의 내용)**
> ① 타인의 물건 또는 유가증권을 점유한 자는 그 물건이나 유가증권에 관하여 생긴 채권이 변제기에 있는 경우에는 변제를 받을 때까지 그 물건 또는 유가증권을 유치할 권리가 있다.
> ② 전항의 규정은 그 점유가 불법행위로 인한 경우에 적용하지 아니한다.

나. 유치권의 성립요건

유치권은 민법 제320조에서 요구하는 것과 같이 ① 타인 소유의 물건 또는 유가증권일 것 ② 이에 대한 적법한 점유가 있을 것 ③ 물건에 관하여 발생한 채권일 것(견련관계) ④ 채권이 변제기에 있을 것을 요한다.

즉 유치권은 위 ①, ②, ③, ④ 요건이 충족되어야만 비로소 "성립"되며 반대로 위 요건이 충족되지 않는다면 실제 공사가 진행되었든, 공사비가 수십억 원에 달하든 관계없이 유치권이 불성립하고 이를 흔히 "유치권이 깨졌다"라고 표현하는 것이다.

다. 유치권 성립이 충족되었더라도 그 외의 사유로 인정되지 못하는 경우

더 나아가 "나"항에서 보는 바와 같이 ①, ②, ③, ④ 요건만 충족되면 유치권 자체는 성립되지만 민법 및 그 밖의 법리, 기타 합의에 의하여 이를 배제하는 경우가 발생하는 바 그 사유는 다음과 같다.

> 채무자의 승낙 없이 사용·수익하였을 경우 (민법 제324조 제3항)
> 상당한 담보를 제공하였을 경우 (민법 제327조)
> 경매 개시 이후 점유(유치권 발생)한 경우(대법원 2005다22688 판결)
> 기타 유치권 포기 각서를 작성한 경우

라. 소결론

결국 유치권이 문제되는 사안에서 "나"항의 요건을 충족하지 못하였거나 "나"항의 요건을 충족하였어도 "다"항의 사유가 존재한다면 유치권은 인정될 수 없게 된다.

따라서 여타의 경매 서적을 볼 때 이와 같은 요건 사실을 적용해보면서 읽는다면, 즉 저자가 "유치권을 깼다"라는 표현을 사용한 경우 그 사안에서 위 각 요건 중 어느 요건에 해당하여 유치권이 성립되지 않았는지를 찾는다면 단 한 권의 경매 서적만으로도 충분히 경매 고수가 될 수 있다.

2. 유치권 요건 검토

가. 타인의 물건일 것

수급인은 공사대금을 지급받을 때까지 수급인의 재료와 노력으로 건축된 수급인 소유의 기성부분에 대하여 유치권을 인정받을 수 없다 (대법원 1993. 3. 26. 선고 91다14116 판결).

판례 해설

민법상 유치권의 성립요건 가운데 유치물의 소유권은 타인의 것임이 요구되는 바, 여기에서 **소유권은 "법적"인 측면에서 고려되어야** 한다. 즉 소유권은 물권이므로 물권법정주의로 말미암아 법리적인 판단이 필요한 것이다.

유치권을 주장하는 자는 대부분 공사업자인데, 대상판결은 수급인 즉 건물을 건축한 자가 소유권을 원시취득하였다고 보아 유치권을 주장하는 공사업자는 타인의 물건이 아닌 '자신의 물건'에 대하여 유치권을 행사하려 하는 것으로 유치권의 성립을 인정받을 수 없다고 판단하였다.

즉 민법상 도급의 법리에 따르면 자신의 비용과 노력을 투입하여 건물을 건축할 경우 해당인에게 소유권이 원시적으로 귀속되는 바, **간혹**

이 사건처럼 수급인인 공사업자가 직접 노력과 비용을 투입하여 공사를 진행하였을 경우에는 공사업자 스스로 소유권을 취득하게 된다.

다만 이와 같은 법리는 대부분 건축 중이거나 최소한 소유권 보전등기가 되기 이전의 건물에 관하여 문제되는 것인바, 소유권 보존등기가 명확히 존재한다면 이와 같은 법리는 적용되기 어려울 것이다.

법원 판단

건물신축공사의 진행 중 공사도급계약이 수급인의 해제통고로 해제된 경우 해제 당시 골조공사를 비롯한 상당한 부분이 이미 완성된 상태였다면 원상회복이 중대한 사회적·경제적 손실을 초래하게 되고 완성된 부분이 도급인에게 이익이 된다고 할 것이므로 도급인은 수급인에게 기성부분에 대한 보수를 지급할 의무가 있다.

도급인인 대지소유자가 건축공사가 진척 중 대지를 제3자에게 매도하여 매수인이 임의로 기성부분을 철거한 경우 수급인의 공사대금채권은 존속한다고 본 사례.

수급인이 도급인에게 공사금을 지급하고 기성부분을 인도받아 가라고 최고하였다면 수급인은 이로써 자기 의무의 이행 제공을 하였다고 볼 수 있는데 도급인이 아무런 이유 없이 수령을 거절하던 중 쌍방이 책임질 수 없는 제3자의 행위로 기성부분이 철거되었다면 도급인의 수급인에 대한 공사대금지급채무는 여전히 남아 있다.

기성부분의 소유자인 수급인이 제3자의 불법행위로 기성부분에 대한 소유권을 상실하기는 하였으나 부지 소유자에게 대항할 권원이 없어서 조만간 손해배상 없이 이를 자진철거하거나 강제로 철거당할 운명이었다면 불법철거로 인한 손해는 기성부분의 교환가격이나 투자비용이라고 할 수 없고, 기성부분이 적법히 철거될 때까지 당분간 부지를 불법점유한 채 기성부분을 사실상 사용할 수 있는 이익, 철거 후 기성부분의 폐자재를 회수할 수 있는 이익 침해로 인한 손해에 한정된다.

유치권은 타물권인 점에 비추어 볼 때 수급인의 재료와 노력으로 건축되었고 독립한 건물에 해당되는 기성부분은 수급인의 소유라 할 것이므로 수급인은 공사대금을 지급받을 때까지 이에 대하여 유치권을 가질 수 없다.

나. 피담보 채권의 존재

1) 채권의 존재

유치권이 성립하기 위해서는 **유치권자가 보호하고자 하는 채권이 존재해야 하는데 이를 피담보채권**이라고 한다. 유치권의 요건 중 하나가 되는 피담보채권은 그 발생 원인이 계약·사무관리·부당이득·불법행위 중 어느 것이든 상관이 없으며 채권은 반드시 금전채권일 것임을 요하지 않고 유치권 행사 중에 취득한 채권이라도 무관하다. 이 경우에는 원래의 채권이 변제되어도 유치권 행사 중 새로이 취득한 채권에 관하여 다시 그 물건을 유치할 수 있게 되는 것이다.

이하에서 유치권을 인정받기 위한 피담보채권의 요건이 무엇인지 알아보자.

2) 채권의 변제기 도래

피담보채권의 변제기가 도래하여야만 비로소 유치권이 성립될 수 있다(대구지방법원 2016가합1001 판결).

판례 해설

유치권 역시 피담보채권이 존재하여야 하는데, **피담보채권은 변제기가 도래하여야만 유치권의 성립이 가능**하다.

이 사건에서도 확인할 수 있듯이 경매 개시 전까지 점유가 유지되었더라도, 그 이전에 기성금의 지급시기가 도래되었다는 점이 증명되지 않는다면 피담보채권은 존재하지 않은 것이고 결국 유치권 성립이 부정된다.

법원 판단

가. 피고 OO건설에 관하여

피고 OO건설은 '2012. 3. 14.부터 2013. 12. 10.까지 이 사건 공사를 시행하며 그 점유를 하였을 뿐 아니라, 경매가 진행된다는 사실을 알게 되자 플래카드를 붙이고 펜스와 울타리를 치고서 경비로 하여금 점유를 하도록 하였다'고 주장하고 있다(2016. 7. 18.자 답변서 5면). 그러나 **피고 OO건설은 2013. 12. 10. 이후 이 사건 건물에 대한 점유를 상실한 것으로 보이는데 이 사건 경매가 진행된다는 것을 알고 플래카드를 붙이는 등 다시 점유개시를 시도하였을 때에는 위 피고에게 그러한 점유를 개시할 권원이 있었다고 볼 만한 사정도 보이지 않는 점** 등에서 피고 OO건설이 제출한 증거만으로는 위 피고가 이 사건 공사현장에 플래카드를 붙인 것 외에 직원을 상주시키는 등의 방법으로 실질적으로 점유를 개시 내지 유지되었다고 인정하기도 부족하므로, 이 사건 건물에 대한 피고 OO건설의 유치권은 인정되기 어렵다. 따라서 원고의 피고 OO건설에 대한 청구는 이유 있다.

나. 피고 XX건설에 대하여

유치권은 그 목적물에 관하여 생긴 채권이 변제기에 있는 경우에 비로소 성립하고(민법 제320조), 한편 채무자 소유의 부동산에 경매개시결정의 기입등기가 마쳐져 압류의 효력이 발생한 후에 유치권을 취득한 경우에는 그로써 그 부동산에 관한 경매절차의 매수인에게 대항할 수 없다(대법원 2009. 1. 15. 선고 2008다70763 판결 등 참조).

피고 XX건설이 이 사건 토지에 대한 경매개시결정 이후 이 사건 건물에 대한 경매개시결정의 기입등기가 마쳐지기 전에 이 사건 건물에 '유치권 행사 중'이라고 기재된 현수막을 건 사실은 앞서 본 바와 같으나, 나아가 직원을 상주시키는 등의 추가적인 사정을 인정할 증거는 없는 바, 피고 XX건설이 단순히 현수막을 걸어두었다는 사정만으로는 이 사건 건물에 대한 경매개시결정의 기입등기 전부터 이 사건 건물을 실질적으로 점유하고 있었다고 쉽사리 단정하기 어렵다.

또한, 피고 XX건설은 A로부터 이 사건 공사계약에 따른 계약금을 지급받은 사실을 인정하고 있고, **위 공사계약에 따른 기성금 지급시기가 'H동 골조완료시'** 등인 사실은 앞서 본 바와 같다. 그런데 피고 XX건설은 2014. 8. 경부터 이 사건 공사가 중단되었으므로 그때까지의 기성금 673,298,316원의 이행기 또한 그 무렵 도달하였다고 막연히 주장하고 있을 뿐, 이 사건 공사계약에 따른 기성금의 지급시기가 도래하였다는 점 등에 대한 구체적인 주장·증명을 하지 않고 있는바, 설령 피고 XX건설이 이 사건 건물에 대한 경매개시결정 기입등기가 마쳐지기 전에 위 건물에 대한 점유를 개시하였다고 하더라도 피고 XX건설의 유치권이 성립되었다고 인정할 수 없다.

건물신축 도급계약에서 완성된 신축 건물에 하자가 있고 하자 및 손해에 상응하는 금액이 공사잔대금액 이상이어서 도급인이 하자보수청구권 등에 기하여 수급인의 공사잔대금 채권 전부에 대하여 동시이행 항변을 한 경우, 수급인이 공사잔대금 채권에 기한 유치권을 행사할 수 있는지 여부(원칙적 소극) (대법원 2014.1.16.선고 2013다30653 판결)

판례 해설

이 판결은 당연한 법리를 설시한 것에 불과하다. 즉 채무자가 채권자로부터 지급받을 금원이 있다면 채무자는 상계를 주장하여 변제 효과를 누릴 수 있고 이와 동일한 선상에서 채권자의 채권은 채무자가 상계한 액수만큼 소멸되었기 때문에 채권자는 자신의 채권이 존재함을 전제로 어떠한 권리도 행사할 수 없는 것이다.

다만 모든 유치권 사건이 그러하듯이 상대방이 유치권을 주장한다면 조속한 시일 내에 이를 해결하여야 한다. 이와 같은 상황이 지속된다면 소송에 승소하더라도 패소한 것과 동일한 효과 즉, 추가 공사를 지연함으로 인하여 발생하는 손실 및 그 외 해당 건물을 사용·수익할 수 없어 발생하는 금전적 손실이 막대해지기 때문이다.

이 사건의 유치권 주장자인 피고 역시 타 유치권자와 동일하게 공사장을 먼저 점거하였고 이후 소송이 진행되었는바, 공사장 점거 중에 발생하였던 유무형적 비용은 상상을 초월하였을 것으로 보인다. 더 나아가 이 소송에서 원고가 승소할 수 있었던 이유는 이미 타 사건에서 피고에 대한 자신의 피담보채권을 명확히 확인받았기 때문으로, 만약 그렇지 않았다면 이 사건은 공사대금 채권과 공사의 오시공, 미시공으로 인한 손해배상 채권의 다툼으로 인하여 어려운 소송이 되었을 것으로 추측된다.

법원 판단

1. 도급계약에 있어서 완성된 목적물에 하자가 있는 때에는 도급인은 수급인에 대하여 하자의 보수를 청구할 수 있고 그 하자의 보수에 갈음하여 또는 보수와 함께 손해배상을 청구할 수 있는바(민법 제667조), 이들 청구권은 수급인의 공사대금채권과 동시이행관계에 있다(대법원 2007.10.11.선고 2007다31914판결 등 참조). 한편 유치권은 그 목적물에 관하여 생긴 채권이 변제기에 있는 경우에 성립하는 것이므로(민법 제320조), 아직 변제기에 이르지 아니한 채권에 기하여 유치권을 행사할 수는 없다(대법원 2007.9.21.선고 2005다41740판결 등 참조). 변제기 전에 유치권이 생긴다고 하면 변제기 전의 채무이행을 간접적으로 강제하는 것이 되기 때문이다.

2. 결국 수급인의 공사대금채권이 도급인의 하자보수청구권 내지 하자보수에 갈음한 손해배상채권 등과 동시이행의 관계에 있는 점 및 피

담보채권의 변제기 도래를 유치권의 성립요건으로 규정한 취지 등에 비추어 보면, 건물신축 도급계약에서 수급인이 공사를 완성하였다고 하더라도, 신축된 건물에 하자가 있고 그 하자 및 손해에 상응하는 금액이 공사 잔대금액 이상이어서, 도급인이 수급인에 대한 하자보수청구권 내지 하자보수에 갈음한 손해배상채권 등에 기하여 수급인의 공사잔대금 채권 전부에 대하여 동시이행의 항변을 한 때에는, 공사잔대금 채권의 변제기가 도래하지 아니한 경우와 마찬가지로 수급인은 도급인에 대하여 하자보수의무나 하자보수에 갈음한 손해배상의무 등에 관한 이행의 제공을 하지 아니한 이상 공사잔대금 채권에 기한 유치권을 행사할 수 없다고 보아야 한다.

3. 위 사실관계를 앞서 본 법리에 비추어 보면, **이 사건 신축건물에 대한 하자보수비가 255,952,766원 상당에 이르러 A건설회사의 공사잔대금 채권액 210,325,000원을 상당한 정도로 초과하였음이 밝혀진 이상, 원고가 A건설회사에 대하여 하자보수 내지 하자로 인한 손해배상을 요구하면서 공사잔대금의 지급을 거절한 것은 정당한 동시이행의 항변권 행사에 해당하므로, A건설회사는 원고에 대한 하자보수의무나 손해배상의무에 관한 이행을 제공함이 없이 위 공사잔대금 채권에 기한 유치권을 행사할 수 없다.** 따라서 A건설의 대표이사인 피고가 이 사건 신축건물을 점거하고 원고의 출입을 통제한 행위를 두고 A건설회사의 공사대금을 지급받기 위한 유치권의 행사로서 적법하다고 할 수는 없다.

1) 채권의 소멸시효 및 중단의 문제

> 공사대금 채권은 3년의 단기 소멸시효에 걸린다(민법 제163조 제3호). 통상의 경우에는 권리행사가 가능한 시기인 공사 완공일로부터, 도급계약에서는 완성된 목적물의 인도의무를 부과하고 있는 경우 목적물의 인도일로부터 각 3년이 경과하면 소멸시효가 완성된다.
>
> **제163조 (3년의 단기소멸시효)**
> 다음 각 호의 채권은 3년간 행사하지 아니하면 소멸시효가 완성한다. [개정 97·12·13]
> 1. 이자, 부양료, 급료, 사용료 기타 1년이내의 기간으로 정한 금전 또는 물건의 지급을 목적으로 한 채권
> 2. 의사, 조산사, 간호사 및 약사의 치료, 근로 및 조제에 관한 채권
> **3. 도급받은 자, 기사 기타 공사의 설계 또는 감독에 종사하는 자의 공사에 관한 채권**
> 4. 변호사, 변리사, 공증인, 공인회계사 및 법무사에 대한 직무상 보관한 서류의 반환을 청구하는 채권
> 5. 변호사, 변리사, 공증인, 공인회계사 및 법무사의 직무에 관한 채권
> 6. 생산자 및 상인이 판매한 생산물 및 상품의 대가
> 7. 수공업자 및 제조자의 업무에 관한 채권
>
> 민법 제166조 제1항은 "소멸시효는 권리를 행사할 수 있는 때로부터 진행한다."고 규정하고 있는 바, 여기서 '권리를 행사할 수 있는 때'라고 함은 권리를 행사함에 있어 이행기의 미도래, 정지조건 미성취와 같은 법률상 장애가 없는 경우를 의미한다.
>
> **제166조 (소멸시효의 기산점)**
> ①소멸시효는 권리를 행사할 수 있는 때로부터 진행한다.
> ②부작위를 목적으로 하는 채권의 소멸시효는 위반행위를 한 때로부터 진행한다.

유치권이 성립된 건물의 공사대금 소멸시효가 낙찰 전에 중단되었다면, 매수인은 종전의 소멸시효 완성을 주장할 수 없다(대법원 2009다39530 판결).

판례 해설

유치권이 인정되지 않은 경우 중 두 번째로 많은 사유가 **바로 유치권의 피담보채권인 공사대금의 소멸시효가 완성**된 경우이다. 유치권은 공사대금을 지급받기 위하여 주장하는 것이므로 만약 공사대금을 청구할 수 있는 지위에 있지 않다면 이에 따른 유치권도 주장할 수 없다. 더욱이 공사대금 채권은 단기 소멸시효 중 하나로 3년의 소멸시효에 걸리기 때문에 더더욱 주의해야 한다.

소멸시효는 권리 위에 잠자는 자를 보호하지 않겠다는 취지에서 만들어진 제도다. 따라서 권리를 행사한다면 해당 소멸시효는 "중단" 되고 그 때로부터 다시 소멸시효가 기산된다. 권리를 행사하는 가장 쉬운 방법은 소제기 또는 지급명령 등을 통하는 것이다.

대상판결은 해당 소멸시효가 완성된 줄 알고 유치권이 존재하는 건물을 낙찰받았으나 유치권의 피담보채권에 해당하는 공사대금 채권의 소멸시효가 이미 중단되었을 경우 그 중단의 효력이 낙찰자에게도 미치는지 여부가 문제가 된 것으로, 경매개시 이후 시효 중단 및 시효이익

포기와 같은 특수한 상황이 아니라면 해당 낙찰자는 그대로 시효 중단의 효력을 받게 되어 더 이상 소멸시효를 주장을 할 수 없게 되고 피담보채권의 존재로 인하여 성립된 유치권을 인수하게 되는 것이다.

따라서 외관상 시효가 소멸된 것처럼 보인다고 하더라도 당사자 사이의 소송 또는 지급명령이 존재할 수 있으므로 경매 물건을 낙찰받기 전이에 대한 철저한 검토가 요구된다.

법원 판단

유치권이 성립된 부동산의 매수인은 피담보채권의 소멸시효가 완성되면 시효로 인하여 채무가 소멸되는 결과 직접적인 이익을 받는 자에 해당하므로 소멸시효의 완성을 원용할 수 있는 지위에 있다고 할 것이나, 매수인은 유치권자에게 채무자의 채무와는 별개의 독립된 채무를 부담하는 것이 아니라 단지 채무자의 채무를 변제할 책임을 부담하는 점 등에 비추어 보면, **유치권의 피담보채권의 소멸시효기간이 확정판결 등에 의하여 10년으로 연장된 경우 매수인은 그 채권의 소멸시효기간이 연장된 효과를 부정하고 종전의 단기소멸시효기간을 원용할 수는 없다** 할 것이다.

같은 취지에서 원심이 담보권 실행을 위한 경매절차에서 유치권의 목적물을 매수한 원고는 그 피담보채권인 공사대금채권이 소멸되는 결과 직접적인 이익을 받은 자에 해당하여 소멸시효의 완성을 원용할 수 있는 지위에 있으므로, 피고들과 소외 주식회사 사이의 확정된 지급명령이나 민사조정법에 의한 조정성립에 따른 소멸시효기간 연장의 효과를 부정하고 **종전의 단기소멸시효기간인 3년을 주장할 수는 없다고 판단**한 것은 위 법리에 따른 것으로 정당하고, 거기에 상고이유로 주장하는 바와 같은 피담보채권의 소멸시효기간 연장의 효과가 미치는 인적 범위에 관한 법리오해의 위법이 없다.

다. 견련관계 존재(=채권과 물건과의 연관성이 있어야 한다)

> 유치권이 인정되기 위해서는 유치권으로 담보되는 채권이 유치의 대상이 되는 물건이나 유가증권에 **관하여 생긴 것**이어야 한다(민법 제320조 제1항). 이 규정은 유치권의 바탕이 되는 채권과 유치물건과의 관련성을 유치권의 성립요건으로 명시한 규정으로 이와 같이 **유치권의 성립요건이 되는 채권과 물건과의 관계를 채권과 물건과의 '견련성'**이라고 하며, 이러한 채권과 물건과의 견련성은 유치권성립에 있어서 가장 중요한 성립요건에 해당한다.

건물과 피담보채권간에 견련관계가 인정되기 위해서는 단순히 공사현장에 건축자재를 공급한 것만으로는 부족하고, 유치권자에 해당하는 공사업자가 해당 건물의 가치 상승에 물리적으로 공헌하였어야 한다(대법원 2012. 1. 26 선고 2011다96208 판결).

판례 해설

유치권 제도는 물건에 일정한 가치를 투여한 자의 부당한 손실을 막는 동시에 물건의 소유자 또는 채무자에 대하여 가치 상승분만큼의 부당한 이득을 방지하기 위한 것으로, 민법은 이러한 취지를 구현하고자 유치권의 피담보채권이 당해 물건에 관하여 생긴 채권일 것임을 요구하고 있다.

이 사건에서는 유치권을 행사한 **피고가 제공한 건축 자재가 비록 건물의 신축을 위해 사용되었다 하더라도 그것은 매매대금 채권일 뿐, 그 건물 자체에 관하여 생긴 채권은 아니므로 피고가 행사한 유치권은 부적법하다고 판결**하였다.

유치권 제도의 취지를 고려하여 볼 때, 견련관계를 "건물의 가치를 직접 상승시킨 경우"로 한정하여 유치권의 피담보채권을 인정한 대상판결은 지극히 타당하다.

법원 판단

1. 원심의 판단

먼저, 원고의 위 ①주장에 관하여 보건대, 민법 제320조 제1항에서 규정한 '그 물건에 관하여 생긴 채권'은 **유치권 제도 본래의 취지인 공**

평의 원칙에 특별히 반하지 않는 한 채권이 목적물 자체로부터 발생한 경우는 물론이고 채권이 목적물의 반환 청구권과 동일한 법률관계나 사실 관계로부터 발생한 경우를 포함하는 것인 바, 피고가 이 사건 부동산의 신축공사에 필요한 자재인 시멘트와 모래 등을 공급하였고, 위 공사자재들이 공사에 사용되어 이 사건 부동산의 구성부분으로 부합된 이상, 위 건축 자재 대금 채권은 이 사건 부동산과의 견련관계가 인정되어 이 사건 부동산에 대한 유치권의 피담보채권이 된다고 할 것이므로, 원고의 위 주장은 이유 없다.

2. 대법원 판단

원심 판결 이유에 의하면, 피고는 위 건물 신축 공사의 수급인인 B와의 약정에 따라 그 공사 현장에 시멘트와 모래 등의 건축 자재를 공급하였을 뿐이라는 것인 바, 그렇다면 이러한 피고의 건축 자재 대금 채권은 그 건축 자재를 공급받은 B와의 매매 계약에 따른 매매 대금 채권에 불과한 것이고, 피고가 공급한 건축 자재가 수급인 등에 의해 위 건물의 신축 공사에 사용됨으로써 결과적으로 위 건물에 부합되었다고 하여도 건축 자재의 공급으로 인한 매매 대금 채권이 위 건물 자체에 관하여 생긴 채권이라고 할 수는 없다.

갑 회사가 지출하였다고 주장하는 총공사비에 따라 산정한 금액을 유치권의 피담보채권으로 인정한 다음 갑 회사가 각 호실 전체에 대하여 유치권을 주장할 수 있다고 본 원심판단에 법리오해의 잘못이 있다고 한 사례 (대법원 2023. 4. 27 선고 2022다273018 판결 [유치권존재확인의소])

판례 해설

당사자 사이에 약정에 의해서 공사대금 중 70%를 지급하기로 하고 이를 지급하지 않을 경우 유치권을 주장할 수 있다고 약정하였더라도 해당 공사비 내에는 건물의 가치 상승을 위한 금액 외에 다른 금액도 포함되어 있고 결국 견련관계가 인정될 수 없어 유치권이 인정될 수 없고 무엇보다도 당사자 사이에 약정에 의해 유치권을 인정하기로 했다고 하더라도 유치권 자체는 법정담보 물권에 해당함으로 당사자 약정으로 인정될수 없다고 판시한 사안이다.

결국 유치권을 주장하는 자는 피담보채권이 건물의 가치 상승을 위하여 투입한 비용이라는 것을 명확히 증명하여야 한다는 것을 강조한 판결에 해당한다.

특히 이사건에서는 공사비를 지급하지 않으면 유치권을 인정하겠다고 약정한 것이 문제였는데 유치권은 당사자 사이 약정에 의해서 성립하는 것이 아닌 법정담보물권 즉 민법의 요건에 의해서 성립한다는 물권 법정주의를 확인한 판결로도 그 의의가 있다.

법원 판단

갑 주식회사가 구분등기가 마쳐진 4개 호실 중 1개 호실을 임차하면서 임대인과 '임대차계약이 종료된 경우에 임대인은 임차인에게 임차인이 위 부동산에 관하여 뷔페 영업을 위하여 투입한 총공사비의 70%를 반환한다.'는 내용의 공사비 반환 약정을 하였고, 그 후 갑 회사는 4개 호실을 전부 점유하면서 각 호실을 구분하던 칸막이를 철거하는 등의 공사를 한 다음 점유 부분 전부를 뷔페 영업을 위한 공간으로 사용하였는데, 4개 호실이 경매절차에서 일괄매각되자 갑 회사가 위 약정에 따른 유익비상환채권을 피담보채권으로 하는 유치권의 존재 확인을 구한 사안에서, **임대차계약 및 공사비 반환 약정의 진정성에 의문스러운 부분이 있을 뿐만 아니라, 유치권의 목적물과 견련관계가 인정되지 않는 채권을 피담보채권으로 하는 유치권을 인정한다면 법률이 정하지 않은 새로운 내용의 유치권을 창설하는 것으로서 물권법정주의에 반하여 허용되지 않는데,** 갑 회사가 공사에 지출하였다고 주장하는 비용에는 각 호실의 개량을 위하여 지출되어 물건의 가치를 객관적으로 증가시키는 비용과 갑 회사의 주관적 이익이나 특정한 영업을 위한 목적으로 지출된 비용이 구분되어 있지 않으므로, 공사비 반환 약정을 근거로, 민법상 유익비에 해당하지 않는, 즉 건물의 객관적 가치 증가와 무관한 비용지출로서 유치권 목적물과의 견련관계가 인정되지 않는 부분까지 법정담보물권인 유치권의 피담보채권이 된다고 볼 수 없으며, 한편 각 호실의 칸막이가 철거되어 구조상·이용상 독립성을 상실하기는 하였으나 현재도 건축물대장에 첨부된 건축물현황도 등으로 위치와 면적 등을 쉽게 특정할 수 있고, 기존 칸막이 철거는 점유 부분을 뷔페 영업에 사용하기 위한 일시적인 방편에 불과하여 언제든지 원상태로 복원할 수 있을 뿐만 아니라 복원에 과다한 비용이 들 것으로 보이지 않는데도, 갑 회사가 지출하였다고 주장하는 총공사비에 따라 산정한 금액을 유치권의 피담보채권으로 인정한 다음 갑 회사가 각 호실 전체에 대하여 유치권을 주장할 수 있다고 본 원심판단에 법리오해의 잘못이 있다고 한 사례.

판례 해설

민사 유치권은 선행하는 저당권이 있더라도 그 시간적 성립순위에 관계없이 성립될 수 있는데, **민사유치권자가 특정목적물에 대하여 강력하게 보호받는 이유는 목적물에 대한 공익비용적 성격이 존재**하기 때문이다. 다만 이와 같이 유치권이 성립되면 저당권자에게 피해를 줄 수 있기 때문에 판례는 물건과 채권간의 견련성을 요구하고 있다.

대상판결은 그에 대한 법리를 구체적으로 설시한 판례로서 의미 있는 판결에 해당한다.

원고의 주장

민사유치권을 주장하려면, 민사유치권자가 가지는 채권과 점유하는 목적물 사이에 견련관계가 인정되어야 한다. 피고는 ○○엔지니어링과의 공사계약에 따라 제1부동산 위에 구조물을 설치하는 공사를 일부 완료하였기 때문에 제1부동산에 대해서는 민사유치권이 있다고 주장하나, **이는 구조물에 관한 공사이지 부지인 제1부동산에 관한 공사가 아니므로 피고의 공사대금채권과 제1부동산은 견련관계에 있지 않다.** 따라서 피고의 제1부동산에 관한 민사유치권은 존재하지 않는다.

법원 판단

을 제4, 8호증의 각 기재에 의하면, **피고가 2015. 7. 14.경 ○○엔지니어링으로부터 제1부동산 위에 구조물을 제작·설치하는 공사**(이하 '이 사건 공사'라 한다)**를 도급 받아 토목공사를 진행한 사실은 인정**된다. 다만, 민사유치권이 성립하려면 채권자의 채권이 현재 채권자가 점유하는 물건에 관하여 생겼을 것, 즉, 피담보채권과 목적물 사이에 개별적 견련관계가 인정되어야 하는바, 이 사안에서는 개별적 견련관계에 대하여 당사자들이 다투고 있다.

살피건대, 민사유치권자는 그 유치권의 성립에 선행하는 저당권이 있는 경우에도 시간적 성립순위에 관계없이 유치권을 주장할 수 있는

데, 민사유치권자가 특정 목적물에 대하여 위와 같이 강력한 보호를 받는 것은 민사유치권의 피담보채권이 목적물에 관하여 생긴 것으로서 목적물에 대한 공익비용적 성질을 가지고 있다는 점에 기인한 것이다(대법원 2014. 3. 20. 선고 2009다60336 전원합의체 판결, 대법원 2013. 2. 28. 선고 2010다57350 판결 등 참조). 따라서 피**담보채권과 목적물 사이의 개별적 견련관계를 판단함에 있어서는 해당 피담보채권이 목적물의 가치를 증대시키는 데 기여하였는지가 중요한 기준**이 되는데, 갑 제2호증의1, 을 제1, 8호증의 각 기재에 변론 전체의 취지를 더하여 인정되는 다음 사정들, 즉 ① 제1부동산은 이 사건 공사가 진행되기 전부터 등기사항증명서상 현황이 '공장용지'로 되어 있었으므로, 이 사건 공사로 인하여 특별한 현황의 변화가 있었다고 보기 어려운 점, ② 피고가 제출한 자료만으로는 토목공사로 인하여 제1부동산의 상태가 어느 정도로 개선되었는지 알 수 없는 점 등에 비추어 보면, 단순히 제1부동산에 대한 토목공사가 진행되었다는 사실만으로는 이 사건 공사가 제1부동산 자체의 가치를 증대시켰다고 보기에는 부족하고, 달리 이를 인정할 자료가 없다.

따라서 원고의 민사유치권 부존재 주장도 이유 있다.

토목공사 등이 건물의 기초작업을 하기 위한 공사라고 한다면 이로 인하여 발생한 공사대금 채권은 토지에 관련된 채권이기 때문에 토지 유치권자는 이를 피담보채권으로 하여 유치권을 주장할 수 있다(대법원 2007. 11. 29. 선고 2007다60530 판결).

판례 해설

유치권의 성립요건 중 견련성의 의미를 명확하게 지적한 판결이다. 유치권이 성립하기 위해서는 유치권자가 자신이 점유하고 있는 부동산에 견련성, 즉 해당 부동산의 가치를 상승시켰을 것을 요한다.

대상판결에서 토지공사 관련 공사업자가 유치권을 주장한 사안으로서 **토목공사중의 일부인 기초공사가 건물 건축을 위한 기본적인 전제로서 시공되었다고 하더라도, 이는 토지와의 관계에서만 견련성이 존재할 뿐 건물과는 별개여서 토지 관련 공사업자에 한해서만 견련관계가 있다고 판단**하였다. 이는 모래, 자갈 등을 공급한 공사업체의 유치권 주장과 관련하여, 모래가 건물의 가치상승에 도움을 주었다는 것은 공사를 직접 시공한 공사업자를 매개로 이루어진 것일 뿐 사실상 매매대금 채권에 불과하다고 판시한 최근의 판례와 동일선상에 있는 것이다.

결국 대상판결은 유치권의 견련관계에 관하여 엄격하게 판단하는 대법원의 단적인 태도를 보여주는 판결이라 할 것이다.

법원 판단

1. 원심 판단

원심판결 이유에 의하면, 원심은 그 판결에서 채용하고 있는 증거들을 종합하여 판시 사실을 인정한 후, 민법 제320조 소정의 유치권이 성립하기 위해서는 피담보채권이 점유하는 물건과 관련하여 생긴 것이어야 하는데, **피고가 설치한 콘크리트 파일은 지반침하 등으로 건물이 붕괴될 것을 우려하여 건물기초 보강을 위하여 항타하여 삽입한 것으로서, 그 공사대금채권은 이 사건 각 토지 위에 신축하려고 하였던 임대아파트와 관련하여 생긴 것이지 위 각 토지와 관련하여 생긴 것이 아니므로, 피고는 위 각 토지에 관하여 공사대금채권을 피담보채권으로 한 유치권을 가질 수 없다**고 하여 피고의 유치권 항변을 배척하고, 원고의 청구 중 이 사건 각 토지에 관하여 피고의 유치권이 존재하지 아니함의 확인을 구하는 청구와 이 사건 각 토지의 인도를 구하는 청구를 각 인용하였다.

2. 대법원 판단

그러나 기록에 의하면, 이 사건 각 토지는 공부상 지목이 과수원, 전, 하천으로 구성된 일단의 토지로서 그 지목이 잡다하고, 장차 지목을 대지로 변경하더라도 지반침하 등으로 인한 건물붕괴를 막기 위한 지반

보강공사 없이는 그 지상에 아파트 등 건물을 건축하기에 부적합하였던 사실, **이와 같은 이유로 이 사건 각 토지의 소유자이던 A건설 주식회사(이하 'A건설'이라 한다)는 그 지상에 임대아파트 신축사업을 시행하기에 앞서 피고와 사이에 임대아파트 신축공사 중 토목공사부분을 공사기간 착공 1998. 10. 30.부터 준공 2001. 12. 30.까지(3년 2개월간), 공사대금 6억 8,000만 원으로 각 정하여 도급계약을 체결**하였는데, 그 공사내용은 위 각 토지를 아파트 3개동이 들어설 단지로 조성하되, 장차 지반침하로 인한 건물 붕괴를 막기 위하여 그 자리에 콘크리트 기초파일을 시공하는 것으로 되어 있는 사실, 이에 따라 피고는 이 사건 각 토지에 기초파일공사를 진행하였으나 A건설의 자금사정 악화로 공사가 중단되었고, 다시 위 각 토지와 위 신축사업을 인수한 B주택건설과 사이에서 공사대금을 7억 5,000만 원으로 정하여 같은 내용의 공사계약을 체결하고 2차 기초파일공사를 진행한 결과 완공단계에 이른 사실, 현재 이 사건 각 토지는 장차 아파트 3개동이 들어설 부지 조성을 위하여 그 지하에 약 1,283개의 콘크리트 기초파일이 항타하여 삽입되어 있는 사실을 인정할 수 있는바, 위 인정 사실에 의하면 **이 사건 토목공사는 공부상 지목이 과수원, 전, 하천으로 잡다하게 구성된 이 사건 각 토지를 대지화시켜 아파트 3개동이 들어설 단지로 조성하기 위한 콘크리트 기초파일공사로 볼 여지가 있고**(그러한 공사의 전제로 이 사건 각 토지에 관한 형질변경허가도 있었으리라 추측된다), **이러한 경우에는 이 사건 토목공사를 위 각 토지에 관한 공사로 볼 수 있으므로 그 공사대금채권은 위 각 토지에 관하여 발생한 채권으로서 위 각 토지**

와의 견련성이 인정된다고 할 것이다.

건물신축공사를 도급받은 수급인이 사회통념상 독립한 건물이 되지 못한 정착물을 토지에 설치한 상태에서 공사가 중단된 경우, 위 정착물 또는 토지에 대하여 건물 공사업자가 유치권을 행사할 수 있는지 여부(소극)(대법원 2008.5.30.자 2007마98 결정)

판례 해설

유치권은 자신이 가치를 상승시킨 물건에 대하여 그에 대한 권리를 주장하는 물권이다. 그렇기 때문에 만약 유치권의 성립을 주장하는 물건이 철거될 운명에 놓여있다면, 유치권이 인정될 수 있을까를 살펴보아야 한다.

판결은 유치권자의 경우 토지가 아니라 건물에 대하여 그의 권리를 주장할 수 있을 뿐이고, 만약 정착물이 미처 독립된 건물이 되지 못한 상태에서 공사가 중단되었다면 이는 건물이 아닌 토지의 부합물에 불과하므로 정착물 또는 토지에 대하여 유치권을 인정받을 수 없다고 판단하였다.

법원 판단

1. 유치권의 성립을 주장하는 재항고이유에 대하여

건물의 신축공사를 한 수급인이 그 건물을 점유하고 있고 또 그 건물에 관하여 생긴 공사금 채권이 있다면, 수급인은 그 채권을 변제받을 때까지 건물을 유치할 권리가 있는 것이지만(대법원 1995. 9. 15. 선고 95다16202, 16219 판결 등 참조), 건물의 신축공사를 도급받은 수급인이 사회통념상 독립한 건물이라고 볼 수 없는 정착물을 토지에 설치한 상태에서 공사가 중단된 경우에 위 정착물은 토지의 부합물에 불과하여 이러한 정착물에 대하여 유치권을 행사할 수 없는 것이고, 또한 공사중단 시까지 발생한 공사금 채권은 토지에 관하여 생긴 것이 아니므로 위 공사금 채권에 기하여 토지에 대하여 유치권을 행사할 수도 없는 것이다.

기록에 의하면, 재항고인은 토지소유자와의 사이에 이 사건 토지 위에 공장을 신축하기로 하는 내용의 도급계약을 체결하고 기초공사를 진행하면서 사회통념상 독립한 건물이라고 볼 수 없는 구조물을 설치한 상태에서 이 사건 토지에 대한 경매절차가 진행됨으로 인하여 공사가 중단되었음을 알 수 있는바, 이러한 경우 **위 구조물은 토지의 부합물에 불과하여 이에 대하여 유치권을 행사할 수 없다**고 할 것이고, **공사중단 시까지 토지소유자에 대하여 발생한 공사금 채권은 공장 건물의 신축에 관하여 발생한 것일 뿐, 위 토지에 관하여 생긴 것이 아니므로 위 공사금 채권에 기하여 이 사건 토지에 대하여 유치권을 행사할 수도 없다**고 할 것이다. 따라서 같은 취지에서 재항고인의 이 사건 토지에 관한 유치권 주장을 배척하고 이 사건 인도명령을 유지한 원심결정은 정당하고, 거기에 재판에 영향을 미친 헌법·법률·명령 또는 규칙의 위반이 없다.

2. 상사유치권의 성립을 주장하는 재항고 이유에 대하여

상법 제58조는 "상인간의 상행위로 인한 채권이 변제기에 있는 때에는 채권자는 변제를 받을 때까지 그 채무자에 대한 상행위로 인하여 자기가 점유하고 있는 채무자 소유의 물건 또는 유가증권을 유치할 수 있다."고 규정하고 있으므로, 채권자가 채무자와의 상행위가 아닌 다른 원인으로 목적물의 점유를 취득한 경우에는 상사유치권이 성립할 수 없는 것이다.

기록에 의하면, 재항고인은 공장건물의 신축공사가 이 사건 경매로 중단된 후에 공사현장을 점거하면서 타인의 지배를 배제하고 이 사건 토지에 대한 점유를 사실상 개시한 것으로 보일 뿐, 재항고인이 토지소유자와 '이 사건 토지에 관한 상행위'를 원인으로 이 사건 토지에 대한 점유를 취득하였다고 보기 어려우므로, 재항고인이 이 사건 토지에 관하여 상사유치권을 행사할 수 없다고 할 것이어서, 이와 다른 전제에 서 있는 재항고 이유는 더 나아가 살펴볼 필요 없이 이유 없다.

건물에 관한 유치권으로 토지 낙찰자에게 대항할 수 있는지 여부 및 그 조건(대법원 2014다10533 판결)

판례 해설

대법원은 건물 점유자가 건물의 원시취득자에게 그 건물에 관한 유치권이 있다고 하더라도 **그 건물의 존재와 점유가 토지소유자에게 "불법행위"가 되고 있다면** 그 유치권으로 토지소유자에게 대항할 수 없다고 일관되게 판시해왔다(대법원 1989. 2. 14. 선고 87다카3073 판결 등).

즉 건물 유치권은 건물 자체에 기인한 것이고 유치권의 입법취지는 타인의 물건에 관하여 생긴 채권 즉 타인 물건의 가치를 상승시킨 분만큼 그 권리를 주장할 수 있도록 하는 것인데, 문제는 그와 같이 가치가 상승한 물건의 존재가 누군가에 대하여 불법행위가 된다면 당연히 불법행위의 상대방에 대하여는 해당 유치권을 주장할 수 없다는 것이다.

대상판결은 해당 건물의 존재 및 점유가 토지 소유자에 대하여 **불법행위가 되는지 여부를 법률적으로 "점유권한이 존재하는지 여부"에 따라 판단**하였는바, 건물을 점유할 권원이 없다면 토지 소유자에 대하여 불법행위가 성립한다고 판단한 것이다.

특히 2심에서 피고 대리인은 유치권자와 토지 소유자 간에 최소한의 합의가 성립(입증은 되지 않았다)되었으므로 더 이상 불법행위가 성립하지 않는다고 항변하였으나, 이 사건에서 **불법행위가 되지 않은 정도의 합의가 되기 위해서는 적법한 점유권원 정도의 합의를 요하는 것으**

로 그렇지 않다면 합의 여부를 인정할 수 없다는 취지로 판단하였다.

당사자의 주장

가. 원고는 B건물이 A토지 소유권을 침해하고 있으므로 B건물의 각 전유부분을 점유하고 있는 피고들은 각 점유하고 있는 B건물에서 퇴거할 의무가 있다고 주장한다.

나. 피고들은 ① 주식회사C가 B건물 신축을 수급받아 공사를 진행하다가 A토지에 관한 경매 때문에 공사를 중단한 후 공사대금을 지급받기 위하여 피고들을 통하여 유치권을 행사하고 있으므로 B건물을 점유할 적법한 권원이 있고, ② 토지 소유자인 원고와 B건물의 소유자였던 소외1, B건물을 낙찰받은 소외2 사이에 B건물의 존치에 관한 합의를 한 정황에 비추어 피고들의 건물 점유가 토지 소유자인 원고에게 불법행위를 구성하지 않는다고 주장한다.

법원 판단

가. 건물점유자가 건물의 원시취득자에게 그 건물에 관한 유치권이 있다고 하더라도 그 건물의 존재와 점유가 토지소유자에게 불법행위가 되고 있다면 그 유치권으로 토지소유자에게 대항할 수 없다고 할 것이다.

나. B건물의 존재와 점유는 원고의 A토지 소유권을 침해하고 있으므로, B건물에 관한 유치권으로 A토지 소유자인 원고의 퇴거 요구에 대항할 수 없다.

다. 그 외 원고와 소외1, 소외2 등이 B건물을 철거하지 않고 이를 존치하기로 합의하였다는 점을 인정할 증거가 없다.

건물에 대한 유치권은 토지에는 미치지 않는다(서울고등법원 2017나2011481 판결)

법원 판단

유치권의 피담보채권의 존부에 관한 판단

(1) 민법 제320조 제1항은 "타인의 물건 또는 유가증권을 점유하는 자는 그 물건이나 유가증권에 관하여 생긴 채권이 변제기에 있는 경우에는 변제를 받을 때까지 그 물건 또는 유가증권을 유치할 권리가 있다"고 규정하고 있으므로, 유치권의 피담보 채권은 '그 물건에 관하여 생긴 채권'이어야 한다(대법원 2012. 1. 26. 선고 2011다96208 판결 등 참조). 건물의 신축공사를 한 수급인이 그 건물을 점유하고 있고 또 그 건물에 관하여 생긴 공사대금채권이 있다면, 수급인은 그 채권을 변제받을 때까지 건물을 유치할 권리가 있는 것이지만, 그 "건물의 대지"에 대

해서까지 민사유치권이 인정되는 것은 아니다(대법원 1995. 9. 15. 선고 95다16202, 16219 판결, 대법원 2008. 5. 30. 자 2007마98 결정 등 참조). 그리고 토지에 관한 유치권의 피담보채권이 될 수 있는 토지에 관하여 생긴 공사대금채권이라 함은, 토지를 대지로 조성하는 공사, 지반 침하 등으로 인한 건물 붕괴를 막기 위한 지반보강공사 등 토지에 대한 공사 또는 토지 자체의 효용을 증대하기 위한 공사로 인한 채권을 의미한다 (대법원 2007. 11. 29. 선고 2007다60530 판결, 대법원 2014. 7. 10 선고 2014다19653 판결 등 참조).

위 법리에 의할 때, 피고 B이 이 사건 토지의 소유자인 원고에게 피고 C가 E로부터 양수한 이 사건 공사대금채권에 기한 유치권으로써 대항할 수 있으려면, E의 이 사건 공사대금채권이 **'이 사건 토지에 관하여 생긴 채권'**이어야 할 것인바, 아래에서 E의 공사대금채권이 '이 사건 토지에 관하여 생긴 채권'인지에 관하여 살펴본다.

(2) 위 각 증거 및을 제20호증의 기재에 의하면, E가 F에게 아래 표 기재와 같은 견적서를 작성하여 교부하였고, 위 견적서를 기초로 하여 E와 F가 이 사건 공사에 관한 공사도급계약을 체결한 사실, 위 견적서의 내용에 따라 E가 이 사건 공사를 완료한 사실을 인정할 수 있다.

위 견적서의 내용에 따라 이루어진 공사가 이 사건 토지에 관한 공사로서 그 공사대금채권이 이 사건 토지에 관하여 생긴 채권인지에 관하여 보건데, ①목조주택(창고)·인테리어·외부마감 공사는 건물 신축 공사로서 이 사건 토지에 관한 공사로 볼 수 없음이 명백하고, ②출입문·담장·우수관로·대리석기둥·원두막 공사 역시 위 건물에 부수 되거나 건물 사용을 위한 공사로 보일 뿐 이 사건 토지에 관한 공사로 볼 수 없으며, ③수목식재·양어장 공사는 주거용으로 건축된 이 사건 건물의 효용을 높이거나 미관을 좋게 하기 위한 공사로 보일 뿐, 이 사건 토지의 형상이나 성질에 변경을 가하여 위 토지 자체의 가치나 호용을 증대하기 위한 공사로 보기 어렵다[피고 B은, 출입문, 담장, 우수관로, 대리석기둥, 원두막 및 양어장은 모두 이 사건 토지 상에 설치되어 있어서 위 토지에 부착 또는 결합된 토지의 부합물이므로 그 공사대금채권은 위 토지에 관하여 생긴 채권으로서 이 사건 토지에 대한 유치권의 피담보채권이 될 수 있다고 주장하나, 위 피고 주장과 같이 위 출입문, 담장, 우수관로, 대리석기둥, 원두막 및 양어장이 이사건 토지에 부합되었다고 하더라도 부합의 효과로서 위 토지의 소유자가 그에 대한 소유권을 취득하게 될 뿐 그로 인하여 이 사건 토지에 관한 유치권이 당연히 성립하는 것이 아니고, 위 출입문, 담장, 우수관로, 대리석기둥, 원두막 및 양어장 자체에 대한 유치권이 성립되어 있었다고 하더라도 부합의 효과로서 그러한 유치권은 당연히 소멸하는 것이므로(대법원 2007. 11. 29. 선고 2007다60530 판결 참조), 피고 B의 이 부분 주장 역시 이유 없다].

따라서 E의 이 사건 공사대금채권은 이 사건 토지에 관하여 생긴 채권이라고 볼 수 없으므로, 그 공사대금채권을 피담보채권으로 한 유치권은 인정될 수 없다.

공사계약서가 불분명한 경우 공사대금채권 보전을 위한 유치권 존재를 인정할 수 없다(수원지방법원 2014가합67860 판결).

판례 해설

경매절차에서 유치권의 존부는 뜨거운 감자이고 최근에는 유치권 여부와 상관없이 낙찰을 받았다가 낭패를 보는 경우가 종종 있다. 이 사안에서도 역시 낭패를 볼 수 있었으나 공사계약서 등을 신뢰하지 못하겠다는 이유로 유치권이 인정되지 않은 경우에 해당한다.

이 사건은 원고가 진성유치권자라고 하면서 공사계약서 등 일부를 제출하였으나 공사계약서 자체가 상당히 이례적으로 고액으로 기재되어 있고 더욱이 계약금만을 받은 이후 20억원 상당의 공사를 진행하였다는 점은 납득할 수 없다는 점 등을 고려하여, 재판부는 이와 같은 공사는 신뢰할 수 없다고 판단하여 원고 패소 판결을 선고한 것이다.

따라서 아무리 형식적으로 유치권의 모양을 갖추었다고 하더라도 잘 따져본다면 이와 같이 허점이 발견되기 마련이기 때문에 꼼꼼히 따져보는 노력이 필요하다.

법원 판단

가. 이 사건 공사도급계약서에는 공사대금(계약금), 공사기간 등이 기재되어 있을 뿐 일반적인 공사계약서와 달리 기성고 지급시기 및 방법, 지체상금 등에 관하여는 전혀 정함이 없는데, 이는 공사대금이 16억 원을 초과한다는 점을 고려할 때 상당히 이례적인 계약으로 보인다. 만일 원고가 그 주장과 같이 계약금 1억 원만을 받은 상태에서 최종적으로 20억원 상당의 공사를 완료하였다면 원고는 자신의 비용으로 위와 같은 거액을 조달하였다는 것인데 원고가 그러한 위험과 비용을 감수하고서까지 기성고의 지급 없이 장기간에 걸쳐 위 공사를 완료하였다는 것은 쉽게 납득하기 어렵다.

나. 이 사건 제2차 공사도급계약서에는 그 공사내용을 '별첨 공사설명서, 시방서, 설계도면 등'에 의하는 것으로 기재되어 있으나, 위 공사설명서 등이 실제 첨부되어 있지 않아 그 공사의 구체적인 내용을 알 수도 없다. 더욱이 원고는 19억원 가량의 공사대금채권을 변제받지도 못한 상태에서 다시 이 사건 제2차 공사계약을 체결하고 창고시설물을 다시 신축하였다는 것인바, 이 역시 쉽사리 납득이 되지 않는다.

다. 변론 전체의 취지를 종합하여 알 수 있는 다음과 같은 사정을 고려하면, 앞서 본 일부 인정 사실과 원고가 제출한 증거들만으로는 원고가 실제 이 사건 각 공사를 도급받아 완료한 것이라고 보기 어렵고, 달리 이를 인정할 증거가 없다.

라. 점유의 개시 및 계속

> 유치권은 **법정물권임에도 불구하고 다른 물권과 다르게 등기부가 존재하지 않는다**. 즉 다른 물권은 등기부를 통하여 공시 기능을 수행하여 그에 따라 제3자가 물권의 성립 및 변동 과정을 알 수 있으나 정작 유치권은 물권임에도 등기부가 존재하지 않기 때문에 불완전한 공시 방법인 점유를 통하여 공시기능을 대신하고 있을 뿐이다.
>
> 당연히 법적 안정성 차원에서 유치권 성립 요건 및 효력 요건으로서의 점유를 엄격하게 판단할 수밖에 없고 결국 유치권은 점유가 가장 중요한 요건 중 하나로 파악되고 있다.
>
> 다만 유치권의 성립 및 효력 요건으로서의 점유는 민법상 점유권(민법 제192조 이하)과 동일한 개념에 해당한 바 이를 기준으로 설명하도록 하겠다.
>
> > 제192조(점유권의 취득과 소멸)
> > ①물건을 사실상 지배하는 자는 점유권이 있다.
> > ②점유자가 물건에 대한 사실상의 지배를 상실한 때에는 점유권이 소멸한다. 그러나 제204조의 규정에 의하여 점유를 회수한 때에는 그러하지 아니하다.

민법상 점유(유치권의 점유)가 인정되기 위해서는 최소한 해당 점유물에 관하여 사회통념상 그 사람의 사실적 지배에 속한다고 보이는 객관적 상황이 존재하여야 한다(대법원 2007마1602 판결).

판례 해설

대법원은 <u>**유치권자의 점유를 평가함에 있어서 최소한 타인의 간섭을 배제**</u>하는 면이 있었는지 여부를 중요한 요소로 보고 있다.

이 사건에서도 유치권자는 지속적으로 현장 앞에 컨테이너 박스를 놓아두고 수시로 왕래하며 관리하였으나 현장 자체는 임차인이 점유관리하고 있었는데 대법원은 **유치권자의 이와 같은 점유가 타인의 간섭을 배제할 정도는 아니라고 판단함으로서 그의 점유를 인정하지 않았다**.

따라서 유치권자로서는 자신이 유치하고 있는 목적물에 있어서 최소한 타인의 간섭을 배제할 정도의 점유를 유지하여야 할 것이다.

법원 판단

원심결정의 이유에 의하면, 원심은, 이 사건 부동산 경매절차에서 최고가매수신고인으로 매각허가결정을 받아 매각대금을 납부한 재항고인의 ⦿◎종합건설 주식회사(이하 '상대방'이라고 한다)에 대한 부동산 인도명령신청에 대하여, 상대방이 이 사건 부동산인 공장건물에 관한 공사대금청구권을 피담보채권으로 하는 유치권에 기하여 이를 점유하고 있는 사실이 인정된다는 이유를 들어 재항고인의 항고를 기각하였다.

민법상 유치권 성립의 요건이 되는 물건에 대한 점유라고 함은 사회통념상 그 사람의 사실적 지배에 속한다고 보이는 객관적 관계에 있는 것을 말하는 것으로서, 반드시 물건을 물리적, 현실적으로 지배하는 것만을 의미하는 것이 아니라 물건과 사람과의 시간, 공간적 관계와 본권관계, 타인지배의 배제가능성 등을 고려하여 사회관념에 따라 합목적적으로 판단하여야 할 것이지만, 그러한 사실적 지배에 속하는 객관적 관계가 있다고 하기 위해서는 적어도 타인의 간섭을 배제하는 면이 있어야 할 것이다(대법원 1974. 7. 16. 선고 73다923 판결, 대법원 2003. 7. 25. 선고 2002다34543 판결 등 참조).

그런데 기록에 의하면, 재항고인의 인도명령신청에 대응하여 상대방이 유치권 주장의 소명자료로 제출한 자료에 따르더라도 **이 사건 2006. 4. 28.자 경매개시결정 당시에는 B이 위 공장건물의 소유자 C로부터 그 중 일부를 임차하여 공장으로 사용, 관리 중이었는데, 상대방이 2002년경 발생한 공사대금채권을 근거로 2006년 1월경 무단히 컨테이너 박스 1개를 위 공장 정문 앞에 갖다 놓고 그때부터 수시로 위 컨테이너 박스를 왕래하면서 관리하여 왔고, B은 처음 이를 제지하였다가 소유자와의 공사비관계에 따른 문제이니 임차인은 개입하지 말라는 상대방의 반발 때문에 그 후 특별한 조치 없이 방치해 둔 채로 위 공장 운영을 계속해 왔다는 것이고, 거기에다가 2006. 6. 28.자 집행관의 현황조사보고서 및 2007. 3. 27.자 매각물건명세서에는 이 사건 가동~바동 전체 공장건물 중 소유자가 일부 사용하는 바동 1층 일부를 제외한 나머지 전부를 임차인 B이 2005년 10월경부터 점유, 사용 중인 것으로 기재되어 있음을 알 수 있다.

그렇다면 <u>위와 같이 상대방이 이 사건 부동산에 대한 경매개시결정에 앞서 위 부동산에 취해 둔 조치만으로는 그 정당한 사용, 관리자인 임차인 B의 점유를 배제한 상대방의 점유가 개시되었다고 보기 어렵다</u> 할 것이니, 그럼에도 위 점유사실의 유무에 관하여 분명히 밝혀보지 않은 채 항고를 기각한 원심결정은 심리를 다하지 않았거나 유치권자의 점유에 관한 법리를 오해한 위법이 있다 할 것이다.

그러므로 재항고인의 다른 주장을 살펴 볼 필요 없이 원심결정을 파기하고, 사건을 다시 심리, 판단하게 하기 위하여 원심법원에 환송하기로 하여, 관여 대법관의 일치된 의견으로 주문과 같이 결정한다.

유치권자가 점유를 침탈당하였을 경우 점유가 없는 동안에는 유치권이 인정될 수 없고 최소한 점유회수의 소를 통하여 점유를 회수하여야만 비로소 유치권의 점유를 인정받을 수 있다(대법원 2012. 2. 9. 선고 2011다72189 판결)

판례 해설

유치권에 있어서 점유라고 함은 유치권의 성립요건이자 효력 존속 요건에 해당한다. 즉, 최초의 점유를 적법하게 개시하여 유치권이 유효하게 성립하였다고 하더라도 그 점유가 변론종결시까지 이어지지 않는 경우 유치권은 인정받지 못하게 된다.

대상판결은 위의 법리를 더 엄격하게 해석한 것으로 **유치권자가 자신의 점유를 침탈당하여 민법상 점유 회수의 소를 제기할 수 있는 상황으로서** 점유 회수의 소로서 승소가능성이 명확하다고 하더라도, 변론종결시까지 **먼저 점유 회수의 소를 제기하여 승소 판결을 받아 점유를 회복하지 않는 한 이유 여하를 막론하고 유치권이 인정되지 않는다**는 것이다.

즉 대상판결의 기본적인 취지는 변론 종결 당시를 기준으로 유치권자가 사실상 점유를 하고 있는지 여부를 고려한다는 것으로 만약 그 종결 당시에 점유를 하고 있지 않다면 그 이유가 무엇이든 간에 유치권을 인정할 수 없다는 것으로 보인다.

> 제204조(점유의 회수)
> ①점유자가 점유의 침탈을 당한 때에는 그 물건의 반환 및 손해의 배상을 청구할 수 있다.
> ②전항의 청구권은 침탈자의 특별승계인에 대하여는 행사하지 못한다. 그러나 승계인이 악의인 때에는 그러하지 아니하다.
> ③제1항의 청구권은 침탈을 당한 날로부터 1년내에 행사하여야 한다.

법원 판단

원심은, ① 원고가 현진건설 주식회사(이하 '현진건설'이라 한다)로부터 부천시 원미구 중동 1148-2 지상에 지하 3층, 지상 15층의 대우마이빌Ⅱ 오피스텔 및 근린생활시설(이하 '이 사건 건물'이라 한다) 신축공사를 공사대금 18,457,780,000원에 도급받고, 이 사건 건물에 다락을 설치하는 공사를 공사대금 1,182,940,000원에 도급받아 2004. 6.말경 완공한 사실, ② 현진건설이 원고에게 공사대금으로 7,711,175,265원을 지급하고 나머지 공사대금을 지급하지 않자, 원고가 2004. 8.경부터 이 사건 건물을 점유하면서 유치권을 행사해 온 사실, ③ 원고가 2008. 6.경 이 사건 건물 1, 2층의 상가 31채에 관하여 민법 제666조의 저당권설정청구권 행사에 따른 저당권설정등기를 마친 후 이에 대한 임의경매를 신청하고 유치권 신고를 한 사실, ④ 피고가 위 경매절차에서 위 상가 31채 중 ○○○호(이하 '이 사건 상가'라 한다)를 매수하여 2009. 7. 28. 소유권이전등기를 마친 사실, ⑤ 원고가 위 경매절차에서 5,296,035,051원을 배당받은 사실, ⑥ 피고가 이 사건 상가에 대한 원고의 점유를 침탈한 다음 2010. 6.경 소외인에게 임대하여 소외인이 이를 점유하고 있는 사실 등을 인정한 다음, 피고가 제출한 증거만으로는 원고가 이 사건 건물의 수분양자들로부터 직접 분양대금을 받는 등의 방법으로 공사대금을 전부 변제받았다고 보기 어렵고 이 사건 상가에 대한 점유를 회수할 수 있는 이상 점유를 상실하였다고 할 수도 없다는 이유로 원고가 이 사건 상가에 대한 유치권을 가지고 있다고 판단하였다.

그러나 원심의 판단은 다음과 같은 점에서 수긍할 수 없다.

원심이 채택한 증거에 의하면 2002. 5.경부터 2004. 11.경까지 원고의 은행계좌로 이 사건 건물의 수분양자들이 70억 원가량을 입금하였고 현진건설이 9억 원가량을 추가로 입금하였으며 중도금 등의 명목으로 110억 원가량이 입금된 사실 등을 알 수 있으므로, 원심으로서는 피고에게 증명을 촉구하거나 원고에게 확인을 구하는 등의 방법으로 위 금원이 이 사건 건물 공사대금으로 지급된 것인지에 관하여 심리하였어야 함에도 이러한 심리를 하지 아니한 채 피고가 제출한 증거만으로는 원고가 공사대금을 전부 변제받았다고 보기 어렵다고 판단하였으니, 원심의 이와 같은 판단에는 석명권을 제대로 행사하지 아니하여 필요한 심리를 다하지 아니한 위법이 있다.

또한 **피고의 점유침탈로 원고가 이 사건 상가에 대한 점유를 상실한 이상 원고의 유치권은 소멸하고, 원고가 점유회수의 소를 제기하여 승소판결을 받아 점유를 회복하면 점유를 상실하지 않았던 것으로 되어 유치권이 되살아나지만, 위와 같은 방법으로 점유를 회복하기 전에는 유치권이 되살아나는 것이 아님에도**(대법원 2004. 2. 27. 선고 2003다46215 판결 참조), 원심은 원고가 이 사건 상가에 대한 점유를 회복하였는지를 심리하지 아니한 채 점유회수의 소를 제기하여 점유를 회복할 수 있다는 사정만으로 원고의 유치권이 소멸하지 않았다고 판단하였으니, 원심의 이와 같은 판단에는 점유상실로 인한 유치권 소멸에 관한 법리를 오해하여 필요한 심리를 다하지 아니한 위법이 있다.

채권자가 유치권 소멸 후에 목적물을 계속하여 점유하는 경우, 유치권의 의사가 존재한다고 볼 수 있는지 여부 등 (대법원 2011. 5. 13 자 2010마1544 결정 [부동산인도명령])

판례 해설

유치권자가 이미 유치권 포기 의사를 피력한 이후 점유를 계속 한다고 하더라도 이러한 상황을 유치권을 재차 주장한다고 보기는 어렵고 오히려 무단 점유에 불과하다고 판시하였다. 즉 유치권에서 요구하는 점유가 인정되기 위해서는 불법적으로 점유를 개시하지 않아야 하는 것인데 이 사건에서 이미 유치권 포기를 한 이후 재차 점유한 것은 단순 무단 점유에 불과한 것으로 판단한 것이다

법원 판단

유치권은 법정담보물권이기는 하나 채권자의 이익보호를 위한 채권담보의 수단에 불과하므로 이를 포기하는 특약은 유효하고, **유치권을 사전에 포기한 경우 다른 법정요건이 모두 충족되더라도 유치권이 발생하지 않는 것과 마찬가지로 유치권을 사후에 포기한 경우 곧바로 유치권은 소멸한다고 보아야 하며, 채권자가 유치권의 소멸 후에 그 목

적물을 계속하여 점유한다고 하여 여기에 적법한 유치의 의사나 효력이 있다고 인정할 수 없고 다른 법률상 권원이 없는 한 무단점유에 지나지 않는다(대법원 1980. 7. 22. 선고 80다1174 판결 참조). 따라서 원심이 피신청인은 2007. 8. 22.경 신청외 은행에 유치권 포기각서를 제출함으로써 제1공사대금채권에 관한 유치권을 상실하였고, 이러한 유치권의 소멸은 위 각서를 제출받은 신청외 은행뿐만 아니라 그가 신청한 경매절차에서 이 사건 부동산을 매수한 신청인도 주장할 수 있다고 판단한 것은 정당하고 여기에 재항고인이 주장하는 바와 같이 유치권의 포기에 관한 법리를 오해한 위법은 없다.

명도단행가처분의 집행으로 인도된 목적물을 집행채권자가 제3자에게 소유권유보부로 매도하고 인도한 경우, 집행채권자 및 집행채무자의 점유 상실 여부(소극)//대법원 1996. 12. 23 선고 95다25770 판결 [손해배상(기)]

판례 해설

유치권은 점유 자체가 가장 중요한 요건 중 하나이고 대법원에 이에 부응하여 점유를 침탈 당한 경우 점유회수의 소를 제기하여 인용되지 않고서는 유치권을 인정할 수 없다고 판시하였다(대법원 2012. 2. 9. 선고 2011다72189 판결). 문제는 **대상판결에서 가처분에 의해 점유를 상실하였는바 과연 유치권이 부존재한다고 인정될 수 있는지 여부**이다.

이에 법원은 가처분은 임시적 처분에 불과하기 때문에 가처분이 인용되어 집행이 된다고 하더라도 이를 가지고 점유를 상실하였다고 보기 어렵다고 판시하였다.

결국 이는 가처분의 기본적 특성에 기인한 것인바 또다른 판결 즉 유치권자에 대한 건물 인도소송에서 1심 판결이 끝나고 집행이 마무리되면 더이상 유치권을 주장할 수 없고 1심 판결 결과와 상관없이 항소심에서 유치권자는 패소할 수 밖에 없기 때문에 1심 판결 선고 이후 가집행이 들어올 경우 반드시 강제집행정지신청을 통하여 점유를 유지하도록 노력해야 할 것이다.

법원 판단

원심판결 이유에 의하면, 원심은 그 채택한 증거들을 종합하면 원고는 1983. 11. 25. 소외 김복동과의 사이에 이 사건 선박을 대금 130,000,000원에 건조하여 위 김복동에게 인도하여 주기로 하는 내용의 선박건조 도급계약을 체결하고, 이어서 1984. 12. 20. 이 사건 선박의 주기관 등의 설치공사 부분에 대하여 그 공사금을 금 103,125,415원으로 정하여 선박을 완공하기로 하는 내용의 추가 도급계약을 체결한 다음 이 사건 선박건조를 완성하였는데, 위 김복동은 1984. 12. 26. 이 사건 선박에 관하여 자기 명의의 소유권보존등기까지 마쳤으나, 위 대금 중 금 159,000,000원만 지급하고, 그 나머지 금 74,125,415원을 지급하지 아니하므로 원고는 위 잔대금 채권으로써 이 사건 선박에 관하여 유치권을 행사하면서 이를 점유하고 있었던 사실, 한편 피고는 정부의 계획조선사업에 따라 각종 어선 등에 대한 계획조선사업자의 실수요자를 선정하여 계획조선자금의 대출 및 관리업무를 수행하면서, 위 김복동을 계획조선사업자로 선정하여 선박건조자금을 대출하고 위 김복동이 원고의 조선소에서 위 도급계약에 따라 선박을 건조하고 선박이 준공되면 그 선박에 대하여 피고가 후취담보를 취득하기로 약정함에 따라 이 사건 선박에 관하여 위 김복동 명의의 소유권보존등기가 경료되자 1984. 12. 26. 광주지방법원 목포지원 접수 제527호로 채무자를 위 김복동, 근저당권자를 피고, 채권최고액을 금 400,000,000원으로 하고 같은 달 24. 근저당설정계약을 원인으로 한 근저당설정등기를 경료받은 다음, 위 김복동이 대출금을 상환하지 아니하자 위 근저당권에 기하여 1985. 12. 26. 원고가 점유중이던 이 사건 선박에 대한 임의경매신청을 하여 1986. 7. 2. 피고가 경락받아 그 대금을 납부하고 같은 해 9. 27. 피고 명의의 소유권이전등기를 경료하고 이어서 1987. 3. 27. 이 사건 선박을 소외 김청자에게 대금 161,320,000원에 10회 분할상환받는 방식으로 할부로 매각하고 소유권이전은 할부금이 상환되면 이전하여 주기로 유보한 사실, 그런 다음 피고는 이 사건 선박의 소유권에 기한 인도청구권을 가지고 원고를 상대로 광주지방법원 목포지원 87카911호로 선박인도가처분신청을 하여 1987. 5. 8. 위 법원으로부터 이 사건 선박에 대하여 '피신청인(이 사건 원고)의 점유를 풀고 신청인(이 사건 피고)이 위임하는 집달관에게 그 보관을 명하며 집달관은 신청인의 청구가 있을 때에는 이 사건 선박의 현상을 변경하지 않을 것을 조건으로 신청인에게 사용하게 하여야 하고, 신청인은 그 점유를 타에 이전하거나 점유명의를 변경할 수 없다'는 내용의 가처분결정을 받아 같은 날 이 사건 선박에 대한 인도집행을 단행하여 같은 달 9. 원고 회사의 공장장인 소외 민남배로부터 이를 인도받아 위 김청자에게 인도한 사실, 그러나 원고는 위 김복동을 상대로 광주지방법원 목포지원 86가합264호로 이 사건 선박의 건조비 소송을 제기하여 위 미지급선박건조대금 74,125,415원 및 이에 대하여 소장송달 익일인 1987. 3. 15.부터 완제일까지 연 2할 5푼의 비율에 의한 지연손해금을 지급하라는 내용의 원고승소판결을 선고받고 위 판결은 그 무렵 확정되었으며, 또한 피고가 위 광주지방법원 목포지원 87카911호 선박인도가처분 신청사건의 본안소송으로 같은 법원 87가합91호로 원고를 상대로 제기한 선박인도소송에서는, 1989. 7. 21. 원고가 전 소유자인 위 김복동에 대한 위 선박건조대금 금 74,125,415원 채권으로써 이 사건 선박에 관하여 행사한 유치권항변이 인정되어 '원고(당해 소송의 피고)는 소외 김복동으로부터 금 74,125,415원을 지급받음과 동시에 피고(당해 소송의 원고)에게 선박을 인도하라'는 피고 일부승소판결이 선고되었고, 이에 대하여 피고가 항소하였으나 1990. 7. 19. 항소기각되고, 1990. 8. 15. 위 판결이 확정되었으나, 피고는 위 김청자에게 소유권이전을 유보하고 할부로 매각하였던 이 사건 선박에 관하여 1993. 1. 8. 피고로부터 소외 이규철에게로 1987. 3. 27. 매매를 원인으로 한 소유권이전등기를 경료하여 주어버렸고, 위와 같은 유치권을 인정받은 원고는 그 후 피고를 상대로 한 광주지방법원 목포지원 94카기145호 사정변경에 인한 가처분결정취소 신청사건에서 1994. 10. 10. 위 87카911호에 의한 선박인도가처분결정의 취소를 받아 내었으나 그 집행이 불가능하게 된 사실을 인정할 수 있으므로 피고는 원고에게 위 유치권의 상실로 인한 손해를 배상할 책임이 있다고 판시한 다음, 위 손해배상채권이 시효소멸하였다는 피고의 항변에 대하여는, **가처분의 피보전권리는 채무자가 소송과 관계없이 임의로 의무를 이행하거나 본안소송에서 피보전권리가 존재하는 것으로 판결이 확정됨에 따라 채무자가 의무를 이행한 때에 비로소 법률상 실현되는 것이어서 채권자의 만족을 목적으로 하는 이른바 단행가처분의 집행에 의하여 피보전권리가 실현된 것과 마찬가지의 상태가 사실상 달성되었다 하더라도 그것은 어디까지나 임시적인 것에 지나지 않고, 가처분이 집행됨으로써 그 목적물이 채권자에게 인도되었다고 하더라도 그와 같은 잠정적인 상태를 고려함이 없이 그 목적물의 점유는 채무자에게 있다고 보아야 하는 것**이므로, 피고가 위 광주지방법원 목포지원 87카911호 선박인도가처분 결정의 집행에 의하여 이 사건 선박을 인도받았으나 이 사건 선박의 점유는 여전히 그 가처분의 집행채무자인 원고에게 있는 것으로 보아야 하고, 그 가처분의 집행채권자인 피고가 이 사건 선박을 위 김청자에게 인도하였을지라도 그에게 소유권이전을 유보한 매매를 하고 그 점유를 환원할 수 있는 상태에 둔 이상 위 김청자의 직접점유도 아직 집행채권자인 피고 및 집행채무자인 원고의 간접점유하에 있는 점유로 보아야 할 것이며, 그 후 피고가 선박할부대금을 전부 상환받고 1993. 1. 8.자로 위 이규철에게 이 사건 선박에 관하여 소유권이전등기를 경료하여 위 이규철로 하여금 이 사건 선박에 관한 완전한 소유권을 취득하게 하여 버림으로써 이 사건 선박에 관한 소유권이나 점유를 환원시킬 수 없는 새로운 사태가 만들어진 것이라면, 그 때 비로소 가처분의 집행채권자로서 인도집행받은 이 사건 선박의 점유를 타에 이전하거나 점유명의를 변경하여서는 아니되는 가처분의 결정취지에 반하여 점유를 타에 이전하여 그 점유명의를 변경한 것이 되고, 원고의 점유를 침탈하여 원고로 하여금 유치권을 상실하게 한 것이라고 보아야 할 것이므로 원고가 위 유치권을 상실하게 된 시점은 피고의 주장과 같은 1987. 5. 8. 당시의 인도집행시가 아니라 1993. 1. 8. 피고가 위 이규철에게 이 사건 선박에 관하여 소유권이전등기를 경료하여 버림으로써 위 이규철로 하여금 완전한 소유권을 취득하게 하여 버린 때라고 볼 것이며, 그 때 비로소 피고는 이 사건 선박에 대한 원고의 점유를 침탈하여 유치권을 상실하게 하는 불법행위를 저질렀다고 볼 것이고, 1993. 8. 13. 원고가 이 사건 손해배상청구의 소를 제기하였음은 기록상 명백하여, 이미 소멸시효가 완성되었다는 피고의 항변은 이유 없다는 이유로 피고의 위 소멸시효항변을 배척하였는바, 기록과 관계 법령에 의하면 원심의 위와 같은 인정 판단은 정당한 것으로 수긍할 수 있고, 원심판결에 소론과 같이 단행가처분 및 점유의 변경에 관한 법리를 오해한 위법이 있다고 볼 수 없다.

[간접점유] 유치권에서 간접점유로 인정받기 위해 필요한 점유의 정도 (서울고등법원 2013나54682)

판례 해설

유치권의 성립 요건 중 하나는 점유이며 이 점유에 관하여 법원은 상당히 엄격하게 해석하고 있다. **법률상 점유는 직접 점유와 간접 점유 그리고 점유 보조자의 점유로 나뉘는데, 이 사건에서는 간접 점유가 문제되었다**(점유보조자의 점유라고 한다면 수족처럼 사용할 수 있는 직원이어야 하나, 이 사건에서는 수족처럼 사용할 수 있는 직원이 아니었거나, 또는 법률상 대리인이 점유 보조자의 점유 주장을 하지 않았던 것 같다).

유치권에서 <u>간접 점유가 인정되기 위해서는 우선 간접 점유자와 직접 점유자 사이에 "목적물 반환 청구권"이 존재할 정도의 법률관계가 필요하고, 나아가 간접 점유자로 하여금 목적물을 점유할 수 있는 권한을 가지고 있을 것이 요구된다.</u> 이와 관련된 예로, 임대차 계약에서 소유자가 임대인으로서 임차인과 계약을 체결하였다면 유치권을 주장하는 자는 임차인에 대하여 목적물 반환 청구권이 인정되지 않으므로 그 권리를 인정받지 못한다.

이 사건에서는 <u>유치권 인정 시 요구되는 목적물 반환청구권이 존재하지 않는 것에서 나아가 자신의 직원도 아닌 다른 회사의 직원에게 "부탁"하는 정도의 점유에 그치는바 법원은 유치권을 인정하지 않았다.</u>

> **제194조(간접점유)**
> 지상권, 전세권, 질권, 사용대차, 임대차, 임치 기타의 관계로 타인으로 하여금 물건을 점유하게 한 자는 간접으로 점유권이 있다.

법원 판단

위 인정사실에 의하면, 피고는 늦어도 이 사건 공매 절차에서 유치권 신고를 한 2003년 10월경부터 현재까지 이 사건 가동 공장을 직접 또는 J를 고용하여 그로 하여금 가동 공장의 유지, 관리 업무를 수행하게 함으로써 간접점유하여 왔다고 할 것이다. … 종합해보면, **피고와 G는 이 사건 급여공제 약정을 통해 상호 간 채권채무관계를 정산하면서 J에게 사회보험 등의 혜택을 누리게 할 수 있도록 J을 형식적으로 G의 직원으로 등재한 것으로 보일 뿐**이다.

라. 유치권의 성립요건인 유치권자의 점유에 간접점유가 포함되는지 여부(적극) 및 간접점유에서 점유매개관계를 이루는 임대차계약 등이 종료된 이후에도 직접점유자가 목적물을 점유한 채 이를 반환하지 않고 있는 경우, 점유매개관계가 단절되는지 여부(소극) 대법원 2019. 8. 14 선고 2019다205329 판결 [건물인도]

법원 판단

유치권의 성립요건인 유치권자의 점유는 직접점유이든 간접점유이든 관계없다. 간접점유를 인정하기 위해서는 간접점유자와 직접점유를 하는 자 사이에 일정한 법률관계, 즉 점유매개관계가 필요한데, 간접점유에서 점유매개관계를 이루는 임대차계약 등이 해지 등의 사유로 종료되더라도 직접점유자가 목적물을 반환하기 전까지는 간접점유자의 직접점유자에 대한 반환청구권이 소멸하지 않는다. 따라서 점유매개관계를 이루는 임대차계약 등이 종료된 이후에도 직접점유자가 목적물을 점유한 채 이를 반환하지 않고 있는 경우에는, 간접점유자의 반환청구권이 소멸한 것이 아니므로 간접점유의 점유매개관계가 단절된다고 할 수 없다.

임차인을 직접점유자로서 유치권자가 간접점유할 경우 해당 임차인과의 임대차 계약은 소유자 또는 채무자가 아닌 유치권자가 체결하여야 적법한 간접점유가 인정된다는 사례(대법원 2012. 2. 23. 선고 2011다61424 판결)

판례 해설

지지옥션 경매 사이트에서 보면 간혹 유치권자들이 '해당 건물에 사실상 점유하고 있는 임차인을 직접점유자로 하여 간접점유를 하고 있다'

는 공지를 접하게 된다. 그리고 일반인들 입장에서는 간접점유라는 법적 요건과 법적효과를 알지도 못하고 대략적으로 '임차인이 유치권자를 대신하여 점유하고 있으니 유치권을 해결하기 힘들겠구나'라는 판단을 내리게 된다.

그러나 유치권자가 주장하는 간접점유라고 함은 그렇게 쉽게 인정되는 것이 아니므로, **민법에서는 유치권자가 현재의 점에 대하여 최소한 목적물반환청구권 정도는 가지고 있을 것을 전제로 하고, 그렇지 않을 경우에 간접점유가 인정되지 않아 점유를 하고 있지 않은 것으로 판단된다.** 즉 단순히 점유를 대신하는 "표현"뿐만 아니라 유치권자가 임차인 즉 직접점유자에 대하여 목적물반환청구권을 가지는 정도의 **"법적인 권리"**는 보유하고 있어야 비로소 **"간접점유"**가 인정되는 것이다.

대상판결 역시 임차인이 소유자 또는 채무자와 임대차 계약을 체결하였고 그와 또 다른 사람이 이와 같은 계약을 체결한 사실이 없으며 또한 법적으로 그럴 가능성조차 없었기에 이러한 사정을 이유로 간접점유를 인정하지 않았던 것이다.

법원 판단

점유자가 점유의 침탈을 당한 때에는 그 물건의 반환 등을 청구할 수 있다(민법 제204조 제1항 참조). 이러한 점유회수의 소에 있어서는 점유를 침탈당하였다고 주장하는 당시에 점유하고 있었는지의 여부만을 살피면 되는 것이고, 여기서 **점유라고 함은 물건이 사회통념상 그 사람의 사실적 지배에 속한다고 보이는 객관적 관계에 있는 것을 말하고 사실상의 지배가 있다고 하기 위해서는 반드시 물건을 물리적·현실적으로 지배하는 것만을 의미하는 것이 아니고 물건과 사람과의 시간적·공간적 관계와 본권관계, 타인지배의 배제가능성 등을 고려하여 사회관념에 따라 합목적적으로 판단**하여야 한다(대법원 1996. 8. 23. 선고 95다8713 판결).

그리고 점유회수의 소에 있어서의 점유에는 직접점유뿐만 아니라 간접점유도 포함되는 것이기는 하나, 간접점유를 인정하기 위해서는 간접점유자와 직접점유를 하는 자 사이에 일정한 법률관계, 즉 점유매개관계가 필요하다. 이러한 점유매개관계는 직접점유자가 자신의 점유를 간접점유자의 반환청구권을 승인하면서 행사하는 경우에 인정된다.

이 사건 건물 중 **제3자에게 임대가 이루어진 부분에 대한 원고들의 간접점유가 인정되기 위해서는 원고들과 직접점유자인 임차인들 사이에 점유매개관계가 인정**되어야 한다. 그런데 기록에 의하면 이 사건 건물의 임차인들과의 임대차 계약은 당시 소유자이던 주식회사 인컴유나 사이에 체결된 사실을 알 수 있다. 그러므로 임대차계약에 기하여 임차 부분의 직접점유자인 임차인들에 대하여 반환청구권을 갖는 자는 주식회사 인컴유나뿐이라고 보아야 한다. 따라서 임차인들과의 임대차 계약은 원고들과 직접점유자인 임차인 사이의 점유 매개관계를 인정할 기초가 될 수 없다. 그리고 원심이 간접점유 근거로 든 위 사정들은 원고들이 주식회사 인컴유나와 함께 이 사건 건물의 관리에 관여하였다는 사정에 불과한 것이지 임차인들과의 점유매개관계를 인정할 근거가 될 수 없다.

라 - 1 점유가 불법행위로 인하여 개시된 경우

> 유치권에서의 점유는 불법행위로 인하여 개시된 것일 경우 인정될 수 없다 (민법 320조 2항). 예컨대 타인의 물건을 훔친 사람이 그 훔친 물건을 수선 하였더라도 그 수선대금청구권 또는 유익비청구권 등에 기하여 훔친 조건 의 반환을 거절 할 수 없으며, 임대차계약에 기하여 유치권을 행사할 수는 없는 것이다. 불법행위에 의하여 점유를 취득한 자에게까지 유치권을 인정 함은 유치권의 취지인 공평의 원칙에 오히려 반하는 결과를 가져오게 되므 로 그러한 자의 채권을 보호할 필요가 없기 때문이다[1].
>
> **민법 제320조(유치권의 내용)**
> ①타인의 물건 또는 유가증권을 점유한 자는 그 물건이나 유가증권 에 관하여 생긴 채권이 변제기에 있는 경우에는 변제를 받을 때까지 그 물건 또는 유가증권을 유치할 권리가 있다.
> ②전항의 규정은 그 점유가 불법행위로 인한 경우에 적용하지 아니한 다.

임차인이 동시이행항변권을 상실하였음에도 불구하고 점유를 계 속할 경우 이는 고의 또는 과실에 의한 불법점유로서 유치권이 성립할 수 없고 결국 점유하는 기간 동안 차임 상당의 손해배상 책임을 부담 하게 된다(서울고등법원 2017나2010037 판결)

---

1) 민법주석 물권법 435 쪽

판례 해설

유치권의 점유는 적법한 점유일 것을 요하는 바, **점유가 불법행위로 인하여 개시된 경우에는 유치권이 성립할 수 없고, 더 나아가 점유개시 당시에는 적법하였으나 차후 불법점유가 된 경우에도 민법 제320조제2항에 의하여 유치권이 성립될 수 없다.**

대상판결에서는 임차인이 동시이행항변권을 상실하였음에도 그 목적물의 반환을 거부하며 오히려 유치권을 주장할 경우, 이는 적어도 과실에 의한 점유로 불법행위를 구성하고 더 나아가 임차인에게 피담보채권을 인정할 수 없기 때문에 유치권 역시 인정되지 않는다고 판단하였다.

법원 판단

한편 **임차인이 동시이행의 항변권을 상실하였음에도 그 목적물의 반환을 계속 거부하면서 점유하고 있다면, 달리 점유에 관한 적법한 권원이 인정될 수 있는 특별한 사정이 없는 한, 이러한 점유는 적어도 과실에 의한 점유로서 불법행위를 구성**한다(대법원 2014. 8. 20. 선고 2014다204253 판결 등 참조).

앞서 본 증거들과 을 제19호증의 각 영상에 변론 전체의 취지를 더하여 보면, 피고는 단전을 당한 2015. 11. 3. 이후로도 이 사건 건물 곳곳에

'유치권 행사중'이라는 표시를 붙여두고 이를 점유하면서 원고에게 그 반환을 거부하던 끝에 2017. 4. 28. 인도집행이 이루어진 사실을 인정할 수 있다. 뒤에서 보는 바와 같이 피고가 반소로 구하는 손해배상청구권 등의 주장도 인정 할 수 없는 이상, **피고가 적법한 유치권을 가지고 있다거나 그 밖에 점유권원이 있었다고 보기도 어렵다.** 따라서 단전일 이후 피고의 점유는 불법점유에 해당한다. 그러므로 피고는 원고에게 영업 중단 다음날인 2015. 11. 4.부터 이 사건 건물 인도일인 2017. 4. 28. 까지의 불법점유에 기한 손해배상금을 지급할 의무가 있다.

3. 유치권 소멸청구

이미 유치권이 성립되었다고 하더라도 추후 일정한 사정에 의하여 소유자 또는 채무자는 유치권자에 대하여 유치권 소멸청구를 할 수 있다(민법 제324조). 즉 유치권자는 보존행위만을 할 수 있을 뿐 사용·수익할 권한이 없고 목적물의 점유를 전제로 하는바 유치권자에게 인정된 권한을 넘어서 사용수익을 하거나 기타 선량한 관리자의 주의의무를 다하지 못하여 점유물을 훼손한 경우 채무자는 유치권자에 대하여 소멸청구를 할 수 있다.

> **제324조(유치권자의 선관의무)**
> ①유치권자는 선량한 관리자의 주의로 유치물을 점유하여야 한다.
> ②유치권자는 채무자의 승낙없이 유치물의 사용, 대여 또는 담보제공을 하지 못한다. 그러나 유치물의 보존에 필요한 사용은 그러하지 아니하다.
> ③유치권자가 전2항의 규정에 위반한 때에는 채무자는 유치권의 소멸을 청구할 수 있다.

> 다만 유치권 소멸청구권은 형성권이기 때문에 행사를 하여야만 그 즉시 효력이 발생하고 유치권 소멸사유가 발생한다고 하더라도 소멸청구를 하지 않은 한 유치권은 유지될 수 있으므로 이를 주의하여 소멸사유가 발생하는 즉시 유치권 소멸청구권을 행사하여야 할 것이다.

유치권자가 직접 사용하는 경우 보존행위로 가능할 수 있으나 이를 타인에게 사용대차하는 경우 보존행위의 범위를 벗어나게 되고 유치권 소멸청구의 원인이 된다(대법원 2009. 5. 28. 선고 2009다2095 판결).

판례 해설

유치권자는 목적물을 점유할 수 있을 뿐, 채무자의 동의 없이 사용·수익이나 대여, 담보제공을 할 수 없고 동의 없이 사용·수익 하였을 경우 채무자 또는 소유자가 유치권 소멸청구권을 행사하여 유치권을 소멸시킬 수 있다.

유치권자 자신이 점유하고 있는 목적물의 보전을 위하여 자신 스스로 사무실 정도로 사용하는 것은 보존행위로서 인정(대법원 2009. 9. 24. 선고 2009다40684)되는 바, 자신 스스로 사용하는 것이 아니라 타인으로 하여금 사용·수익하는 경우가 문제될 수 있다.

이에 대상판결은 스스로 사용하는 것과 자신이 타인에게 사용하게 하는 것은 그 사용함에 있어 유, 무상에 관계없이 그 점유의 형태가 달라지고 이는 직접 점유하는 또 다른 유치권자에 대해서는 보존행위가 될지언정 간접점유를 통하여 점유를 하고 있는 유치권자에 대해서는 보존행위의 범위를 넘는다고 판단하여 원심판결을 취소하고 파기 환송하였다.

법원 판단

원심은 이 사건 부동산에 대한 유치권자인 ○○종합건설 주식회사가 사용대차를 통해 조○○ 및 피고에게 이 사건 부동산의 점유를 이전해 준 사실을 인정하고서도, 위와 같은 점유이전의 목적과 경위가 오로지 ○○○○○아파트 재건축정비사업조합원들의 점유권 침탈 및 방해를 방지하고 이로써 유치권 행사의 실질을 도모하기 위한 것이라는 이유만을 들어 그 사용대차계약 및 점유이전을 유치물의 보존을 위한 행위라고 판단하고, ○○종합건설 주식회사의 유치권을 원용하는 피고의 항변을 받아들였다.

그러나 유치권자는 채무자 또는 소유자의 승낙이 없는 이상 그 목적물을 타에 대여할 수 있는 권한이 없으므로, 유치권자의 그러한 대여행위는 소유자의 처분권한을 침해하는 것으로서 소유자에게 그 대여의 효력을 주장할 수 없고, 따라서 소유자의 승낙없는 유치권자의 임대차 또는 사용대차에 의하여 유치권의 목적물을 대여받은 자의 점유는 소유자에게 대항할 수 있는 적법한 권원에 기한 것이라고 볼 수 없다(대법원 2002. 11. 27.자 2002마3516 결정 , 대법원 2004. 2. 13. 선고 2003다56694 판결 등 참조). 또한, 조○○ 및 피고에 대한 이 사건 부동산 점유이전의 목적과 경위가 원심이 인정한 바와 같다 하더라도, 그 사용대차계약 및 점유이전은 ○○종합건설 주식회사의 유치권을 보존하기 위한 행위가 될 수 있을지언정 민법 제324조 제2항 단서가 규정하는 유치물의 보존에 필요한 사용·수익에 해당된다고 볼 수는 없다.

결국, 이 사건 부동산에 대한 피고의 점유는 원고에게 대항할 수 있는 적법한 권원에 기한 것이라고 볼 수 없고, 이와 달리 판단한 원심판결에는 유치물의 보존에 필요한 사용 등에 관한 법리를 오해하여 판결 결과에 영향을 미친 위법이 있다.

[유치권자 보존행위] 공사대금채권에 기하여 유치권을 행사하는 자가 "스스로" 유치물을 사용수익하고 있다면 이는 유치물의 보존에 필요한 사용에 해당하여 유치권 소멸청구를 할 수 없다 (대법원 2009. 9. 24. 선고 2009다406** 판결)

판례 해설

민법 제320조에 따른 유치권자는 점유할 권리만 있을 뿐, 사용·수익할 수 있는 권리는 보유하지 않고, 유치권자가 유치권 대상 건물을 사용·수익하는 것은 유치권자의 권한 범위를 넘는 행위로 이 경우 채무자 또는 소유자는 유치권자에 대하여 민법 제324조 제3항에 따른 유치권 소멸청구를 할 수 있다. 다만 **유치권자는 목적물을 점유하고 있기 때문에 선량한 관리자의 주의의무에 따라 점유하여야 하는 바, 보존행위 정도는 할 수 있다.**

위 보존행위의 범위에 관하여 해석의 여지가 있었으나 **대법원은 '유치권자가 직접 사무실로 사용·수익할 경우에는 이를 보존행위로 판단하여, 위와 같은 행위를 원인으로 유치권자에게 유치권소멸청구를 할 수 없다고'** 판단한 것이다.

차후 판결에서 보겠지만 대법원은 유치권 당사자가 **"직접 점유"하여 사용·수익할 경우에는 보존행위로 보아 유치권 소멸청구를 인정하지 않는 반면, 누군가에게 직접 점유하게 하고 자신이 간접점유하는 형태로 사용·수익할 경우에는 보존행위의 범위에 해당하지 않는다고 판단하였는 바, 이를 명확히 구분하여야 할 것이다.**

더 나아가 아무리 보존행위라고 하더라도 점유할 권원만 있을 뿐 사용·수익할 권원이 없는 자가 사용·수익하였으므로 그 기간 동안 차임 상당의 부당이득은 반환되어야 한다.

법원 판단

민법 제324조에 의하면, 유치권자는 선량한 관리자의 주의로 유치물을 점유하여야 하고, 소유자의 승낙 없이 유치물을 보존에 필요한 범위를 넘어 사용하거나 대여 또는 담보제공을 할 수 없으며, 소유자는 유치권자가 위 의무를 위반한 때에는 유치권의 소멸을 청구할 수 있다고 할 것인바, **공사대금채권에 기하여 유치권을 행사하는 자가 스스로 유치물인 주택에 거주하며 사용하는 것은 특별한 사정이 없는 한 유치물인 주택의 보존에 도움이 되는 행위로서 유치물의 보존에 필요한 사용에 해당**한다고 할 것이다.

상당한 담보를 제공하고 소멸청구할 경우 담보가 상당한지 여부를 판단하는 기준(대법원 2021. 7. 29 선고 2019다216077 판결 [건물명도(인도)])

법원 판단

가. 채무자는 상당한 담보를 제공하고 유치권의 소멸을 청구할 수 있다(민법 제327조).

유치권 소멸 청구는 민법 제327조에 규정된 채무자뿐만 아니라 유치물의 소유자도 할 수 있다. 민법 제327조에 따라 채무자나 소유자가 제공하는 담보가 상당한지는 담보 가치가 채권 담보로서 상당한지, 유치물에 의한 담보력을 저하시키지 않는지를 종합하여 판단해야 한다. 따라서 유치물 가액이 피담보채권액보다 많을 경우에는 피담보채권액에 해당하는 담보를 제공하면 되고(대법원 2001. 12. 11. 선고 2001다59866 판결), 유치물 가액이 피담보채권액보다 적을 경우에는 유치물 가액에 해당하는 담보를 제공하면 된다.

나. 원심은 다음과 같이 담보의 상당성이 인정된다는 이유로 원고의 청구를 인용하였다.

채무자나 소유자가 민법 제327조에 따라 상당한 담보를 제공하고 유치권 소멸을 청구하는 경우 유치물 가액이 피담보채권액보다 적을 때에는 유치물 가액에 해당하는 담보를 제공하면 된다.

제2 건물 가액은 합계 1억 5,500만 원으로 피담보채권액보다 적으므로, 원고는 유치권 소멸을 청구하기 위해서 제2 건물 가액에 해당하는 담보를 제공하면 된다. 원고가 제공한 담보는 우선변제권이 있는 최선순위 근저당권 설정이고 담보물인 제1 건물 가액은 합계 1억 5,900만 원으로 제2 건물 가액과 비슷하다.

다. 원심판결 이유를 위에서 본 법리와 기록에 비추어 살펴보면, 원심판결은 정당하고 상고이유 주장과 같이 담보의 상당성과 유치권의 불가분성 등에 관한 법리를 오해한 잘못이 없다.

4. 경매 개시 이후 유치권 발생

채무자 소유의 건물 등 **부동산에 강제경매개시결정의 기입등기가 경료되어 압류의 효력이 발생한 이후에는 채무자가 해당 부동산에 처분행위를 하더라도 민사집행법 제92조 제1항, 제83조 제4항에 따른 압류의 처분금지효에 반하여 채권자 및 낙찰자에게 대항할 수 없다.** 즉 채무자의 처분행위는 적법하다고 하더라도 채무자와 계약을 체결한 제3자는 해당 부동산의 채권자 및 낙찰자에 대하여 그 효력을 주장할 수 없다. 이는 경매 절차의 안정성이라는 입법취지에서 비롯된다.

앞에서 언급한 바와 같이 유치권은 피담보채권과 더불어 "점유"가 있어야만 비로소 가능하고 유치권의 성립시기는 피담보채권과 점유가 완성되었을 때 성립되고 효력을 발생하게 된다.

대부분의 유치권자들은 자신이 대금을 지급받지 못한 공사현장에서 지속적으로 점유하고 있는 것이 아니라 일단 다른 현장에서 공사 등을 진행하다가 자신이 진행하였던 공사현장의 건물이 경매절차를 진행한다는 말을 듣고 급기야 경매 현장으로 다시 복귀하게 되고 소위"점유"라는 것을 하게 된다. 문제는 유치권자는 피담보채권과 더불어 점유가 존재하여야만 비로소 성립을 주장할 수 있기 때문에 자신이 공사현장에 복귀하여 점유를 개시한 그 시기에 비로소 유치권이 성립하게 되는 것이다.

그러나 **대법원은 2005다22688 판결을 통하여 경매 개시 이후에 이와 같이 성립된 유치권을 채무자의 처분행위로 보아 압류의 처분금지효에 반한다고 판단**하였고 이로 인하여 유치권은 속수무책으로 깨어지게 되었다. 왜냐하면 앞에서 언급한 바와 같이 유치권자 대부분은 자신의 공사현장이 경매절차가 들었다는 소문을 듣고 재차 점유를 시작하게 되는데 결국 그와 같은 상황은 압류의 처분 금지효에 의하여 인정을 받지 못한다는 것이다.

따라서 본 법리에 의하여 시중의 유치권 중 70%이상의 소멸하는 상황이 발생하므로 낙찰자의 입장에서는 본 법리를 숙지하여 실제 경매에 적용하여야 할 것이다.

민사집행법 제83조(경매개시결정 등)
①경매절차를 개시하는 결정에는 동시에 그 부동산의 압류를 명하여야 한다.
②압류는 부동산에 대한 채무자의 관리·이용에 영향을 미치지 아니한다.
③경매절차를 개시하는 결정을 한 뒤에는 법원은 직권으로 또는 이해관계인의 신청에 따라 부동산에 대한 침해행위를 방지하기 위하여 필요한 조치를 할 수 있다.
④압류는 채무자에게 그 결정이 송달된 때 또는 제94조의 규정에 따른 등기가 된 때에 효력이 생긴다.

민사집행법 제92조(제3자와 압류의 효력)
①제3자는 권리를 취득할 때에 경매신청 또는 압류가 있다는 것을 알았을 경우에는 압류에 대항하지 못한다.
②부동산이 압류채권을 위하여 의무를 진 경우에는 압류한 뒤 소유권을 취득한 제3자가 소유권을 취득할 때에 경매신청 또는 압류가 있다는 것을 알지 못하였더라도 경매절차를 계속하여 진행하여야 한다.

채무자 소유의 부동산에 강제경매개시결정의 기입등기가 경료되어 압류의 효력이 발생한 이후에 채무자가 부동산에 관한 공사대금 채권자에게 그 점유를 이전함으로써 유치권을 취득하게 한 경우, 점유자가 유치권을 내세워 경매절차의 매수인에게 대항할 수 있는지 여부(소극) (대법원 2005. 8. 19. 선고 2005다22688 판결)

판례 해설

앞에서 언급한 바와 같이 본 대상판결로 인하여 시중의 유치권 중 70%가 인정되지 않게 되었다. 즉, 유치권자들은 자신이 공사대금을 미지급 받았음에도 불구하고 현실적인 이유로 공사현장을 떠나 다른 공사현장에서 재차 작업을 할 수밖에 없는데, 이후 자신이 대금을 지급받지 못한 공사현장에 경매절차가 진행된다는 말을 듣고 부랴부랴 공사현장으로 복귀하여 유치권을 주장하는 경우가 상당히 많다.

그러나 대상판결에서는 **경매 개시 이후 유치권자가 점유를 개시**하였다면 이는 민사집행법 제92조 제1항, 제83조 제4항에 따른 **압류의 처분금지효에 저촉된다**는 이유로 점유자로서는 위 유치권을 내세워 그 부동산에 관한 **경매절차의 매수인에게 대항할 수 없다**고 판단한 것이다.

결국 유치권을 인정받기 위해서는 **경매개시 전후 유치권자가 해당 목적물을 점유하고 있음이 확인되어야** 비로소 가능한 바, 경매가 언제 진행될지 모르는 상황에서 이와 같이 지속적으로 점유하는 것은 사실상 불가능하지만, **최소한 공사현장에 자신의 연락처 등 메모를 남겨두**는 등으로 점유 개시 가능성은 열어두어야 할 것이다.

법원 판단

　채무자 소유의 건물 등 부동산에 강제경매개시결정의 기입등기가 경료되어 압류의 효력이 발생한 이후에 채무자가 위 부동산에 관한 공사대금 채권자에게 그 점유를 이전함으로써 그로 하여금 유치권을 취득하게 한 경우, 그와 같은 점유의 이전은 목적물의 교환가치를 감소시킬 우려가 있는 처분행위에 해당하여 민사집행법 제92조 제1항, 제83조 제4항에 따른 압류의 처분금지효에 저촉되므로 점유자로서는 위 유치권을 내세워 그 부동산에 관한 경매절차의 매수인에게 대항할 수 없다 할 것이다.

　원심은 그 채택 증거를 종합하여, 선정자 양O원을 제외한 나머지 선정자들이 주식회사 A기계공업 소유의 이 사건 공장건물들의 신축공사로 인한 공사대금채권을 가지고 있던 중 A기계공업의 채권자인 권O옥의 신청에 기한 2002. 5. 6.자 강제경매개시결정에 따라 같은 해 5. 13. 이 사건 공장건물들 및 그 부지 등에 관하여 강제경매개시결정의 기입등기가 경료된 이후 위 선정자들이 위 공장건물들 중 선정자 양O원이 임차하고 있던 이 사건 건물 및 부지 부분에 대하여는 위 선정자에 대한 A기계공업의 점유물반환청구권을 양도받음으로써 2003. 4. 30.경부터 위 선정자를 통한 간접점유를 시작하고, 나머지 공장건물들 및 부지에 대하여는 늦어도 경비원을 고용하여 출입자들을 통제하기 시작한 2003. 5. 23.경부터 A기계공업으로부터 그 점유를 이전받아 직접점유를 시작한 사실을 인정한 다음, <u>선정자들은 위 강제경매개시결정의 기입등기에 따른 압류의 처분금지효에 저촉되는 위 점유이전에 기한 유치권의 취득으로써 위 경매절차의 매수인인 원고에 대하여 대항할 수 없다는 이유를 들어, 선정자들에 대하여 이 사건 건물 및 부지의 인도와 아울러 이 사건 공장건물들의 전체 부지 지상에 설치한 판시 컨테이너의 철거와, 원고가 위 경매절차에서 이 사건 건물 및 부지의 소유권을 취득한 2003. 9. 25.부터 그 인도 완료시까지 점유에 따른 차임 상당의 손해배상을 각 구하는 원고의 청구를 인용</u>하였는바, 위와 같은 원심의 판단은 앞서 본 법리 및 기록에 비추어 정당하고, 거기에 상고이유에서 주장하는 것처럼 유치권의 성립과 효력, 부동산의 강제경매개시결정에 따른 처분금지의 효력, 점유 및 재산권 등에 관한 법리오해와 사실오인, 심리미진 등의 위법이 있다고 할 수 없다.

채무자 소유의 건물에 관하여 공사를 도급받은 수급인이 경매개시결정의 기입등기가 마쳐지기 전에 채무자에게서 건물의 점유를 이전받았으나 경매개시결정의 기입등기가 마쳐져 압류의 효력이 발생한 후에 공사를 완공하여 공사대금채권을 취득함으로써 유치권이 성립한 경우, 수급인이 유치권을 내세워 경매절차의 매수인에게 대항할 수 있는지 여부(소극) (대법원 2011. 10. 13. 선고 2011다55214 판결)

판례 해설

유치권의 성립 요건 즉, "**피담보채권과 점유**"라는 두 가지 요건을 모두 갖추어서 유치권이 성립되었다고 하더라도, 그와 같은 요건이 경매 개시 이후에 발생하였다면 압류의 처분 금지효력에 반하여 인정되지 못한다.

본 대상판결이 중요한 이유는 대상판결 이전에는 대부분의 유치권자들이 피담보채권은 있으나 경매 개시 이후에 **비로소 점유를 개시하였음을 이유로 유치권이 부정**되는 경우가 많았다. 그러나 대상판결은 **경매개시 당시에도 점유하고 있었으나, 경매 개시 이후에 공사 완공**이 이루어졌는바, 결국 그 시기에 피담보채권을 취득하여 유치권은 성립되었다고 할 것이나 경매개시 이후에 성립한 유치권이므로 압류의 처분금지 효력에 반하여 대항할 수 없었던 것이다.

결국 공사업자로서는 이와 같은 사례를 충분히 이해하여 향후 법률관계를 대비하여야 할 것이다.

법원 판단

유치권은 그 목적물에 관하여 생긴 채권이 변제기에 있는 경우에 비로소 성립하고(민법 제320조), 한편 채무자 소유의 부동산에 경매개시결정의 기입등기가 마쳐져 압류의 효력이 발생한 후에 유치권을 취득한 경우에는 그로써 그 부동산에 관한 경매절차의 매수인에게 대항할 수 없는바(대법원 2009.1.15.선고 2008다70763판결 등 참조), **채무자 소유의 건물에 관하여 증·개축 등 공사를 도급받은 수급인이 경매개시결정의 기입등기가 마쳐지기 전에 채무자로부터 그 건물의 점유를 이전받았다 하더라도 경매개시결정의 기입등기가 마쳐져 압류의 효력이 발생한 후에 "공사를 완공하여 공사대금채권을 취득"함으로써 그때 비로소 유치권이 성립한 경우에는, 수급인은 그 유치권을 내세워 경매절차의 매수인에게 대항할 수 없는 것이다.**

나. (1) 원심판결 이유에 의하면, 원심은 이 사건 경매개시결정 당시 피고들의 공사대금채권의 변제기가 도래하지 아니하였으므로 유치권이 성립하지 않았다는 원고의 주장에 대하여, 피고들이 이 사건 공사를 목적으로 이 사건 부동산을 점유하기 시작하였고, 현재 <u>이 사건 공사를 마침으로써 공사대금 채권의 변제기가 도래하였으므로 피고들의 유치권은 성립하였으며, 이 사건 부동산의 압류 당시에 피고들의 공사대금채권이 변제기에 도달하여야 하는 것은 아니라고 판단</u>하여, 원고의 위 주장을 배척하였다.

(2) 그러나 원심의 위와 같은 판단은 앞서 본 법리에 비추어 수긍할 수 없다.

원심판결 이유에 의하더라도 피고들은 이 사건 경매개시결정 후인 2009. 7. 30.에야 이 사건 공사를 완공하였다는 것이고, 그 공사대금채권의 변제기에 관한 별도의 약정이 있었다는 등의 사정에 관하여 아무런 설시가 없으며, 기록을 살펴보아도 그러한 사정을 발견할 수 없는 바, 사실관계가 이와 같다면, 비록 피고들이 이 사건 경매개시결정 전에 점유를 시작하였다 하더라도 그 공사대금채권의 변제기가 이 사건 경매개시결정 전에 도래하였다고 볼 만한 특별한 사정이 인정되지 않는 이상 그와 같은 점유만으로는 유치권이 성립하지 않으므로, 이 사건 경매개시결정의 기입등기 후에 공사를 완공하여 공사대금채권을 취득하였다 하더라도 그 공사대금채권에 기한 유치권으로는 이 사건 부동산에 관한 경매절차의 매수인에게 대항할 수 없는 것이다.

(3) 그럼에도 원심은 공사대금채권의 변제기 도래 여부와 유치권의 성립 시기 및 경매개시결정과의 선후에 관하여 따져보지도 아니한 채 위 판시와 같은 이유만으로 원고의 청구를 배척하고 말았으니, 이러한 원심판결은 유치권과 경매절차에 관한 법리를 오해하여 판단을 그르친 것이다.

라. 부동산에 관하여 경매개시결정등기가 된 뒤에 부동산의 점유를 이전받거나 피담보채권이 발생하여 유치권을 취득한 사람이 경매절차의 매수인에 대하여 유치권을 행사할 수 있는지 여부(소극) 대법원 2022. 12. 29 선고 2021다253710 판결 [건물인도]

판례 해설

대상판결은 변제기 유예가 경매개시결정 전에 있었고 다만 유치권자는 지속적으로 점유하고 있었는바 다른 판결에서는 변제기가 경매개시결정 이후에 발생한 경우 이는 제3자를 해하는 행위로서 압류의 처분금지효에 반한다는 판결(**대법원 2011. 10. 13. 선고 2011다55214 판결**)이 있어 원심에서는 그에 따라 판단한 것으로 보인다.

그러나 대상판결은 변제기 유예 전에 이미 변제기는 도래되어 유치권 자체가 성립된 상태였고 결국 점유가 지속되고 있다면 변제기 유예 합의 여부와 상관없이 유치권이 성립되었다고 본 것이다

법원 판단

[1] 민사집행법 제91조 제3항이 "지상권·지역권·전세권 및 등기된 임차권은 저당권·압류채권·가압류채권에 대항할 수 없는 경우에는 매각으로 소멸된다."라고 규정하고 있는 것과는 달리, 같은 조 제5항은 "매수인은 유치권자에게 그 유치권으로 담보하는 채권을 변제할 책임이 있다."라고 규정하고 있으므로, 유치권은 특별한 사정이 없는 한 그 성립시기에 관계없이 경매절차에서 매각으로 인하여 소멸하지 않는다. 다만 부동산에 관하여 이미 경매절차가 개시되어 진행되고 있는 상태에서 비로소 그 부동산에 유치권을 취득한 경우에도 아무런 제한 없이 경매

절차의 매수인에 대한 유치권의 행사를 허용하면 경매절차에 대한 신뢰와 절차적 안정성이 크게 위협받게 됨으로써 경매 목적 부동산을 신속하고 적정하게 환가하기가 매우 어렵게 되고 경매절차의 이해관계인에게 예상하지 못한 손해를 줄 수도 있으므로, 그러한 경우에까지 압류채권자를 비롯한 다른 이해관계인들의 희생 아래 유치권자만을 우선 보호하는 것은 집행절차의 법적 안정성이라는 측면에서 받아들일 수 없다. 그리하여 대법원은 집행절차의 법적 안정성을 보장할 목적으로 부동산에 관하여 경매개시결정등기가 된 뒤에 비로소 부동산의 점유를 이전받거나 피담보채권이 발생하여 유치권을 취득한 경우에는 경매절차의 매수인에 대하여 유치권을 행사할 수 없다고 본 것이다.

[2] 경매개시결정이 있기 전부터 유치권을 이유로 부동산을 점유하면서 채무자와 일정 기간 동안 변제기를 유예하기로 합의한 갑 주식회사가 그 후 개시된 경매절차에서 유치권 신고를 하였다가, 이후 갑 회사를 상대로 유치권부존재확인의 소가 제기되어 그 소송에서 갑 회사에 유치권이 존재한다는 판결이 선고되어 확정되자, 속행된 경매절차에서 다시 유치권 신고를 하였는데, 경매절차에서 부동산의 소유권을 취득한 을이 갑 회사를 상대로 부동산 인도와 부당이득반환을 청구한 사안에서, <u>갑 회사가 경매개시결정 전후로 계속하여 경매목적물을 점유해 왔으므로 갑 회사의 공사대금채권 변제기가 변제기 유예 이전에 이미 도래하여 갑 회사가 경매개시결정등기 전에 유치권을 취득하였을 경우, 경매개시결정 이후 변제기가 재차 도래함으로써 갑 회사가 다시 유치권을 취득하였다고 볼 여지가 있는 점</u>, 경매개시결정 전후로 유

치권자가 부동산을 계속 점유하면서 유치권을 신고하였고 현황조사보고서에 이러한 사정이 기재된 점, 유치권의 존재를 확인하는 판결까지 확정되어 매수인 등이 유치권의 존재를 알고 있었던 것으로 보이고 달리 거래당사자가 유치권을 자신의 이익을 위하여 고의로 작출하였다는 사정을 찾아볼 수 없는 점을 종합하면 유치권의 행사를 허용하더라도 경매절차의 이해관계인에게 예상하지 못한 손해를 주지 않고 집행절차의 법적 안정성을 해치지 않아 유치권의 행사를 제한할 필요가 없으므로, 갑 회사가 경매절차의 매수인인 을에게 유치권을 주장할 수 있다고 봄이 타당한데도, 변제기 유예 전에 공사대금채권의 변제기가 도래하여 갑 회사가 경매개시결정등기 전에 유치권을 취득한 적이 있고 경매개시결정 이후 변제기가 재차 도래함으로써 다시 유치권을 취득한 것인지 등을 더 심리하지 아니한 채, 변제기 유예로 경매개시결정 당시 갑 회사의 공사대금채권이 변제기에 있지 않았다는 이유만으로 갑 회사가 유치권을 주장할 수 없다고 본 원심판단에 법리오해 등의 잘못이 있다고 한 사례.

경매절차에서 압류의 효력이 발생하기 전에 점유하였다는 점은 현황조사서로 인하여 증명할 수 있다(수원지방법원 평택지원 2003가단8122 판결).

판례 해설

대법원은 경매개시결정의 기입등기가 완료되어 압류의 효력이 발생한 이후에 제3자가 유치권을 취득한 경우에 대하여, 이는 채무자의 재산 처분행위에 해당하므로 점유자가 유치권을 내세워 경매절차의 매수인에게 대항할 수 없다는 태도를 유지해왔다. 그러나 문제는 **점유가 경매개시 이후에 있었다는 점을 어떻게 입증하느냐 하는 것인데, 법원은 점유관계를 입증하는 중요한 증거방법으로 현황조사서**를 활용하고 있다.

경매가 개시되면 **법원은 곧바로 감정평가, 채권신고 및 배당요구 최고, 그리고 현황조사 절차**를 진행한다. 이때 현황조사란, 경매물건이 현재 어떠한 상태인지, 누가 점유하는지, 현황은 어떠한지 여부를 파악하는 절차이다. 따라서 이 절차에서 점유자로 파악되지 않은 경우에는 그 점유자의 유치권이 경매기입등기를 마친 이후에 성립된 것으로 판단하여 경매절차의 매수인에게 대항할 수 없다고 판단하는 것이다.

법원 판단

이 사건과 같은 소극적 확인의 소에서는 원고가 먼저 청구를 특정하여 권리발생원인사실을 부정하는 주장을 하면 권리자인 피고 등이 권리관계의 요건사실을 주장·입증할 책임이 있으므로(대법원 1998. 3. 13.

선고 97다45259 판결 등 참조), 이 사건에서도 유치권자라고 주장하는 피고들이 유치권의 성립요건, 즉 타인의 물건을 점유하고 있는 사실, 피담보채권이 존재하고 그 변제기가 도래한 사실, 피담보채권이 그 타인의 물건에 관하여 생긴 사실 등에 대한 입증책임을 부담한다.

피고들이 원고에 대하여 이 사건 각 부동산에 관한 유치권을 주장하기 위해서는 늦어도 이 사건 경매기입등기가 마쳐진 2012. 6. 27. 이전부터 현재까지 적법하게 이 사건 각 부동산을 점유하고 있음을 입증하여야 한다.

갑 제5호증의 1, 2의 각 기재와 영상, 갑 제6호증의 각 기재 및 변론 전체의 취지를 종합하여 알 수 있는 다음과 같은 사정들, 즉 ① **이 사건 경매절차에서 집행관이 2012. 7. 10. 이 사건 각 부동산을 방문하여 현황조사를 한 후 작성한 각 부동산현황조사보고서에는 이 사건 각 부동산의 점유관계는 미상이고, 이 사건 건물의 경우 기타 사항으로 "현황조사시 채무자 겸 소유자의 직원이 있었으나 조사 불응 함. 평택세무서 등록사항 등의 열람결과 등재된 임차인 없음."이라고 기재되어 있을 뿐, 피고들의 점유나 유치권 행사 여부에 관하여는 별다른 특이사항이 드러나지 않은 점, ② 위 각 부동산현황조사보고서에 첨부된 사진에 의하더라도, 이 사건 각 부동산에 대한 피고들의 점유 흔적이 전혀 나타나지 않는 점, ③ 원고 측은 2012. 6. 1.경부터 경비업체인 주식회사 Y와 사이에 이 사건 각 부동산에 대한 경비용역 도급계약을 체결하고**

의를 관리해 온 것으로 보이는 점 등에 비추어 보면, 피고들이 제출한 증거들만으로는 피고들이 이 사건 각 부동산에서 이 사건 경매기입등기가 미쳐진 2012. 6. 27. 이전부터 이 사건 부동산을 점유하여 왔음을 인정하기에 부족하고, 달리 이를 인정할 증거가 없다.

권형필 변호사 법률신문 기고 판례 평석

대법원 2014. 3. 20. 선고 2009다60336 전원합의체 판결

Ⅰ. 쟁점 사안

조세채권자의 압류 결정 이후 발생한 유치권이 조세권자의 압류에 대항할 수 있는지 여부가 문제 된 사안.

Ⅱ. 대법원 판단

1. 다수의견

민법상 유치권은 타인의 물건을 점유한 자가 그 물건에 관하여 생긴 채권을 가지는 경우에 법률상 당연히 성립하는 법정담보물권이다(민법 제320조 제1항). 따라서 어떤 부동산에 이미 저당권과 같은 담보권이 설정되어 있는 상태에서도 그 부동산에 관하여 민사유치권이 성립될 수 있다. 그러나 부동산에 관하여 이미 경매절차가 개시되어 진행되고 있는 상태에서 비로소 그 부동산에 유치권을 취득한 경우에도 아무런 제한 없이 유치권자에게 경매절차의 매수인에 대한 유치권의 행사를 허용하면 경매절차에 대한 신뢰와 절차적 안정성이 크게 위협받게 됨으로써 경매 목적 부동산을 신속하고 적정하게 환가하기가 매우 어렵게 되고 경매절차의 이해관계인에게 예상하지 못한 손해를 줄 수도 있으므로, 그러한 경우까지 압류채권자를 비롯한 다른 이해관계인들의 희생 하에 유치권자만을 우선 보호하는 것은 집행절차의 법적 안정성이라는 측면에서 받아들일 수 없다.

한편 부동산에 관한 민사집행절차에서는 경매개시결정과 함께 압류를 명하므로 압류가 행하여짐과 동시에 매각절차인 경매절차가 개시되는 반면, 국세징수법에 의한 체납처분절차에서는 그와 달리 체납처분에 의한 압류(이하, '체납처분압류')와 동시에 매각절차인 공매절차가 개시되는 것이 아닐 뿐만 아니라, 체납처분압류가 반드시 공매절차로 이어지는 것도 아니다. 따라서 체납처분압류가 되어 있는 부동산이라고 하더라도 그러한 사정만으로 경매절차가 개시되어 경매개시결정등기가 되기 전에 그 부동산에 관하여 민사유치권을 취득한 유치권자가 경매절차의 매수인에게 그 유치권을 행사할 수 없다고 볼 것은 아니다.

2. 반대의견

기존의 대법원 판례가 유치권의 대항력을 부인하는 근거가 압류의 처분금지효에 있음을 누누이 밝혀 왔음에도 불구하고, 기존의 판례 태도와는 달리 이 사건 판결에서는 압류의 처분금지효가 아닌 '집행절차의 법적 안정성'이나 '경매절차에 대한 신뢰'를 전면에 부각시켜 그로부터 유치권의 대항력을 부인하는 근거를 찾은 다음, 체납처분 압류의 처분금지효력은 인정하지만 체납처분압류 이후 곧바로 공매절차가 개시되는 것이 아니므로 이를 경매절차 개시 후에 발생한 유치권 효력을 부정하는 판시와 동일하게 볼 수 없다고 한 것은 기존의 견해와 명백히 상반되는 판시이다.

Ⅲ. 이 사건의 쟁점

이 사건의 쟁점은 근본적으로 경매개시결정 즉 압류 이후 발생한 유치권의 효력을 부정한 기존의 판례(2006다22050, 2008다70763, 2009다19246 판결 등)의 근거가 압류의 처분금지효력 때문인지 그렇지 않으면 경매(집행)절차의 신뢰와 절차적 안정성에 있는지 여부 인바, 유치권의 효력을 부정하는 근거에 관하여 다수의견은 압류의 처분금지효력이 아닌 경매(집행)절차의 법적 안정성이라고 보는 반면, 반대의견은 압류의 처분금지효력이라고 보아 동일한 효력을 가진 체납처분압류 이후 유치권 발생은 기존의 법리에 비추어 보아 인정될 수 없다고 주장한 것이다(물론 반대의견의 다른 근거도 존재하지만 이 사건의 핵심쟁점은 이와 같은 논의이기 때문에 지면 사정상 이와 관련된 논의만 설시한다).

Ⅳ. 반대의견에 대한 반박

가. 반대의견은 기존의 대법원이 압류의 처분금지효력만을 근거로 유치권을 부정하였다고 주장하면서 이 사건 판례에서 이와 같은 견해를 비켜서 집행절차의 안정성을 쟁점으로 삼고 있다고 주장하고 있다.

그러나 이전의 판결들에서 집행절차의 법적 안정성에 관하여 전혀 언급하지 않은 것은 아니었다. 즉 근저당권에 관한 판례(2008다70763 판결)에서는 판결요지가 아닌 전문에 기재되어 있기는 하지만 "그리고 부동산 경매절차에서 유치권 행사가 허위채권에 기한 것일 경우 매각대금을 부당하게 하락시켜 경매의 공정성을 훼손하고 이해관계인의 권리를 침해할 우려가 있으므로, 유치권 성립 여부에 대한 판단은 신중하게 할 필요가 있다"라고 판시하여 경매개시 이후 유치권 발생을 부정하는 한 가지

이유는 경매의 공정성 때문임을 언급한 바 있고, 그 후 가압류와 관련된 2009다19246 판결에서는 판결요지에서 구체적으로 "이는 어디까지나 경매개시결정의 기입등기가 경료 되어 압류의 효력이 발생한 후에 채무자가 당해 부동산의 점유를 이전함으로써 제3자가 취득한 유치권으로 압류채권자에게 대항할 수 있다고 한다면 경매절차에서의 매수인이 매수가격 결정의 기초로 삼은 현황조사보고서나 매각물건명세서 등에서 드러나지 않는 유치권의 부담을 그대로 인수하게 되어 경매절차의 공정성과 신뢰를 현저히 훼손하게 될 뿐만 아니라 유치권신고 등을 통해 매수신청인이 위와 같은 유치권의 존재를 알게 되는 경우에는 매수가격의 즉각적인 하락이 초래되어 책임재산을 신속하고 적정하게 환가하여 채권자의 만족을 얻게 하려는 민사집행제도의 운영에 심각한 지장을 줄 수 있으므로, 위와 같은 상황하에서는 채무자의 제3자에 대한 점유이전을 압류의 처분금지효에 저촉되는 처분행위로 봄이 타당하다는 취지이다" 라고 판시하여 명시적으로 압류의 처분금지효 뿐만 아니라 경매절차의 공정성과 신뢰성을 언급하면서 그 취지를 설명하였다(물론 2009다19246 판결에서의 유치권을 부정하는 결정적인 이유를 점유의 사실행위성에서 찾았으나, 이와 같은 논리는 압류 이후 유치권의 효력을 부정하는 것과 논리 모순이 발생하는 측면이 있는데, 이는 아쉬운 부분이다)

나. 더욱이 기존의 판례에 의하면 **근저당이나 가압류는 사실상 처분금지효를 가지고 있음에도 불구하고 그 이후 발생한 유치권에 관하여 그 효력을 부정하지 않았다.**

근저당과 관련하여, 민법 제356조는 "저당권자는 채무자 또는 제3자가 점유를 이전하지 아니하고 채무의 담보로 제공한 부동산에 대하여 다른 채권자보다 자기채권의 우선변제를 받을 권리가 있다" 라고 규정한다. 따라서 채무자의 재산에 근저당권이 설정된다면 그 금액의 한도 내에서 채무자는 사실상 처분 금지의 효력의 제한을 받게 되고 더불어 근저당권자는 다른 채권자들보다 우선하는 효력을 가지게 된다. 가압류의 효력과 관련하여서도 **대법원은 "부동산에 가압류 등기가 경료되면 채무자가 당해 부동산에 관한 처분행위를 하더라도 이로써 가압류채권자에게 대항할 수 없게 된다(2009다19246 판결)"**라고 판시하여 처분금지효력이 인정되는데, 이러한 처분금지효에도 불구하고 근저당권 및 가압류 이후 발생한 유치권에 관하여는 그 효력을 인정하고 있다.

다. 위와 같이 체납처분과 동일한 처분 금지효력을 가진 근저당권 또는 가압류 등기 이후에 발생하는 유치권에 관하여 그 효력을 인정하는 이유는 유치권의 법적담보물권성과 더불어 **민사집행법상 인수주의를 채택한 입법자의 결단 때문**이고 이러한 취지를 고려하여 판시하였던 것이다.

즉 민사집행법은 경매절차에서 저당권 설정 후에 성립한 용익물권은 매각으로 소멸된다고 규정하면서도, 유치권에 관하여는 그와 달리 저당권 설정 시기와의 선후를 구별하지 아니하고 경매절차의 매수인이 유치권의 부담을 인수하는 것으로 규정하고 있다(민사집행법 제91조 제3항, 제5항). 이는 점유하는 물건에 관하여 생긴 채권이라는 민사유치권의 피담보채권이 가지는 특수한 성격을 고려하여 공평의 원칙상 그 피담보채권의 우선적 만족을 확보하여 주려는 것이다. 그렇지 않고 이러한 경우까지도 유치권의 효력을 부정하였다면 유치권의 성립 취지 자체가 몰각될 우려가 있었다.

라. 체납처분 절차에 의한 압류는 민사집행법상의 압류와 같이 곧바로 채무자의 재산에 경매절차가 진행되는 것이 아니라, 근저당권 및 가압류 등기가 경료된 경우와 동일하게 해당 금액의 범위 내에서 처분금지효를 가지고 있을 뿐이고 그 이후의 절차는 여전히 남아있다.

체납처분절차는 민사집행법상 압류의 효력과 같이 경매개시가 되는 것이 아니라 단순히 조세채권의 만족을 위한 재산을 확보하는 수단일 뿐 그 이상도 이하도 아니다. 즉 **체납처분절차를 진행한다고 하더라도 과세관청은 실질적으로 만족을 얻는 것이 아니라 단지 채무자의 재산에 대하여 처분금지의 효력 또는 우선변제권만을 확보하는 것일 뿐**이다. 이는 근저당권을 설정한다고 하더라도 곧바로 채권자가 만족을 얻는 것이 아니라 우선변제권을 얻는 것과 동일하다. 또한 가압류 채권자가 가압류 등기를 한다고 하더라도 곧바로 만족을 얻는 것이 아닌 단지 근저당권의 피담보채권액의 범위 또는 가압류 금액의 범위 내에서 채무자의 처분금지효만을 가지는 것과도 동일하다. 그렇다면 가압류나 근저당권 이후에 발생한 유치권에 관하여 그 효력을 인정하지 않으면서, 체납처분 절차만을 가지고 유치권의 효력을 부정한다는 것은 그 근거가 일관되지 못하여 부당할 뿐이다.

V. 결어

다수의견 대로 **경매개시결정 이후 유치권 발생시 그 효력을 부정하는 이유는 압류의 처분금지효 때문이라기보다는 오히려 채무자 재산의 처분에 관하여 국가의 관장 하에 진행하는 경매절차의 안정성 및 신뢰성을 확보하기 위한 것**이라고 할 수 있다. 그리고 이와 같이 해석하여야 비로소 기존에 대법원이 근저당권 설정 또는 가압류 등기 이후의 유치권에 대하여 효력을 부정했던 판시들과 일관성이 유지되는 것이다.

5. 기타 유치권과 관련된 법리

가. 유치권의 불가분성

<u>민법 제320조 제1항</u>에 정한 유치권의 피담보채권인 '그 물건에 관하여 생긴 채권'의 범위 및 <u>민법 제321조</u>에 정한 유치권의 불가분성이 그 목적물이 분할 가능하거나 수개의 물건인 경우에도 적용되는지 여부(적극) 대법원 2007. 9. 7 선고 2005다16942 판결 [건물명도]

판례 해설

유치권 역시 담보물권의 하나인바 담보물권의 기본적 특성인 **불가분성이 적용되는지** 문제가 된 사안이다. 민법 제320조 제1항에서 '그 물건에 관하여 생긴 채권'은 유치권 제도 본래의 취지인 공평의 원칙에 특별히 반하지 않는 한 채권이 목적물 자체로부터 발생한 경우는 물론이고 채권이 목적물의 반환청구권과 동일한 법률관계나 사실관계로부터 발생한 경우도 포함하고, 한편 민법 제321조는 "유치권자는 채권 전부의 변제를 받을 때까지 유치물 전부에 대하여 그 권리를 행사할 수 있다"고 규정하고 있으므로, 유치물은 그 각 부분으로써 피담보채권의 전부를 담보하며, 이와 같은 유치권의 불가분성은 그 목적물이 분할 가능하거나 수개의 물건인 경우에도 적용된다고 판시하였다

법원 판단

앞에서 본, 민법상 유치권에 있어서의 채권과 목적물과의 견련관계 및 유치권의 불가분성에 관한 법리에 비추어 보면, 원심의 인정 사실에 의하더라도 이 사건 공사계약은 위 다세대주택에 대한 재건축공사 중 창호와 기타 잡철 부분을 일괄적으로 하도급한 하나의 공사계약임을 알 수 있고, 또 기록에 의하면, 이 사건 공사계약 당시 공사대금은 구분건물의 각 동호수 별로 구분하여 지급하기로 한 것이 아니라 이 사건 공사 전부에 대하여 일률적으로 지급하기로 약정되어 있었고, 그 공사에는 각 구분건물에 대한 창호, 방화문 등뿐만 아니라 공유부분인 각 동의 현관, 계단 부분에 대한 공사 등이 포함되어 있으며, 위 소외 2가 피고에게 이 사건 공사대금 중 일부를 지급한 것도 특정 구분건물에 관한 공사대금만을 따로 지급한 것이 아니라 **이 사건 공사의 목적물 전체에 관하여 지급하였다는 사정을 엿볼 수 있는바, 이와 같이 이 사건 공사의 공사대금이 각 구분건물에 관한 공사부분별로 개별적으로 정해졌거나 처음부터 각 구분건물이 각각 별개의 공사대금채권을 담보하였던 것으로 볼 수 없는 이상, 피고가 소외 2에 대하여 가지는 이 사건 공사 목적물(7동의 다세대주택) 전체에 관한 공사대금채권은 피고와 소외 2사이의 하도급계약이라는 하나의 법률관계에 의하여 생긴 것으로서 그 공사대금채권 전부와 공사 목적물 전체 사이에는 견련관계가 있다**고 할 것이고, 피고가 2003년 5월경 이 사건 공사의 목적물 전체에 대한 공사를 완성하여 이를 점유하다가, 현재 나머지 목적물에 대하여는 점유를 상실하고 이 사건 주택만을 점유하고 있다고 하더라도, 유치물은 그 각 부분으로써 피담보채권의 전부를 담보한다고 하는 유치권의 불가분성에 의하여 이 사건 주택은 이 사건 공사로 인한 공사대금채권 잔액 157,387,000원 전부를 담보하는 것으로 보아야 할 것이고, 그렇게 보는 것이 우리 민법상 공평의 견지에서 채권자의 채권확보를 목적으로 법정담보물권으로서의 유치권 제도를 둔 취지에도 부합한다고 할 것이다.

그럼에도 불구하고, 원심은 그 내세운 사정만으로 피고의 유치권이 피고가 이 사건 주택 한 세대에 대하여 시행한 공사대금 3,542,263원만을 피담보채권으로 하여 성립한다고 판단하고 말았으니, 원심판결에는 민법상 유치권에 있어서의 채권과 목적물 사이의 견련관계 및 유치권의 불가분성 등에 관한 법리를 오해함으로써 판결 결과에 영향을 미친 위법이 있다고 할 것이다. 이 점을 지적하는 상고이유의 주장은 이유 있다.

민법 제321조에서 정한 유치권의 불가분성이라는 법리가 목적물이 분할 가능하거나 수 개의 물건인 경우에도 동일하게 적용되는지 여부 및 적용범위 대법원 2022. 6. 16 선고 2018다301350 판결 [토지인도]

판례 해설

필자가 직접 수행한 사건이다. 유치권의 불가분성이라고 함은 유치권자가 일부에 대해서 점유하고 있다고 하더라도 건물 전부에 대하여 유치권의 효력이 미친다는 것으로서 이는 담보물권의 기본적 특성에 기인한다.

문제는 대상판결에서 유치권 소멸행위를 한 유치권에 대하여 유치권 소멸 청구를 하는 경우에도 적용될 수 있는지 즉 **유치권자가 여러 필지를 점유하고 있었고 그 일부 필지에 대하여 소유자의 의사에 반하는 행위를 한 경우 과연 유치권의 불가분성이라는 법리 하에 전체 토지에 대하여 소멸통지를 할 수 있는지 여부**인바 유치권의 불가분성은 일부를 점유하고 있을 때 전부에 대해서 유치권의 효력이 미친다는 의미일 뿐 일부 소멸사유가 발생하였다고 하더라도 전체에 대해서 소멸청구할 수 없다고 하여 유치권의 불가분성의 의미를 명확히 한 판결에 해당한다.

법원 판단[유치권 소멸청구와 그 범위]

1) 민법 제321조는 "유치권자는 채권 전부의 변제를 받을 때까지 유치물 전부에 대하여 그 권리를 행사할 수 있다."라고 정하므로, 유치물은 그 각 부분으로써 피담보채권의 전부를 담보하고, 이와 같은 유치

권의 불가분성은 그 목적물이 분할 가능하거나 수 개의 물건인 경우에도 적용되며(대법원 2007. 9. 7. 선고 2005다16942 판결 참조), 상법 제58조의 상사유치권에도 적용된다(대법원 2016. 12. 27. 선고 2016다244835 판결 참조).

2) 민법 제324조는 '유치권자에게 유치물에 대한 선량한 관리자의 주의의무를 부여하고, 유치권자가 이를 위반하여 채무자의 승낙 없이 유치물을 사용, 대여, 담보 제공한 경우에 채무자는 유치권의 소멸을 청구할 수 있다.'고 정한다. 하나의 채권을 피담보채권으로 하여 여러 필지의 토지에 대하여 유치권을 취득한 유치권자가 그중 일부 필지의 토지에 대하여 선량한 관리자의 주의의무를 위반하였다면 특별한 사정이 없는 한 위반행위가 있었던 필지의 토지에 대하여만 유치권 소멸청구가 가능하다고 해석하는 것이 타당하다. 구체적인 이유는 다음과 같다.

가) 여러 필지의 토지에 대하여 유치권이 성립한 경우 유치권의 불가분성으로 인하여 각 필지의 토지는 다른 필지의 토지와 관계없이 피담보채권의 전부를 담보한다. 이때 일부 필지 토지에 대한 점유를 상실하여도 나머지 필지 토지에 대하여 피담보채권의 담보를 위한 유치권이 존속한다. 같은 취지에서 일부 필지 토지에 대한 유치권자의 선량한 관리자의 주의의무 위반을 이유로 유치권 소멸청구가 있는 경우에도 그 위반 필지 토지에 대하여만 소멸청구가 허용된다고 해석함이 타당하다.

나) 민법 제321조에서 '유치권의 불가분성'을 정한 취지는 담보물권인 유치권의 효력을 강화하여 유치권자의 이익을 위한 것으로서 이를 근거로 오히려 유치권자에게 불이익하게 선량한 관리자의 주의의무 위반이 문제 되지 않는 유치물에 대한 유치권까지 소멸한다고 해석하는 것은 상당하지 않다.

다) 유치권은 점유하는 물건으로써 유치권자의 피담보채권에 대한 우선적 만족을 확보하여 주는 법정담보물권이다(민법 제320조 제1항, 상법 제58조). 한편 민법 제324조에서 정한 유치권 소멸청구는 유치권자의 선량한 관리자의 주의의무 위반에 대한 제재로서 채무자 또는 유치물의 소유자를 보호하기 위한 규정이다. 유치권자가 선량한 관리자의 주의의무를 위반한 정도에 비례하여 유치권소멸의 효과를 인정하는 것이 유치권자와 채무자 또는 소유자 사이의 이익균형을 고려한 합리적인 해석이다.

나. 유치권 포기

> 유치권은 법정담보물권이기는 하지만 채권자가 스스로 그 권리를 포기할 수도 있다. 문제는 이와 같이 채무자가 특정의 상대방에 대하여 포기의 의사를 표시하였다면 그와 같은 의사표시로 말미암아 애초에 유치권이 성립할 수 없기 때문에 대세적 효력 즉 제3자에게도 효력을 미칠 수 있다.
>
> 따라서 유치권자로서는 유치권 포기를 할 경우 신중을 기하여야 할 것이다.

유치권 포기의 의사 표시의 효력(대법원 1980. 7. 22 선고 80다1174 판결 [가옥명도])

판례 해설

유치권의 가장 중요한 요건 중 하나는 점유이다. 다만 유치권 역시 법정 물권이기는 하지만 스스로 포기도 가능하다. **대상판결에서 유치권자는 유치권 포기 의사를 표시하였으나 점유를 계속적으로 가지고 있을 때 과연 포기가 무효로 되는지 여부**가 문제가 되었다

이에 대상판결에서는 유치권자가 포기의 의사를 피력하는 순간 유치권은 부존재 하고 그 이후에도 **유치권자가 점유 계속시에는 이는 무단점유로서 손해배상의 대상**이 된다고 판단하여 포기 의사에 의해 유치권은 단정적으로 소멸한 것으로 판단하였다

법원 판단

증거의 취사판단과 사실의 인정은 원심 법관의 전권에 속하는 사항이라고할 것인 바, 원심판결 이유에 의하면, 원심은 그 거시의 여러증거에 의하여, 피고의 아버지인 소외 이숩석은 1976.5.26. 소외 한신산업 주식회사와 간에 서울 ○○구 ○○동41 ○○아파트 3동 총건평1,851평의 신축내장 공사도급 계약을 체결하고 그 해 10.말경까지 그 공사를 완성시켰으나 공사 잔대금 9,413,000원을 변제받지 못하였고, 위 이숩석은 그 무렵부터 위 아파트 3동 중의 일부인 이 사건 부동산을 점유하고 있다가 그의 딸인 피고에게 이를 점유 사용케 하고 있었는데, 소외 회사는 1977.12.5. 위 이숩석에게 액면 금 9,413,000원, 발행일 1977.10.30. 지급기일 1977.12.5.로 한 약속어음을 작성하고 (이를테면 발행일을 소급 기재한 셈이다) 그에 첨부하여 같은 날자에 즉시 강제집행을 수락하는 취지의 공정증서를 작성 교부하였으며, 한편 위 이숩석은 같은 날자인 1977.12.5. 이 ○○아파트를 1978.1. 말까지 아무 조건없이 명도하고 이사하겠다는 내용의 서면을 작성, 위회사에 교부하였고, 그 익일채권자 이의남, 채무자 위 회사간의 부동산 강제경매신청사건의 강제경매 절차에서 배당요구를 하여 1978.6.17. 위 어음금 중 금 1,348,826원을 배당받았던 사실, 이 사건 부동산은 1976.11.18. 위 소외 회사 명의로 보존등기가 거쳐졌다가 주식회사 한일은행을 거쳐 원고 앞으로 소유권이전등기가 넘겨졌던 사실 등 을 인정하고 나서 피고의 유치권 주장에 대한 판단으로서, 위 인정사실에 의하면 피고는 당초 위 이숩석이 위 소외 회사에 대한 채권을 확보하기 위하여 그 소외인의 의사에 따라 그 부동산을 점유 사용하고 있는 것이라 하더라도 위 이슌석이 아무 조건없이 명도를 약정한 1978.1.말 이래의 점유는 위 이슌석으로서도 적법한 권원없는 점유로 변하였다고 하겠으니, 결국 피고는 원고에게 그 부동산을 명도할 의무가 있다라고 판단하고 있는 바, 기록에 비추어 보니, 원심의 위와 같은 사실인정은 정당하고 거기에 채증법칙위반이나 심리미진으로 인하여 사실을 오인한 위법사유없으며, 그 판단도 정당하고 거기에 유치권 포기의 법리오해 등 소론 적시와 같은 법리오해의 위법사유없다. (유치권자가 유치권을 포기하는 경우 그 의사표시만으로써는 효력이 발생하지 아니한다는 논지주장은 부당하며, 독자적 견해에 불과하다).

유치권 포기 특약은 의사표시의 상대방 외에 제3자도 주장할 수 있다(대법원 2016. 5. 12. 선고 2014다52087 판결).

판례 해설

유치권을 포기하는 특약은 유효하고, 실제 많은 건설현장에서 포기각서를 받는 일이 발생한다. 그러나 대부분의 경우에는 유치권자로부터 유치권 포기 각서를 받은 상대방이 아닌 다른 자, 즉 경매 절차에서 목적물을 낙찰 받은 낙찰자가 직접적인 당사자가 되기 때문에 유치권자의 포기 특약이 직접 당사자가 아닌 제3자에 대해서도 인정 될 수 있는지가 많은 문제가 되며, 대상판결은 이를 정리한 것이다.

이 사건의 유치권자는 공사대금 전체를 변제받을 것을 조건으로 유치권 포기각서를 작성한 것일 뿐이라고 주장을 하였고 실제 원심에서는 유치권자의 주장을 받아들여 결과적으로 공사대금을 지급받지 못하였기 때문에 유치권포기 각서의 효력은 없다고 판단하였다. 그러나 대법원은 이 사건 **유치권 포기 각서에 이와 같은 조건이 명시적으로 기재되어 있지 않은 점을 고려하여 원심을 파기하였던** 것이다.

결국 유치권자로서는 유치권 포기 각서를 작성할 경우 신중하여야 할 뿐만 아니라, 그 <u>포기에 여타의 조건이 존재하는 경우에는 반드시 그 조건을 포기각서에 기재하여야</u> 할 것이다.

법원 판단

가. 유치권은 법정담보물권이기는 하나 채권자의 이익보호를 위한 채권담보의 수단에 불과하므로 이를 포기하는 특약은 유효하고, 유치권을 사전에 포기한 경우 다른 법정요건이 모두 충족되더라도 유치권이 발생하지 않는 것과 마찬가지로 유치권을 사후에 포기한 경우 곧바로 유치권은 소멸한다. 그리고 유치권 포기로 인한 유치권의 소멸은 유치권 포기의 의사표시의 상대방뿐 아니라 그 이외의 사람도 주장할 수 있다(대법원 2011. 5. 13.자 2010마1544 결정 등 참조).

한편 **조건은 법률행위의 효력의 발생 또는 소멸을 장래의 불확실한**

사실의 성부에 의존케 하는 법률행위의 부관으로서 법률행위에 있어서의 효과의사와 일체적인 내용을 이루는 의사표시 그 자체이므로 조건의사가 법률행위의 내용으로 외부에 표시되어야 하고(대법원 2000. 10. 27. 선고 2000다30349 판결 등 참조), 처분문서는 그 성립의 진정함이 인정되는 이상 법원은 그 기재 내용을 부인할 만한 분명하고도 수긍할 수 있는 반증이 없는 한 **그 처분문서에 기재되어 있는 문언대로의 의사표시의 존재 및 내용을 인정하여야** 하고, 처분문서에 나타난 **당사자의 의사해석이 문제 되는 경우에는 문언의 내용, 그와 같은 약정이 이루어진 동기와 경위, 약정에 의하여 달성하려는 목적, 당사자의 진정한 의사 등을 종합적으로 고찰하여 논리와 경험칙에 따라 합리적으로 해석하여야** 한다(대법원 2009. 7. 23. 선고 2008다46210 판결, 대법원 2002. 6. 11. 선고 2002다6753 판결 등 참조).

나. 원심판결 이유에 의하면, 원심은 원고가 2011. 1. 20. 국민은행으로부터 6억 원을 대출받고 국민은행에게 이 사건 제1부동산 및 평택시 (이하 생략) 토지 중 각 6,305/6,571 지분에 관하여 채권최고액을 7억 8,000만 원으로 하는 근저당권을 설정해 줄 당시 피고가 주식회사 국민은행(이하 '국민은행'이라 한다)에 이 사건 각 부동산에 대한 유치권 포기서를 작성·제출하였고, 국민은행의 대출금액은 피고가 이 사건 각 부동산에 대한 유치권을 포기하였음을 전제로 결정된 것임을 인정하면서도, ① 피고가 작성한 유치권 포기서에는 유치권 포기의 상대방이나 포기에 대한 대가가 기재되어 있지 않은 점, ② 원고는 2012. 5. 15. 피고의

계좌로 유치권 포기 합의금 명목으로 2,000만 원을 입금하였는데, 피고가 544,020,605원의 피담보채권이 남아 있고 자신의 유치권을 행사할 수 있는 상황에서 위와 같이 2,000만 원을 지급받고 이 사건 각 부동산에 관한 유치권을 포기하였을 것으로는 보기 어려우며, 그 입금시기에 비추어 보면 공사대금액수에 관한 합의가 결렬된 이후에 합의의 외관을 창출할 목적으로 위 돈을 입금한 것으로 보이는 점 등에 비추어, 피고가 작성한 유치권 포기서는 원고가 국민은행에 대하여 그 유치권을 포기한다는 취지로 작성한 것으로서 포기의 상대방은 국민은행이므로 유치권 포기서의 효력이 원고에게는 미치지 않고, 설령 피고가 국민은행으로부터 대출을 받는 과정에서 원고에 대하여 유치권 포기의 의사를 표시한 것이라고 하더라도 이는 당사자 사이에 원고가 피고에게 유치권의 피담보채권인 공사대금을 변제하는 것을 정지조건으로 삼았다고 판단하였다.

다. 그러나 앞서 본 법리에 비추어 보면 위와 같은 원심의 판단은 다음과 같은 점에서 그대로 수긍하기 어렵다.

⑴ 먼저 피고가 설령 국민은행에 대하여 유치권을 포기한다는 취지로 유치권 포기서를 작성하였더라도 **유치권을 사후에 포기한 경우 곧바로 유치권은 소멸한다고 보아야** 하고, 그 유치권 소멸은 **유치권 포기서의 상대방인 국민은행뿐만 아니라 이 사건 각 부동산의 소유자인 원고도 주장할 수 있다**고 보아야 한다.

(2) 그리고 원심판결 이유 및 기록에 의하면, ① 피고가 작성한 유치권 포기서에는 `피고는 이 사건 각 부동산 및 평택시 (이하 생략) 토지의 유치권자로서 유치권에 대한 권리를 모두 포기한다`는 취지의 내용만 기재되어 있을 뿐 **원고가 피고에게 유치권의 피담보채권인 공사대금을 변제하는 것을 정지조건으로 한다는 취지의 언급이 없는 점**, ② 피고는 유치권 포기서를 작성한 이후 2012. 6. 5. 원고에게 `변제이행 최고서`를 보내면서, 원고가 낙찰받을 당시 피고와 약속한 공사대금 채권을 포함한 6억 3,600만 원의 변제를 촉구하였을 뿐 이른바 **'정지조건'에 관하여는 아무런 언급도 하지 않았던 점** 등을 알 수 있는바, 이와 같은 사정들을 앞에서 본 법리에 따라 살펴보면, 원심 판시와 같은 사정만으로 **피고의 유치권 포기가 피고가 원고로부터 유치권의 피담보채권인 공사대금을 변제받는 것을 정지조건으로 한 조건부 법률행위라고 단정하기 어렵다.**

(3) 그럼에도 원심은 유치권 포기의 효력이 원고에게는 미치지 않고, 설령 피고가 한 유치권 포기의 상대방이 원고라고 하더라도 그 유치권 포기에 정지조건이 있다고 판단하였는바, 이는 처분문서의 해석, 정지조건에 관한 법리를 오해하여 판단을 그르친 것이다.

유치권 포기 각서는 대세적 효력을 가지므로, 포기각서를 작성하여 교부한 후에는 그것을 받은 상대방뿐만 아니라 모든 자에 대하여 더 이상 유치권을 주장할 수 없다(대법원 2011.5.13. 자 2010마1544 결정).

법원 판단

원심은, 피신청인이 2003. 8. 29. 전 소유자 신청외 1과 사이에 체결한 공사계약에 따라 2004. 6. 18.경까지 이 사건 부동산에 관하여 634,692,298원의 공사비를 투입하여 사우나 시설공사(이하 '제1공사'라고 한다)를 한 사실, 이후 이 사건 부동산을 낙찰받아 소유권을 취득한 신청외 2는 2007. 12. 23. 신청외 3 등과 교환계약을 체결하여 이 사건 부동산을 양도하기로 하였는데, 피신청인이 신청외 3 등으로부터 이 사건 부동산에 관한 리모델링 공사를 위임받아 2007. 12. 24.부터 2008. 3. 15.까지 이 사건 부동산의 기존 시설을 철거하거나 개보수하여 그곳에 참숯가마 사우나시설, 헬스시설, 수영장 등을 설치하고 건물 조경을 새로 하는 등의 리모델링 공사(이하 '제2공사'라고 한다)를 진행한 사실, 이 사건 부동산은 2007. 10. 29. 기준 감정평가결과 토지 및 건물 합계 89억 1,000만 원으로 평가되었다가 위 리모델링 공사 이후인 2009. 1. 20. 기준 감정평가결과 토지 및 건물 합계 105억 원으로 평가된 사실 등을 인정함으로써 피신청인이 이 사건 부동산에 관하여 제1공사를 진행한 뒤 신청외 1로부터 지급받지 못한 공사대금채권과 제2공사로 인한 공사대금채권 내지 이 사건 부동산의 가치증가로 인한 비용상환청구권을 가진다고 전제한 다음, 이에 기초한 피신청인의 유치권 주장에 대하여는 다음과 같은 이유로 배척하였다. 즉, 제1공사대금채권과 관련하여 피신청인이 2007. 8.경 주식회사 에이치케이상호저축은행(이하 '신청외 은행'이라고 한다)에게 확정적·절대적으로 유치권을 포기한다는 취지의 각서를 제출한 바 있으므로 신청외 은행의 신청에 따라 진행된 경매절차에서 이 사건 부동산을 매수한 신청인에 대하여도 유치권으로 대항할 수 없고, 제2공사에 따른 공사대금채권 내지 비용상환청구권과 관련하여서는 피신청인이 이 사건 부동산에 관한 신청외 은행의 근저당권 실행으로 경매절차가 개시될 가능성이 있음을 충분히 인식하면서도 20억 원 상당의 거액을 들여 이 사건 부동산에 관한 제2공사를 진행하였는데, 이러한 경우까지 위 공사대금채권이나 유익비상환청구권으로 유치권을 행사할 수 있다고 한다면 전소유자와의 묵시적 담합 등으로 유치권을 남용하여 담보법 질서를 교란시킬 위험이 있다는 이유로 피신청인의 유치권 행사가 신의칙에 반하여 허용될 수 없다고 판단하였다.

<u>유치권은 법정담보물권이기는 하나 채권자의 이익보호를 위한 채권담보의 수단에 불과하므로 이를 포기하는 특약은 유효</u>하고, 유치권을 사전에 포기한 경우 다른 법정요건이 모두 충족되더라도 유치권이 발생하지 않는 것과 마찬가지로 **유치권을 사후에 포기한 경우 곧바로 유치권은 소멸한다고 보아야** 하며, **채권자가 유치권의 소멸 후에 그 목적물을 계속하여 점유한다고 하여 여기에 적법한 유치의 의사나 효력이 있다고 인정할 수 없고 다른 법률상 권원이 없는 한 <u>무단점유</u>에 지나지 않는다**(대법원 1980. 7. 22. 선고 80다1174 판결 참조).

따라서 원심이 **피신청인은 2007. 8. 22.경 신청외 은행에 유치권 포기각서를 제출**함으로써 제1공사대금채권에 관한 유치권을 상실하였고, 이러한 유치권의 소멸은 위 각서를 제출받은 신청외 은행뿐만 아니라 그가 신청한 경매절차에서 이 사건 부동산을 매수한 신청인도 주장할 수 **있다**고 판단한 것은 정당하고 여기에 재항고인이 주장하는 바와 같이 유치권의 포기에 관한 법리를 오해한 위법은 없다.

다. 유치권 부존재확인 소송의 소송절차적 문제

> 유치권과 관련된 분쟁의 유형 중 하나가 바로 "유치권(부)존재 확인 소송"이다. 즉 유치권의 존재 여부에 관하여 확인을 받고자 진행하는 소송으로 유치권의 존부 외에 민사소송법상 **적법한 당사자인지 여부 및 확인의 이익이 존재**하여야 한다.
>
> 이하에서 어느 경우에 유치권(부)존재 확인의 소가 인정되는지 그리고 그 증명책임은 누구에게 있는지 살펴보자

소유권 여부가 불확실 하더라도 일반 채권자의 지위에서 유치권부존재확인을 구할 이익이 있다고 본 사례(광주지방법원 목포지원 2011 가합4402)

판례 해설

원고가 제기한 이 사건 소는 유치권 부존재 확인의 소이다. **확인의 소의 경우 본안에 관한 판단을 받기 전에 먼저 소송 요건으로서 소제기 당사자에게 법률상 확인이 이익이 존재**해야 한다. 법률상 확인의 이익이 존재하기 위해서는 해당 소가 현재의 권리 또는 법률상 지위에 관한 위험이나 불안을 제거하는 데 가장 유효·적절한 수단이어야 한다.

대상판결에서 원고는 소유권자의 지위에서 유치권자들에 대하여 유치권부존재확인소송을 제기하였으나, 소송 도중 원고의 소유권은 사해

행위로 평가되어 상실되었고, 단지 채무자에 대하여 채권자의 지위만 인정되었다. 이에 유치권자들은 원고가 소유자가 아니므로 본 소를 제기할 확인의 이익이 없음을 주장한 것이다.

그러나 **법원은 단순히 부동산의 채권자에 불과하여도, 유치권이 존재한다면 이는 부동산의 가치하락으로 이어지기 때문에 필연적으로 채권자의 배당금이 줄어드는 결과가 발생하므로, 채권자의 지위에 불과하여도 유치권부존재확인을 구할 법률상 이익이 존재한다고 판시**하였다.

대상판결의 판시에 나타난 것과 같이 유치권은 소유자뿐만 아니라 해당 부동산과 관련된 모든 채권자들에게 피해를 줄 위험을 안고 있다는 점에서 확인의 이익을 넓게 인정한 법원의 판단은 정당해 보인다.

피고들의 본안전 항변

원고는 이 사건 각 부동산의 지위에서 피고들을 상대로 이 사건 소를 제기하였는데, 관련사건(광주지방법원 2011나13681호)에서 **원고와 A·B사이의 이 사건 매매예약 등이 AB의 일반채권자들을 해하는 사해행위라는 이유로 원고의 이 사건 소유권이전등기의 말소를 명하였는바, 특별한 사정이 없는 한 원고는 이 사건 각 부동산에 관한 소유권을 상실하게 되어 원고가 이 사건 각 부동산의 소유권자임을 전제로 한 이 사건 소는 그 소의 이익이 없다.**

법원 판단

부동산유치권은 대부분의 경우에 사실상 최우선순위의 담보권으로 작용하여, 유치권자는 자신의 채권을 목적물의 교환가치로부터 일반채권자는 물론 저당권자 등에 대하여도 그 성립의 선후를 불문하여 우선적으로 자기 채권의 만족을 얻을 수 있게 된다. 이렇게 되면 **유치권의 성립 전에 저당권 등 담보를 설정받고 신용을 제공한 사람 등으로서는 목적물의 담보가치가 자신이 애초 예상하거나 계산하였던 것과는 달리 현저히 하락**하는 경우가 발생하게 된다.

원고가 A·B에게 이 사건 대여금 채권을 가지고 있는 사실은 앞서 본 바와 같고, 원고가 위 2011나13681호 사건에 관하여 상고(대법원 2013다96134호)한 이상 원고가 이 사건 변론종결일 현재 이 사건 각 부동산의 소유권을 상실하였다고 볼 수 없으며, 가사 피고들 주장과 같이 원고가 이 사건 각 부동산의 소유권을 종국적으로 상실한다고 하더라도 **원고는 A·B에 대한 일반채권자의 지위에서 이 사건 대여금 채권을 변제받고 이 사건 각 부동산의 담보가치를 유지하기 위하여, 이 사건 각 부동산에 관한 유치권을 가지고 있다고 주장하는 피고들을 상대로 이 사건 소를 제기하여 유치권의 부존재확인을 구할 이익이 있다고 봄이 타당하다.**

유치권자는 현재 소유자가 아닌 자에 대한 유치권 확인의 소를 제기할 경우 해당 소는 부적법하다(창원지방법원 2013가합4012).

판례 해설

특정 물권에 관하여 유치권자가 점유하고 있다면 해당 물권의 소유자는 물건을 사용수익할 수 없고 결국 유치권자로부터 점유를 이전받아야만 비로소 온전한 소유권 행사가 가능하다.

대상판결에서 **최초 소를 제기한 자는 문제된 물건의 소유자이었으나 그 이후 소유권을 이전하였으며 이로 말미암아 유치권의 점유와는 전혀 상관이 없는 자**가 되었다. 따라서 확인의 이익에서 요구하는 현재 권리 및 법률상의 지위에 현존하는 불안 또는 위험이 존재하지 않는다고 판단하여 원고의 이 사건 소에 대하여 각하 판결을 선고하였다.

당사자 주장

피고 B는 2011년 12월경 K와 제2토지 외 2필지 등을 1차 매매의 목적물로 하고, 제1토지 등을 2차 매매의 목적물로 하는 매매계약을 체결하고 1·2차 매매의 계약금은 각 1억 원으로 하고 위 계약금은 2012. 12. 21.에 지급하기로 하는 등의 내용이 포함된 매매계약을 체결하면서, 공장부지조성공사에 대한 각종의 계약은 K의 명의로 하고, 각종 공사 계약시에 K는 공사업자로부터 피고 B에 대한 일체의 청구를 하지 않는다는 각서와 유치권 포기서를 받아서 피고 B에게 제출하기로 약정하였다.

법원 판단

가. 피고 B에 대한 청구에 관한 판단

1) 법리

확인의 소는 권리 또는 법률상의 지위에 현존하는 불안·위험이 있고, 확인판결을 받는 것이 그 분쟁을 근본적으로 해결하는데 가장 유효·적절하며, 그 이외에는 유효·적절한 수단이 없다고 인정될 때에 확인의 이익이 있어 적법한 소로서 허용되는 것이고, 한편 유치권은 다른 사람의 물건에 관하여 생긴 채권을 변제받을 때까지 채권자가 그 물건의 소유자에 대하여 그 물건을 점유하고 인도를 거절할 수 있는 권리이다.

2) 판단

직권으로 원고의 이 부분 소의 적법 여부에 관하여 본다. 피고 B가 2013. 3. 29. 제2토지를 피고 E에게 매도하고 같은 날 소유권 이전등기를 마쳐준 사실은 앞에서 본 바와 같은 바, **피고 B는 이 사건 변론 종결일 현재 제2토지의 소유자의 지위에 있지 않으므로** 원고가 피고 B를 상대로 제2토지에 포함된 이 사건 선내 (ㄱ)부분 등에 대한 유치권 존재의 확인을 구하는 것은 원고의 권리에 현존하는 불안, 위험을 제거하는 유효 적절한 수단이라고 할 수 없어, 원고의 이 부분 소는 확인의 이익이 없으므로 부적법하다.

라. 유치권부존재 확인의 소를 제기한 근저당권자가 소송 중에 진행된 경매로 낙찰대금을 이미 지급받았다면, 확인의 소에서 요구하는 확인의 이익이 존재하지 않는다 (대전지방법원 논산지원 2014가합2242 판결)

판례 해설

현재 유치권자에 대한 소송 중 50% 정도는 낙찰자가 아닌 **근저당권자가 제기**하고 있다. 근저당권자는 담보를 설정할 당시 자신이 선순위에 있음에도 불구하고 유치권으로 말미암아 근저당 설정할 당시의 담보가치대로 배당을 받지 못한다는 이유로 유치권자에 대하여 부존재확인 소송을 제기하고 법원에서는 이와 같은 근저당권자의 확인의 소에서 확인의 이익이 존재한다고 인정하고 있다(대법원 2004. 9. 23. 선고 2004다32848 판결).

문제는 근저당권자가 아무리 유치권자에게 유치권부존재 확인의 소를 제기할 수 있는 확인의 이익이 존재한다고 하더라도, **해당 경매절차가 종료되어 배당까지 받게 된다면** 근저당권자는 더 이상 담보권자의 지위가 아닌 배당받는 자에 불과하기 때문에 부존재 확인의 구할 이익이 존재하지 않게 된다. 즉, 결국 근저당권자가 제기한 유치권부존재확인소송은 각하되는 것이다.

이러한 상황을 막기 위해서는 근저당권자의 입장에서는 유치권부존재 확인의 소를 제기하는 동시에 강제집행정지 신청을 함께 진행하여야 할 것이다.

피고의 본안 전 항변

이 사건 소송 계속 중 공매절차에서 이 사건 부동산이 매각되어 제3자가 소유권을 취득하였으므로 근저당권자인 원고로서는 배당받을 지위만 보유할 뿐이어서 유치권부존재의 확인을 구할 이익이 없으므로 이 사건 소가 부적법하다고 항변한다.

법원 판단

이 사건 부동산이 이 사건 소송이 계속되던 중인 2015. 2. 23. 공매절차를 통하여 진영종합건설 주식회사 등 제3자 명의로 소유권이전등기가 마쳐짐과 동시에 위 부동산에 관한 **원고 명의의 근저당권설정등기가 말소되고 배당절차까지 종료된 사실**은 당사자 사이에 다툼이 없거나 을 제1, 2호증의 각 기재에 변론 전체의 취지를 종합하여 인정할 수 있는바, 이와 같이 **원고가 이 사건 부동산에 관한 근저당권자로서의 지위를 상실한 이상** 피고들의 유치권 행사로 인하여 위 부동산이 저가로 낙찰되고 그로 인하여 원고에 대한 배당액이 감소하게 될 우려 내지 위험이 더 이상 현실적으로 존재한다고 볼 수 없고, 달리 피고들의 유치권 행사로 인하여 원고의 어떠한 권리나 법률상 지위에 현존하는 불안 또는 위험이 발생하였다고 볼 사정도 엿보이지 아니하므로, 이 사건 소는 확인의 이익이 없다 할 것이다.

유치권부존재확인소송에서 유치권의 존재여부에 관한 증명책임의 소재 (대법원 2016. 3. 10. 선고 2013다99409 판결)

판례 해설

대부분의 일반인들은 소송을 제기하는 자 그리고 주장하는 자가 증 **명책임**을 부담할 것이라고 생각하는데 이와 달리 민사소송에서는 소송 제기 또는 주장과는 별개로 법률관계의 존재 사실에 관하여는 존재사실을 주장하는 자가 증명책임을 부담하고 존재사실에 대한 멸각, 소멸 사유는 상대방이 부담하게 된다.

마찬가지로 유치권 부존재확인소송에서도 역시 소를 제기한 당사자가 유치권의 부존재 여부를 증명하는 것이 아니라 **유치권의 "존재"를 주장하는 상대방이 유치권과 관련된 요건사실을 증명하여야 하는 부담**을 갖는다. 결국 이와 같은 상황에서 정확한 공사대금 기타의 사항에 대한 증명을 모두 유치권의 성립을 주장하는 유치권자가 부담하여야 하기 때문에 유치권 관련 소송에서는 유치권자에게 많은 어려움이 있을 수 있다.

법원 판단

(1) 소극적 확인소송에 있어서는, 원고가 먼저 청구를 특정하여 채무발생원인 사실을 부정하는 주장을 하면 채권자인 피고는 그 권리관계의 요건사실에 관하여 주장·입증책임을 부담하므로 <u>이 사건 유치권 부존재 확인소송에서 유치권의 요건사실인 유치권의 목적물과 견련관계 있는 채권의 존재에 대해서는 피고가 주장·입증하여야 한다.</u>

피고는 소외인과 체결한 도급계약서를 근거로 2008.3.31.부터 2010.5.10.경까지 수회에 걸쳐 총 4,086,348,300원에 이르는 공사계약을 체결하고 그중 450,000,000원만을 지급받아 3,636,348,300원의 공사대금채권이 남아 있다고 주장하고 있다. 그런데 ① 피고는 2008.4.18.경 토목공사에 관하여 산업재해보상보험에 가입하면서 공사금액을 343,636,363원으로 신고한 반면 이 사건에서는 합계 930,930,000원에 이르는 토목공사 도급계약서를 제출하였고, 소외인과 피고는 사돈 관계이며, 위 각 도급계약서 중 일부 작성 일자, 준공 예정 일자 등이 수정되거나 가필되어 있는 점, ② 이 사건 경매목적물의 총 감정평가액에 비추어 일부 토지와 건축물에 대한 공사대금이 40억 원이라는 주장은 쉽게 납득하기 어려운 점, ③ 피고는 이 사건 공사와 관련하여 소외인에게 합계 1,668,263,410원의 세금계산서만을 발행하였던 점, ④ 원고가 2007.6.25.부터 2010.7.27.까지 소외인에게 대여한 시설자금 중 피고에게 1,307,845,200원이 지급된 점, ⑤ 원고의 대출 담당자는 이 사건 공사를 소외인이 직영하는 것으로 알고 시공자에 대한 유치권 포기각서 등의 서류를 징구하지 않았다고 진술하였고, 소외인은 2008.2.15.경 건축주인 자신이 직접 축사를 신축한다는 내용으로 착공신고를 하였던 점 등 기록에 나타난 모든 사정을 종합하여 보면, 위 각 도급계약서의 내용을 모두 그대로 믿기는 어렵다.

그렇다면 원심으로서는 피고에게 주장하는 공사대금채권의 존재에 대해 입증을 촉구하는 등으로 그 채무의 수액을 심리한 다음 이 사건 청구의 일부 인용 여부에 관하여 판단하여야 함에도 위 각 도급계약서에 따라 막연히 공사대금채권이 존재한다고 판단한 잘못이 있으므로, 이를 지적하는 취지의 상고이유 주장은 이유 있다.

(2) 관련 법리와 기록에 비추어 살펴보면, 원심이 그 판시와 같은 이유를 들어 피고가 늦어도 2012.1.27.부터는 이 사건 부동산을 점유하고 있었다고 판단한 것은 정당하고, 거기에 상고이유 주장과 같이 논리와 경험의 법칙을 위반하여 자유심증주의의 한계를 벗어나거나 필요한 심리를 다하지 아니하는 등의 위법이 없다.

유치권 부존재 확인소송에서 유치권 신고자가 피담보채권으로 주장하는 금액 중 일부만 경매절차에서 유치권으로 인정되었을 경우 법원의 판단 방법 (대법원 2013다99409 판결)

판례 해설

지금까지 "유치권 부존재 확인 소송"의 기본적인 방향은 공사대금의 일부만이 채권액으로 인정된다고 하더라도 유치권 확인의 소송의 승자는 유치권자라는 것이었다. 따라서 본 판결의 원심판결과 같이 유치권자가 주장하는 피담보채권 중 일부만 인정된다고 하더라도 일단 유치권은 성립되기 때문에 유치권부존재확인의 소에 있어 원고 패소 판결이 선고되었었는데 본 판결은 이와 같은 원심 판결을 정면으로 배척하였다.

즉 대법원은 통상적으로 유치권자가 유치권을 주장하면서 점유를 시작하고 더불어 거기에서 경매가 진행된다면 유치권 금액만큼 경매대금이 하락되고 이와 같은 이유로 선순위 근저당권자는 해당 금액만큼 공제된 낙찰대금을 기준으로 받게 되어 대법원은 근저당권자는 유치권을 내세워 대항할 수 있는 범위를 초과하는 유치권의 부존재 확인을 구할 법률상 이익이 있다고 판단하였다.

덧붙여, 본 판결은 증명책임까지도 명시적으로 이야기 하고 있는 바, 결국 유치권자는 자신이 스스로 유치권자임을 인정받도록 증명책임을 모두 부담하여야 한다.

법원 판단

가. 일부의 유치권이 인정되었을 경우 확인의 판결 방법

확인의 소는 원고의 법적 지위가 불안·위험할 때에 그 불안·위험을 제거함에 확인판결로 판단하는 것이 가장 유효·적절한 수단인 경우에 인정된다(대법원 2005.12.22.선고 2003다55059판결 등 참조).

원심판결 이유에 의하면 원심은, 선순위 근저당권자인 원고의 신청에 의한 임의경매절차에서 피고가 3,636,348,300원의 공사대금채권을 피담보채권으로 하는 유치권을 신고한 사실 등을 인정한 다음, 피고의 유치권이 존재하지 않고, 설령 유치권이 있더라도 233,503,375원을 초과하여서는 존재하지 아니한다는 원고의 주장에 대하여, 이 사건 소송물은 유치권의 존부인데 유치권은 불가분성을 가지므로 피담보채무의 범위에 따라 그 존부나 효력을 미치는 목적물의 범위가 달라지는 것이 아닌 점 등 그 판시 이유를 들어 이 사건에서 유치권의 피담보채권의 구체적인 범위에 관하여 판단할 필요가 없으므로, 피고가 소외인으로부터 이 사건 부동산의 부지 조성, 건축물 축조 등의 공사를 도급받아 완성함으로써 공사대금채권을 가지고 있고, 그 공사대금채권이 변제로 전액 소멸하였음을 인정할 수 없는 이상 원고의 위 청구는 모두 이유 없다고 판단하였다.

그러나 원심의 위와 같은 판단은 앞서 본 법리에 비추어 그대로 수긍하기 어렵다.

기록에 의하면 **이 사건 경매목적물에 대한 총 감정평가액은 4,849,834,640원, 원고의 청구금액은 4,103,000,000원인데, 피고가 36억 원에 이르는 유치권을 신고함으로써 이 사건 경매절차에서의 수회에 걸친 매각기일에 모두 입찰자가 없어 유찰된 후 원고의 신청에 따라 현재까지 이 사건 경매가 연기되고 있음**을 알 수 있다. 민사집행법 제268조 에 의하여 담보권의 실행을 위한 경매절차에 준용되는 같은 법 제91조 제5항 에 의하면 유치권자는 경락인에 대하여 그 피담보채권의 변제를 청구할 수는 없지만 자신의 피담보채권이 변제될 때까지 유치목적물인 부동산의 인도를 거절할 수 있어 경매절차의 입찰인들은 낙찰 후 유치권자로부터 경매목적물을 쉽게 인도받을 수 없다는 점을 고려하여 입찰하게 되고 그에 따라 경매목적 부동산이 그만큼 낮은 가격에 낙찰될 우려가 있다.이와 같이 저가낙찰로 인해 경매를 신청한 근저당권자인 원고의 배당액이 줄어들거나 경매목적물 가액과 비교하여 거액의 유치권 신고로 매각 자체가 불가능하게 될 위험은 경매절차에서 원고의 법률상 지위를 불안정하게 하는 것이므로 위 불안을 제거하는 원고의 이익을 단순한 사실상·경제상의 이익이라고 볼 수는 없다(대법원 2004.9.23.선고 2004다32848판결 등 참조). 따라서 **원고는 피고를 상대로 유치권 전부의 부존재뿐만 아니라 이 사건 경매절차에서 유치권을 내세워 대항할 수 있는 범위를 초과하는 유치권의 부존재 확인을**

구할 법률상 이익이 있고, 심리결과 피고가 유치권의 피담보채권으로 주장하는 금액의 일부만이 이 사건 경매절차에서 유치권으로 대항할 수 있는 것으로 인정되는 경우에는 법원은 특별한 사정이 없는 한 그 유치권 부분에 대하여 일부패소의 판결을 하여야 한다.

그럼에도 원심이 이 사건에서 유치권의 피담보채권의 범위를 심리·판단하지 않고 그 판시와 같은 이유만으로 원고의 청구를 모두 배척한 것에는 원고의 상고이유 주장과 같이 확인의 소의 대상 등에 관한 법리를 오해하여 판결에 영향을 미친 잘못이 있다.

나. 유치권 존재에 관한 증명 책임의 소재

소극적 확인소송에 있어서는, 원고가 먼저 청구를 특정하여 채무발생원인 사실을 부정하는 주장을 하면 채권자인 피고는 그 권리관계의 요건사실에 관하여 주장·입증책임을 부담하므로 이 사건 유치권 부존재 확인소송에서 유치권의 요건사실인 유치권의 목적물과 견련관계 있는 채권의 존재에 대해서는 "피고(유치권을 주장하는 유치권자)"가 주장·입증하여야 한다.

피고는 소외인과 체결한 도급계약서를 근거로 2008.3.31.부터 2010.5.10.경까지 수회에 걸쳐 총 4,086,348,300원에 이르는 공사계약을 체결하고 그중 450,000,000원만을 지급받아 3,636,348,300원의 공사대금채권이 남아 있다고 주장하고 있다. 그런데 ① 피고는 2008.4.18. 경 토목공사에 관하여 산업재해보상보험에 가입하면서 공사금액을 343,636,363원으로 신고한 반면 이 사건에서는 합계 930,930,000원에 이르는 토목공사 도급계약서를 제출하였고, 소외인과 피고는 사돈 관계이며, 위 각 도급계약서 중 일부 작성 일자, 준공 예정 일자 등이 수정되거나 가필되어 있는 점,② 이 사건 경매목적물의 총 감정평가액에 비추어 일부 토지와 건축물에 대한 공사대금이 40억 원이라는 주장은 쉽게 납득하기 어려운 점,③ 피고는 이 사건 공사와 관련하여 소외인에게 합계 1,668,263,410원의 세금계산서만을 발행하였던 점,④ 원고가 2007.6.25.부터 2010.7.27.까지 소외인에게 대여한 시설자금 중 피고에게 1,307,845,200원이 지급된 점,⑤ 원고의 대출 담당자는 이 사건 공사를 소외인이 직영하는 것으로 알고 시공자에 대한 유치권 포기각서 등의 서류를 징구하지 않았다고 진술하였고, 소외인은 2008.2.15.경 건축주인 자신이 직접 축사를 신축한다는 내용으로 착공신고를 하였던 점 등 기록에 나타난 모든 사정을 종합하여 보면, 위 각 도급계약서의 내용을 모두 그대로 믿기는 어렵다.

그렇다면 원심으로서는 피고에게 주장하는 공사대금채권의 존재에 대해 입증을 촉구하는 등으로 그 채무의 수액을 심리한 다음 이 사건 청구의 일부 인용 여부에 관하여 판단하여야 함에도 위 각 도급계약서에 따라 막연히 공사대금채권이 존재한다고 판단한 잘못이 있으므로, 이를 지적하는 취지의 상고이유 주장은 이유 있다.

관련 법리와 기록에 비추어 살펴보면, 원심이 그 판시와 같은 이유를 들어 피고가 늦어도 2012.1.27.부터는 이 사건 부동산을 점유하고 있었다고 판단한 것은 정당하고, 거기에 상고이유 주장과 같이 논리와 경험의 법칙을 위반하여 자유심증주의의 한계를 벗어나거나 필요한 심리를 다하지 아니하는 등의 위법이 없다.

라. 유치권과 신의칙 간의 관계

민법뿐 아니라 모든 권리행사에는 일정한 한계가 있고 그 한계를 규정한 일반조항이 민법 제2조 신의성실을 규정한 조항(일명 신의칙)이다.

법률관계의 당사자가 상대방의 이익을 배려하지 않고, 형평에 어긋나거나 신뢰를 저버리는 내용 또는 방법으로 권리를 행사하거나 의무를 이행하여서는 아니 된다는 추상적 규범을 말한다. 즉 사회공동생활의 일원으로서 서로 상대방의 신뢰를 배반하지 않도록 성의를 가지고 행동해야 하는 원칙으로 신의칙(信義則)이라고도 한다. 이러한 신의성실의 원칙은 민법 전반에 적용되는 대원칙으로 채권관계뿐만 아니라 물권관계, 가족관계에도 적용된다. 그 밖에 상법과 같은 특별사법, 공법, 소송법(민소1 참조) 등 모든 법 영역에 적용되는 일반적 법원칙이다.

다만 **신의칙은 일반조항으로서 해당 법률요건이 모두 충족되었음에도 그 권리행사가 신의칙에 위배되어야만 적용될 수 있는 것으로서 최후 보충적 비상수단**에 해당한다.

유치권 역시 민법상의 권리이기 때문에 신의칙의 적용을 받게 되고 특히 판례는 신의칙을 적용하여 유치권을 부정하는 경우가 꽤 있는데 아래에서는 그 사례를 자세하게 살펴보겠다.

경매 절차에서 사실상 최우선순위담보권인 유치권 제도의 취지와 한계(유치권과 신의칙 간의 관계) (대법원 2011다84298 판결)

판례 해설

유치권 강의를 나갈 때마다 언급하는 것은 유치권제도의 불합리성이다. 사실 유치권 제도의 취지는 채권자가 점유를 확보함으로서 채무자에 대하여 변제를 강요하는 것이라고 하지만 **다른 채권자 특히 담보물권자의 입장에서는 자신이 담보물권을 설정할 당시에는 없었던 제3자가 먼저 변제를 받아갈 수 있는 상황이 발생하고 이는 "시간에 앞선 자가 권리에도 앞선다"는 기본적인 담보물권의 취지에도 반하게 되어 불합리 할 수 있다.** 따라서 법원은 이와 같은 상황을 방지하기 위하여 민법 제2조 "신의칙"을 인용하게 된다.

대상판결에서도 2순위에 불과한 담보물권자가 유치권을 주장한 사항에서, 판례는 건물 등에 관한 경매절차가 곧 개시되리라는 사정을 충분히 인식하면서 임대차계약을 체결하고 그에 따라 유치목적물을 이전받았다고 보이므로, 민법상 "신의칙"에 반한다고 하여 유치권 주장을 배척하였다.

법원 판단

[1] 우리 법에서 유치권제도는 무엇보다도 권리자에게 그 목적인 물건을 유치하여 계속 점유할 수 있는 대세적 권능을 인정한다(민법 제320조 제1항, 민사집행법 제91조 제5항 등 참조). 그리하여 소유권 등에 기하여 목적물을 인도받고자 하는 사람(물건의 점유는 대부분의 경우에 그 사용수익가치를 실현하는 전제가 된다)은 유치권자가 가지는 그 피담보채권을 만족시키는 등으로 유치권이 소멸하지 아니하는 한 그 인

도를 받을 수 없으므로 실제로는 그 변제를 강요당하는 셈이 된다. 그와 같이 하여 유치권은 유치권자의 그 채권의 만족을 간접적으로 확보하려는 것이다. 그런데 우리 법상 저당권 등의 부동산담보권은 이른바 비점유담보로서 그 권리자가 목적물을 점유함이 없이 설정되고 유지될 수 있고 실제로도 저당권자 등이 목적물을 점유하는 일은 매우 드물다. 따라서 <u>어떠한 부동산에 저당권 또는 근저당권과 같이 담보권이 설정된 경우에도 그 설정 후에 제3자가 그 목적물을 점유함으로써 그 위에 유치권을 취득하게 될 수 있다.</u> 이와 같이 저당권 등의 설정 후에 유치권이 성립한 경우에도 마찬가지로 유치권자는 그 저당권의 실행절차에서 목적물을 매수한 사람을 포함하여 목적물의 소유자 기타 권리자에 대하여 위와 같은 대세적인 인도거절권능을 행사할 수 있다. 따라서 <u>부동산유치권은 대부분의 경우에 사실상 최우선순위의 담보권으로서 작용하여, 유치권자는 자신의 채권을 목적물의 교환가치로부터 일반채권자는 물론 저당권자 등에 대하여도 그 성립의 선후를 불문하여 우선적으로 자기 채권의 만족을 얻을 수 있게 된다.</u> 이렇게 되면 <u>유치권의 성립 전에 저당권 등 담보를 설정받고 신용을 제공한 사람으로서는 목적물의 담보가치가 자신이 애초 예상·계산하였던 것과는 달리 현저히 하락하는 경우가 발생</u>할 수 있다. 이와 같이 유치권제도는 "시간에서 앞선 사람은 권리에서도 앞선다"는 일반적 법원칙의 예외로 인정되는 것으로서, 특히 부동산담보거래에 일정한 부담을 주는 것을 감수하면서 마련된 것이다.

유치권은 목적물의 소유자와 채권자와의 사이의 계약에 의하여 설정되는 것이 아니라 법이 정하는 일정한 객관적 요건(민법 제320조 제1항, 상법 제58조, 제91조, 제111조, 제120조, 제147조 등 참조)을 갖춤으로써 발생하는 이른바 법정담보물권이다. 법이 유치권제도를 마련하여 위와 같은 거래상의 부담을 감수하는 것은 유치권에 의하여 우선적으로 만족을 확보하여 주려는 그 피담보채권에 특별한 보호가치가 있다는 것에 바탕을 둔 것으로서, 그러한 보호가치는 예를 들어 민법 제320조 이하의 민사유치권의 경우에는 객관적으로 점유자의 채권과 그 목적물 사이에 특수한 관계(민법 제320조 제1항의 문언에 의하면 "그 물건에 관한 생긴 채권"일 것, 즉 이른바 '물건과 채권과의 견련관계'가 있는 것)가 있는 것에서 인정된다. 나아가 상법 제58조에서 정하는 상사유치권은 단지 상인 간의 상행위에 기하여 채권을 가지는 사람이 채무자와의 상행위(그 상행위가 채권 발생의 원인이 된 상행위일 것이 요구되지 아니한다)에 기하여 채무자 소유의 물건을 점유하는 것만으로 바로 성립하는 것으로서, 피담보채권의 보호가치라는 측면에서 보면 위와 같이 목적물과 피담보채권 사이의 이른바 견련관계를 요구하는 민사유치권보다 그 인정범위가 현저하게 광범위하다.

이상과 같은 사정을 고려하여 보면, **유치권 제도와 관련하여서는 거래당사자가 유치권을 자신의 이익을 위하여 고의적으로 작출함으로써 앞서 본 유치권의 최우선순위담보권으로서의 지위를 부당하게 이용하고 전체 담보권질서에 관한 법의 구상을 왜곡할 위험이 내재한다.**

이러한 위험에 대처하여, 개별 사안의 구체적인 사정을 종합적으로 고려할 때 신의성실의 원칙에 반한다고 평가되는 유치권제도 남용의 유치권 행사는 이를 허용하여서는 안 될 것이다.

[2] 채무자가 **채무초과의 상태에 이미 빠졌거나 그러한 상태가 임박함으로써 채권자가 원래라면 자기 채권의 충분한 만족을 얻을 가능성의 현저히 낮아진 상태**에서 이미 채무자 소유의 목적물에 저당권 기타 담보물권이 설정되어 있어서 유치권의 성립에 의하여 저당권자 등이 그 채권 만족상의 불이익을 입을 것을 잘 알면서 자기 채권의 우선적 만족을 위하여 위와 같이 취약한 재정적 지위에 있는 채무자와의 사이에 의도적으로 유치권의 성립요건을 충족하는 내용의 거래를 일으키고 그에 기하여 목적물을 점유하게 됨으로써 유치권이 성립하였다면, 유치권자가 그 유치권을 저당권자 등에 대하여 주장하는 것은 다른 특별한 사정이 없는 한 신의칙에 반하는 권리행사 또는 권리남용으로서 허용되지 아니한다. 그리고 저당권자 등은 경매절차 기타 채권실행절차에서 위와 같은 유치권을 배제하기 위하여 그 부존재의 확인 등을 소로써 청구할 수 있다고 할 것이다.

[3] 채무자 甲 주식회사 소유의 건물 등에 관하여 乙 은행 명의의 1순위 근저당권이 설정되어 있었는데, 2순위 근저당권자인 丙 주식회사가 甲 회사와 건물 일부에 관하여 임대차계약을 체결하고 건물 일부를 점유하고 있던 중 乙 은행의 신청에 의하여 개시된 경매절차에서 유치권

신고를 한 사안에서, 경매개시결정 기입등기가 마쳐지기 전에 임대차계약이 체결되어 丙 회사가 건물 일부를 점유하고 있으며, 丙 회사의 甲 회사에 대한 채권은 상인인 丙 회사와 甲 회사 사이의 상행위로 인한 채권으로서 임대차계약 당시 이미 변제기에 도달하였고 상인인 丙 회사가 건물 일부를 임차한 행위는 채무자인 甲 회사에 대한 상행위로 인한 것으로 인정되므로, 丙 회사는 상사유치권자로서 甲 회사에 대한 채권 변제를 받을 때까지 유치목적물인 건물 일부를 점유할 권리가 있으나, 위 건물 등에 관한 저당권 설정 경과, 丙 회사와 甲 회사의 임대차계약 체결 경위와 내용 및 체결 후의 정황, 경매에 이르기까지의 사정 등을 종합하여 보면, 丙 회사는 선순위 근저당권자인 乙 은행의 신청에 의하여 건물 등에 관한 경매절차가 곧 개시되리라는 사정을 충분히 인식하면서 임대차계약을 체결하고 그에 따라 유치목적물을 이전받았다고 보이므로, 丙 회사가 선순위 근저당권자의 신청에 의하여 개시된 경매절차에서 유치권을 주장하는 것은 신의칙상 허용될 수 없다고 본 원심판단을 수긍한 사례.

부동산에 관한 경매절차가 개시될 가능성이 있음을 충분히 인식하고서도 그 부동산의 개조에 관한 공사도급계약을 체결한 후 이에 따른 공사를 시행한 자가 공사대금채권에 기초하여 낙찰자에 대하여 유치권을 주장하는 것은 신의칙에 반하여 허용되지 않는다고 한 사례 (대전고등법원 2004. 1. 15. 선고 2002나5475 판결)

판례 해설

유치권 제도는 민사집행법상 인수주의에 따르기 때문에 실질적으로 담보질서를 교란할 위험성이 항상 내포되어 있어, 법원에서는 유치권을 최대한 엄격하게 판단하고 있다. 즉 담보물권의 기본 취지는 먼저 성립한 자가 우선하여 권리주장을 할 수 있다는 것이므로, 담보물권은 각자 설정일자의 순서에 따라 순위가 결정되고 그 순위 대로 변제를 받을 수 있다.

그러나 유치권은 그 선후에 상관없이 실질적으로 우선변제를 받은 효과가 발생하여 결국 먼저 성립한 저당권자를 해할 수밖에 없는 구조를 가지고 있다. 따라서 판례는 신의칙으로 일종의 제한을 가하고 있는데 대상판결 또한 같은 취지로 **다수의 담보물권이 성립하였고 이를 알고 있음에도 불구하고 버젓이 유치권을 성립시키는 공사를 진행한 경우, 이와 같은 상태에서 유치권의 존재를 인정한다면 선순위 담보물권자들에 권리를 해하는 것이라고 판단하여 결국 신의칙에 반하는 주장**으로서 권리 주장을 할 수 없다고 판시한 것이다.

다만 이 사건에서는 유치권자의 피담보채권인 공사 진행 자체가 다수의 담보물권자가 발생한 이후에 비로소 진행한 것으로서, 만약 공사 자체가 선순위 담보물권 설정보다 먼저 진행되었고, 단지 채권의 발생만 그 이후 발생한 경우라면 위 판례는 적용되지 않는 다는 점을 유념해야 한다.

법원 판단

피고 설◆주는 실제로 김□은이 체결한 공사도급계약의 계약서상의 명의자에 불과하고 위 공사도급계약을 체결한 당사자가 아니어서 위 피고에게 위 계약에 기한 위 건물 2층, 5층, 6층 부분에 관한 공사대금채권이 귀속된다고 할 수도 없고, 또한 김□은이 김♤석에게 하도급을 준 공사부분 외에는 위 공사도급계약상 김□은이 도급받은 공사 전체가 모두 완공되었다고 볼 자료도 없으므로, 위 피고가 이 사건 건물의 전 소유자인 김◇태, 이△희의 승낙하에 위 건물 부분을 점유하였다고 하여 위 피고에게 위 계약에 기한 공사대금채권에 기초하여 위 건물 부분을 유치할 권리가 있다고 할 수 없다.

뿐만 아니라, 설사 피고 설◆주를 실제 공사도급계약을 체결한 당사자로 보아 그에게 공사대금채권이 귀속되는 것으로 본다고 하더라도, 위 인정 사실에서 나타난 바와 같이,
① **공사대금이 금 560,000,000원에 이르는 위 공사도급계약은 계약 당시 이미 후의 경매절차에서의 이 사건 건물 및 그 대지의 감정평가액을 초과하는 총 합계액 금 3,220,900,482원인 거액의 근저당권 및 전세권, 가압류등기가 경료된 상태**에서 체결되었고, 그 내용에 있어서도 약정한 공사의 내용이 모호하고 광범위할 뿐만 아니라, 계약 당시부터 공사대금은 공사 완공 후 임료 수익으로 충당하는 것으로 정하였던 사정,

② 이 사건 경매절차 개시 직전에 피고 설◆주가 김◇태, 이△희와 사이에 위 건물 2층, 5층, 6층 부분에 관한 사용·수익 약정을 하였는바, 위 약정에서 공사대금에서 매월 공제하기로 한 임대료 상당의 돈 금 3,600,000원은 위 피고가 제출한 자료(을 제3호증의 1, 3, 각 임대차계약서)상의 위 건물 2층 부분만의 월차임 금 4,000,000원, 5층 부분만의 월차임 금 3,500,000원이나 뒤에서 보는 바와 같은 제1심 임료감정 결과에 따른 위 건물 2층, 5층, 6층의 월차임 상당 합계액 금 7,721,140원과 비교하여 매우 과소하고, 또한 위 약정에 따라 위 임대료 상당의 돈을 매월 공제하여 공사대금이 완제되기까지는 약 155개월 이상이 소요되는 사정,

③ 피고 설◆주 및 김□은과, 하수급인인 김☆석이나 부분별 공사를 시행한 다른 사람들 사이에 하도급 공사대금 등의 수수 내역에 관한 객관적인 자료도 보이지 않을 뿐만 아니라, 피고 설◆주가 제출한 견적서 등(을 제6호증의 1 내지 20)의 금액을 보더라도 그 합계액이 금 345,078,310원에 불과하여 공사비용으로 금 540,003,310원이 소요되었다고 하는 위 피고의 주장과도 상당한 차이를 보이며, 또한 위 피고는 계약한 공사 내용 중 5층 내부 인테리어 공사는 위 피고가 하지 않았음을 인정한 바 있는 등(갑 제2호증), 이 사건 공사의 구체적인 내용, 경위 및 소요 비용 등이 매우 모호하나 피고들이 이를 명백하게 밝히지 못하고 있는 사정,

④ 실제 공사는 이 사건 경매절차 전후에 걸쳐 1999. 3.경부터 1999. 가을경까지 이루어진 사정 및 그밖에 이 사건 경매절차 개시 전후에 위 사용·수익 약정이나 피고 설◈주 명의의 사업자등록, 위 피고와 김□은의 전입신고 등이 이루어진 경위 등을 종합하여 보면, 피고 설◈주는 이 사건 건물 및 그 대지에 위와 같이 거액의 근저당권, 전세권, 가압류등기 등이 되어 있는 등 그 소유자였던 김◇태와 이△희의 재산상태가 좋지 아니하여, **위 건물 및 그 대지에 관한 경매절차가 개시될 가능성이 있음을 충분히 인식**하고서 위와 같이 공사대금이 금 560,000,000원에 이르는 공사도급계약 및 그 후의 사용·수익 약정을 하고, 그에 따라 위 건물 2층, 5층, 6층 부분을 점유하였다고 봄이 상당한바,

이러한 경우에는 **위 피고가 전 소유자와 사이에 위 건물 부분에 관한 공사도급계약을 하고 그 계약에 따른 공사를 일부라도 실제로 진행하여 상당한 공사비용을 투하하였다고 하더라도, 만약 이러한 경우에까지 유치권의 성립을 제한 없이 인정한다면 전 소유자와 유치권자 사이의 묵시적인 담합이나 기타 사유에 의한 유치권의 남용을 막을 방법이 없게 되어 공시주의를 기초로 하는 담보법질서를 교란시킬 위험이 있다는 점을 고려**할 때, 위 피고의 공사도급계약 전에 가압류등기와 근저당권설정등기를 마친 자의 신청에 의한 경매절차의 매수인(낙찰자)인 원고에 대한 관계에서는, 민법 제320조 제2항을 유추적용하여 위 피고가 위 공사대금채권에 기초한 유치권을 주장하여 그 소유자인 원고에게 대항할 수 없다고 하거나, 그 유치권을 행사하는 것이 신의칙에 반하

여 허용될 수 없다고 해야 한다.

따라서 피고 설◆주에게 유치권이 성립하여 이로써 소유자인 원고에게 대항할 수 있음을 전제로 하는 피고들의 위 주장은 이유 없고, 결국 피고들은 원고에게 각 점유부분을 명도하고 권원 없이 이 사건 건물 중 일부분을 불법점유하여 원고가 해당 부분을 사용·수익하지 못함으로 인한 손해를 배상할 의무가 있다.

기존에 이미 공사대금 채권이 존재하였다면 근저당권이 설정된 이후 유치권이 성립되었다는 사정만으로 신의칙 위반이라고 할 수 없다(대법원 2014. 12. 11. 선고 2014다53462 판결 유치권부존재확인).

판례 해설

앞에서 언급한 바와 같이 저당권이 설정된 이후에 비로소 성립한 유치권에 관하여는 신의칙상 그 성립이 인정되지 않는 경우가 있다. 그러나 그와 같은 경우는 사실상 예외적인 경우고 이는 신의칙 조항은 일반조항으로서 보충적으로만 적용되어야 하기 때문이다.

대상판결에서 유치권은 근저당권이 설정된 이후 성립한 것은 사실이지만 대법원 2011다84298 판결과 근본적으로 다른 점은 <u>유치권의 피담보채권 자체가 "이미 성립"되었거나 최소한 그 기초 사실(공사 진행</u>

등)이 존재하였고 그와 같은 유치권의 성립 자체가 채무자의 다른 담보물권자를 해하기 위한 의도기 보다는 유치권자 스스로 자신의 담보권을 지키기 위하여 부득이한 경우라면 신의칙의 적용을 받지 않는다고 판단했다.

법원 판단

유치권제도와 관련하여서는 거래당사자가 유치권을 자신의 이익을 위하여 고의적으로 작출함으로써 유치권의 최우선순위담보권으로서의 지위를 부당하게 이용하고 전체 담보권질서에 관한 법의 구상을 왜곡할 위험이 내재한다. 따라서 개별 사안의 구체적인 사정을 종합적으로 고려할 때 신의성실의 원칙에 반한다고 평가되는 유치권제도 남용의 유치권 행사는 허용될 수 없다(대법원 2011. 12. 22. 선고 2011다84298 판결 참조).

그런데 원심이 인정한 사실관계에 따라 살펴보면, 원심은 그 판시와 같은 사정, 즉 피고 10(물품대금채권을 갖고 있는 것에 불과하다)을 제외한 나머지 피고들이 근저당권자인 원고의 신청에 의하여 이 사건 각 부동산에 대한 임의경매절차가 곧 개시되리라는 점을 인식하면서 소외 1로부터 이 사건 각 부동산을 인도받았다는 사정을 들어 위 피고들의 원고에 대한 유치권 행사가 신의칙에 반하는 것으로 판단하였음을 알 수 있다. 그러나 목적물에 관하여 채권이 발생하였으나 채권자가 목적물에 관한 점유를 취득하기 전에 그에 관하여 저당권 등 담보물권이 설정되고 이후에 채권자가 목적물에 관한 점유를 취득한 경우 채권자는 다른 사정이 없는 한 그와 같이 취득한 민사유치권을 저당권자 등에게 주장**할 수 있는 것이므로(대법원 1965. 3. 30. 선고 64다1977 판결, 대법원 2009. 1. 15. 선고 2008다70763 판결 참조), 원심이 든 위와 같은 사정만으로 위 피고들의 유치권의 행사가 신의칙에 반하여 유치권제도를 남용한 것이라고 속단하기는 어렵다. 그리고 원심이 원용한 앞의 2011다84298 판결의 사안에서는 후순위근저당권자가 상사유치권의 성립요건을 충족하는 내용의 거래를 일으킨 후 그에 기하여 근저당부동산에 대한 유치권을 취득하고 이를 선순위근저당권자에게 주장함으로써 고의적으로 유치권을 작출하여 그 지위를 부당하게 이용하였다고 평가할 수 있는 사정이 있다.

그런데도 원심은 신의칙 위반을 인정할 수 있는 사유를 좀 더 구체적으로 심리하지 않은 채 오로지 위와 같은 사정만을 들어 곧바로 피고 10을 제외한 나머지 피고들의 유치권 행사가 신의칙 위반에 해당한다고 판단하였다. 이와 같은 원심판결에는 민사유치권 행사와 관련한 신의칙 위반에 관한 법리를 오해하거나 필요한 심리를 다하지 않음으로써 판결에 영향을 미친 위법이 있다.

마. 임차인 스스로 또는 임차인을 통한 유치권 주장

임대차 종료 시에 임차인이 건물을 원상으로 복구하여 임대인에게 명도하기로 약정한 경우에, 필요비·유익비 상환 청구권이 있음을 전제로 하는 유치권 주장의 당부(대법원 1975. 4. 22. 선고 73다2010 판결)

판례 해설

이 판결로 인하여 <u>대부분의 경우에 임차인은 유치권을 주장할 수 없게 되었다.</u>

유치권을 주장하기 위해서는 **피담보채권이 목적물과 견련관계**에 있어야 하는데, 그 견련관계에 관하여 대법원은 다소 엄격하게 판단하여 단순 법리적 견련관계가 아니라 물리적 사실적 견련관계일 것을 요구한다. 따라서 유치권 목적물의 사용가치를 증대시킨 경우에만 가능한 것이다.

보통 임차인이 임대인 즉 채무자에게 임차 목적물에 관하여 주장할 수 있는 채권은 **보증금 반환채권, 권리금 반환채권, 그리고 필요비·유익비 채권** 정도인데, 이 중 **보증금반환채권이나 권리금반환채권은 목적물의 물리적 가치 상승과는 전혀 관계가 없는 성질의 것이다.**

결국 **필요비·유익비 정도만이 유치권을 주장할 수 있는 피담보채권**이라 할 것인데, 대부분의 임차인이 임대차 계약을 체결할 때 대부분

"임대차 종료시 원상복구한다"라는 조항을 삽입하게 되는 바, 대상판결에서는 이와 같은 원상복구 조항이 존재한다면 이미 처음부터 필요비·유익비 청구권을 포기한 것으로 간주하였고, 결국 유치권의 피담보채권이 존재하지 않아 임차인의 유치권은 부정하고 있다.

이와 같은 이유로 필자가 <u>이전 임차인이 유치권을 주장하는 사건을 대리하였을 때, 재판장이 의뢰인에게 물어보았던 단 한마디 질문은 "임차인 맞지요"라는 내용으로, 만일 이 때 임차인이라고 대답한다면 거의 90% 이상이 유치권을 부정</u>당한다고 할 것이다.

법원 판단

원판결을 원설시의 증거들에 의하여 피고 김×자는 71. 8. 30. 원고로부터 본건 건물을 다방으로 사용할 것을 승락 받아 각종 내부시설을 하여 73. 3. 현재 다방시설로서 또는 일반 건물의 내부시설로서 각 원판시 금액에 상당한 가액이 현존하는 사실을 인정하고 임대차계약서(갑 6호증)의 기재에 비추어 보면, 동 피고는 임대차관계 종료시에는 위 건물을 원상으로 복구하여 이를 원고에게 명도하기로 약정한 사실을 인정할 수 있어 이는 위 건물에 지출한 각종 유익비 또는 필요비의 상환청구권을 미리 포기하기로 한 취지의 특약이라고 인정함이 상당하다고 설시하여 원설시 유치권 주장을 배척한 취지가 분명하다. 논지는 위 사용승낙을 원고가 한 것은 위 임대차계약이 있은 후에 일이므로 위 승락으로 말미암아 위 임대차계약에서 한 피고의 원상복구의 특약을 변경한 것으로 해석하여야 된다고 주장하나, 건물사용승낙서(을 1호증)을 해 주었음은 임대인이 임차물을 사용케 할 임차계약에서 오는 당연한 법률상 의무를 표명한 것으로 볼 것이며 그로 말미암아 임대차계약의 내용이 변경된 것으로 볼 수 없다고 해석함이 당사자의 의사표시의 해석으로 타당하다 하겠으므로 같은 취지에서 한 원판결 판단은 옳고 논지는 채용할 길이 없으니 논지는 이유 없음에 돌아간다.

임차인을 직접점유자로서 유치권자가 간접점유할 경우 해당 임차인과의 임대차 계약은 소유자 또는 채무자가 아닌 유치권자가 체결하여야 적법한 간접점유가 인정된다는 사례(대법원 2012. 2. 23. 선고 2011다61424 판결)

판례 해설

실무 사이트에서 보면 **간혹 유치권자들이 '해당 건물에 사실상 점유하고 있는 임차인을 직접점유자로 하여 간접점유를 하고 있다'는 공지**를 접하게 된다. 그리고 일반인들 입장에서는 간접점유라는 법적 요건과 법적효과를 알지도 못하고 대략적으로 '임차인이 유치권자를 대신하여 점유하고 있으니 유치권을 해결하기 힘들겠구나'라는 판단을 내리게 된다.

그러나 유치권자가 주장하는 간접점유라고 함은 그렇게 쉽게 인정되는 것이 아니라, **민법에서는 최소한 목적물반환청구권 정도는 가지고 있을 것을 전제로 하고**, 그렇지 않을 경우에 간접점유가 인정되지 않아 점유를 하고 있지 않은 것으로 판단된다.

대상판결에서도 임차인이 소유자 또는 채무자와 임대차 계약을 체결한 반면에, 유치권자와는 아무런 계약을 체결하지 않았고 그럴 가능성조차 없었으므로 간접점유를 인정하지 않았던 것이다.

법원 판단

점유자가 점유의 침탈을 당한 때에는 그 물건의 반환 등을 청구할 수 있다(민법 제204조 제1항 참조). 이러한 점유회수의 소에 있어서는 점유를 침탈당하였다고 주장하는 당시에 점유하고 있었는지의 여부만을 살피면 되는 것이고, 여기서 **점유라고 함은 물건이 사회통념상 그 사람의 사실적 지배에 속한다고 보이는 객관적 관계에 있는 것을 말하고 사실상의 지배가 있다고 하기 위하여는 반드시 물건을 물리적·현실적으로 지배하는 것만을 의미하는 것이 아니고 물건과 사람과의 시간적·공간적 관계와 본권관계, 타인지배의 배제가능성 등을 고려하여 사회관념에 따라 합목적적으로 판단**하여야 한다(대법원 1996. 8. 23. 선고 95다8713 판결).

그리고 점유회수의 소에 있어서의 점유에는 직접점유뿐만 아니라 간접점유도 포함되는 것이기는 하나, 간접점유를 인정하기 위해서는 간접점유자와 직접점유를 하는 자 사이에 일정한 법률관계, 즉 점유매개관계가 필요하다. 이러한 점유매개관계는 직접점유자가 자신의 점유를 간접점유자의 반환청구권을 승인하면서 행사하는 경우에 인정된다.

이 사건 건물 중 제3자에게 임대가 이루어진 부분에 대한 원고들의 간접점유가 인정되기 위해서는 원고들과 직접점유자인 임차인들 사이에 점유매개관계가 인정되어야 한다. 그런데 기록에 의하면 이 사건 건물의 임차인들과의 임대차 계약은 당시 소유자이던 주식회사 인컴유나 사이에 체결된 사실을 알 수 있다. 그러므로 임대차계약에 기하여 임차 부분의 직접점유자인 임차인들에 대하여 반환청구권을 갖는 자는 주식회사 인컴유나뿐이라고 보아야 한다. 따라서 임차인들과의 임대차 계약은 원고들과 직접점유자인 임차인 사이의 점유 매개관계를 인정할 기초가 될 수 없다. 그리고 원심이 간접점유 근거로 든 위 사정들은 원고들이 주식회사 인컴유나와 함께 이 사건 건물의 관리에 관여하였다는 사정에 불과한 것이지 임차인들과의 점유매개관계를 인정할 근거가 될 수 없다.

바. 유치권자에 대한 손해배상청구

공사대금채권에 기하여 유치권을 행사하는 자가 스스로 유치물인 주택에 거주하며 사용하는 것이 유치물의 보존에 필요한 사용에 해당하는지 여부(적극)및 이 경우 차임 상당 이득을 소유자에게 반환할 의

무가 있는지 여부(적극) (대법원 2009. 9. 24. 선고 2009다40684 판결)

판례 해설

민법 제320조에 따른 유치권자는 점유할 권리만 있을 뿐, 사용·수익할 수 있는 권리는 보유하지 않고, 유치권자가 유치권 대상 건물을 사용·수익하는 것은 유치권자의 권한 범위를 넘는 행위로 이 경우 채무자 또는 소유자는 유치권자에 대하여 민법 제324조 제3항에 따른 유치권 소멸청구를 할 수 있다. 다만 유치권자는 목적물을 점유하고 있기 때문에 선량한 관리자의 주의의무에 따라 점유하여야 하는 바, **보존행위 정도는 할 수 있다.**

위 보존행위의 범위에 관하여 해석의 여지가 있었으나 <u>대법원은 '유치권자가 스스로 사무실로 사용·수익할 경우에는 이를 보존행위로 판단하여, 위와 같은 행위를 원인으로 유치권자에게 유치권소멸청구를 할 수 없다고' 판단</u>한 것이다.

차후 판결에서 보겠지만 대법원은 유치권 당사자가 "직접 점유"하여 사용·수익할 경우에는 보존행위로 보아 유치권 소멸청구를 인정하지 않는 반면, 누군가에게 직접 점유하게 하고 자신이 간접점유하는 형태로 사용·수익할 경우에는 보존행위의 범위에 해당하지 않는다고 판단하였는바, 이를 잘 구분하여야 할 것이다.

더 나아가 아무리 보존행위라고 하더라도 점유할 권원만 있을 뿐 사용·수익할 권원이 없는 자가 사용·수익하였으므로 그 기간 동안 차임 상당의 부당이득은 반환되어야 한다.

법원 판단

민법 제324조에 의하면, 유치권자는 선량한 관리자의 주의로 유치물을 점유하여야 하고, 소유자의 승낙 없이 유치물을 보존에 필요한 범위를 넘어 사용하거나 대여 또는 담보제공을 할 수 없으며, 소유자는 유치권자가 위 의무를 위반한 때에는 유치권의 소멸을 청구할 수 있다고 할 것인바, **공사대금채권에 기하여 유치권을 행사하는 자가 스스로 유치물인 주택에 거주하며 사용하는 것은 특별한 사정이 없는 한 유치물인 주택의 보존에 도움이 되는 행위로서 유치물의 보존에 필요한 사용에 해당**한다고 할 것이다. 그리고 **유치권자가 유치물의 보존에 필요한 사용을 한 경우에도 특별한 사정이 없는 한 차임에 상당한 이득을 소유자에게 반환할 의무가** 있다(대법원 2006.1.26.선고 2004다69420판결, 대법원 2006.6.30.선고 2005다59963판결 등 참조).

원심판결 이유에 의하면, 원심은 판시와 같은 이유로 피고들이 이 사건 건물 2,3층을 사용함으로써 얻은 이익이 피고들의 공사대금채권에서 공제되어야 한다고 판단하였는 바, 이러한 원심의 판단은 피고들이 유치권자로서 이 사건 건물 2,3층을 사용하는 것은 유치물의 보존에 필요한 사용이라는 판단을 전제로 차임에 상당한 이득을 반환할 의무가 있다는 취지로 판단한 것으로서 위 법리에 비추어 정당하고, 거기에 상고이유로 주장하는 법리오해 등의 위법이 없다. 그리고 유치물의 소유자가 채무자인 경우에만 유치권자에게 과실수취권이 있고, 유치물의 소유자가 채무자가 아닌 제3자인 경우에는 과실수취권이 생기지 않는다는 취지의 주장은 유치권의 물권적인 성격에 반하는 주장으로 받아들일 수 없다.

유치권이 성립되지 않음에도 목적물을 점유하였다면 차임 상당의 손해배상책임을 부담한다(서울동부지방법원 2015가합4731 건물명도 등 청구)

판례 해설

유치권자가 점유하고 있는 목적물을 사용·수익한 것이 아니라 단지 점유만 할 경우에도 차임 상당의 손해배상 책임이 존재하는지 여부가 문제가 된 사안이다. 즉, 유치권자가 사용·수익하였다가 이후 유치권이 성립되지 않은 경우 자신이 수취하였던 차임 상당액은 법률상 원인 없이 수취한 것이므로 당연히 반환대상이 되나, 사용·수익하지 않았을 경우 부당한 이득이 존재하지 않기 때문에 민법 제741조에 따른 부당이득반환청구는 부인된다.

다만, 소유자로서는 적법하지 않은 유치권자가 목적물을 점유하여 사용·수익할 수 있는 기회를 상실하였음으로 이는 법률상 손해로 평가되며 민법상 고의 또는 "과실"에 의하여 불법행위를 저지른 경우에도 손해배상 책임이 인정될 수 있는 바, 소유자나 유치권자로서는 이점에 유의하여야 할 것이다.

법원 판단

가) 피고의 주장

원고의 불법점유 및 그 과정에서의 손괴행위 등으로 피고는 아래와 같이 합계1,532,542,419원 상당의 손해를 입었으므로, 원고는 피고에게 위 돈을 지급할 의무가 있다.

나) 판단

앞서 본 바와 같이, 원고는 2015. 9. 28. 용역업체 직원을 고용하여 불법적인 방법으로 이 사건 건물에 관하여 점유를 개시하였다. 그리고 앞서 든 증거에 변론 전체의 취지를 종합하면 원고는 이 사건 건물 중 일부를 현재까지 점유하고 있는 사실이 인정된다. 따라서 원고는 피고에게 불법점유로 인한 차임 상당 손해를 배상할 책임이 있다. 원고는 유치권자로서 적법하게 점유하고 있다는 취지로 주장하나, 점유개시가 불법행위로 인한 것이어서 유치권은 성립하지 않으므로(민법 제320조 제2항) 원고의 주장은 받아들이지 않는다.

한편 원고의 구체적인 점유 부분 및 점유기간에 관한 주장 중 아래 표에서 인정하는 부분을 넘는 부분은 이를 인정할 증거가 없으므로 받아들이지 않는다. 그리고 원고가 점유하는 전유부분에 관하여 피고가 소유권을 상실한 경우 소유기간에 한하여 원고의 손해배상책임을 인정한다.

사. 유치권에 기한 경매 관련 사례

인수주의에 따른 경매절차에서 배당이의의 소를 제기하는 것이 허용되는지 여부(소극) 대법원 2014. 1. 23 선고 2011다83691 판결 [배당이의]

판례 해설

유치권에 기한 경매와 관련하여 아주 중요한 판례다. 유치권자는 자신의 피담보채권을 회수하기 위하여 경매를 신청할 수 있는데 이에 대한 절차 규정이 존재하지 않고 결국 법원의 해석을 통해서만 가능하다

먼저 유치권에 기한 경매가 진행될 경우 원칙적 법정매각 조건은 인수주의가 아닌 소멸주의가 적용되고 이에 대한 당연한 결과 배당이의소송이 가능하고 무엇보다도 유치권자의 지위는 담보물권자라고 하더라도 일반채권자로서 배당에 참여하게 되는바 유치권자로서는 해당 물건의 전체 감정금액과 자신보다 우선된 선순위 채권자들의 채권액을 고려

하여 유치권에 기한 경매를 신청할지 여부를 결정해야 할 것이다.

법원 판단

원심판결 이유에 의하면,원심은 피고가 주식회사 군옥산업개발에 대한 이 사건 공사대금채권을 피담보채권으로 하는 유치권을 주장하면서,원고(선정당사자)와 선정자들(이하 편의상 '원고들'이라고 한다)소유의 이 사건 각 부동산에 관하여 전주지방법원 군산지원 2008타경11731호로 유치권에 의한 경매를 신청하였고,소외인이 위 경매절차에서 이 사건 각 부동산을 매수하여 대금을 납부하고 소유권이전등기를 마친 사실,위 법원이 배당기일에 이 사건 각 부동산의 매각대금과 매각대금이자를 합한 금액에서 집행비용을 공제한 나머지 금액을 피고에게 전부 교부하는 내용의 이 사건 교부표를 작성하였으나,원고들이 위 배당기일에 출석하여 피고에 대한 위 교부액 전액에 대하여 이의를 제기한 후 이 사건 배당이의의 소를 제기한 사실을 인정한 다음,이 사건 공사대금채권은 3년의 소멸시효기간이 경과하여 시효로 소멸하였다고 판단하고,이 사건 공사대금채권의 소멸시효가 중단되었다거나,원고들이 소멸시효 완성의 이익을 주장할 수 없다거나,또는 원고들이 피고의 유치권을 부정하는 것은 권리남용에 해당한다는 피고의 항변을 모두 배척하여,이 사건 교부표 중 피고에 대한 교부액 전액이 삭제되어야 한다는 제1심의 결론을 유지하였다.

그러나 원심의 위와 같은 판단은 다음과 같은 이유에서 그대로 수긍하기 어렵다.

민사집행법 제91조 제2항,제3항,제268조에서 경매의 대부분을 차지하는 강제경매와 담보권 실행을 위한 경매에서 소멸주의를 원칙으로 하고 있을 뿐만 아니라 이를 전제로 하여 **배당요구의 종기결정이나 채권신고의 최고,배당요구,배당절차** 등에 관하여 **상세히 규정**하고 있는 점,민법 제322조 제1항에 "유치권자는 채권의 변제를 받기 위하여 유치물을 경매할 수 있다."라고 규정하고 있고, 유치권에 의한 경매에도 채권자와 채무자의 존재를 전제로 하고 채권의 실현·만족을 위한 경매를 상정하고 있는 점, 반면에 인수주의를 취할 경우 필요하다고 보이는 목적부동산 위의 부담의 존부와 내용을 조사·확정하는 절차에 대하여 아무런 규정이 없고 인수되는 부담의 범위를 제한하는 규정도 두지 않아,유치권에 의한 경매를 인수주의를 원칙으로 진행하면 매수인의 법적 지위가 매우 불안정한 상태에 놓이게 되는 점,인수되는 부담의 범위를 어떻게 설정하느냐에 따라 인수주의를 취하는 것이 오히려 유치권자에게 불리해질 수 있는 점 등을 함께 고려하면, 유치권에 의한 경매도 강제경매나 담보권 실행을 위한 경매와 마찬가지로 목적부동산 위의 부담을 소멸시키는 것을 법정매각조건으로 하여 실시되고 우선채권자뿐만 아니라 일반채권자의 배당요구도 허용되며,유치권자는 일반채권자와 동일한 순위로 배당을 받을 수 있다고 봄이 상당하다.다만 집행법원은 부동산 위의 이해관계를 살펴 위와 같은 법정매각조건과는 달리 매각조건 변경결정을 통하여 목적부동산 위의 부담을 소멸시키지 않고 매수인으로 하여금 인수하도록 정할 수 있다(대법원 2011.6.15.자 2010마

1059결정 참조).

그리고 소멸주의에 따른 경매절차에서는 우선채권자나 일반채권자의 배당요구와 배당을 인정하므로 그 절차에서 작성된 배당표에 대하여 배당이의의 소를 제기하는 것이 허용되지만, 인수주의에 따른 경매절차에서는 배당요구와 배당이 인정되지 아니하고 배당이의의 소도 허용되지 아니한다.

그런데 기록에 의하면,이 사건 경매에 관한 2009.12.7.자 기일입찰조서(을 제6호증의 3)에는 집행관이 입찰절차를 진행하면서 매각물건명세서,현황조사보고서,평가서 사본을 보게 한 다음 "특별매각조건을 고지하였다."라고 기재되어 있는 사실,위 경매에 관한 경매사건검색(갑 제19호증)내용 중 물건내역의 물건비고란에는 "유치권에 의한 경매로서 근저당등 부동산상의 부담은 말소되지 않고 매수인이 인수함"이라고 기재되어 있는 사실 등을 알 수 있다.

위 사실관계를 앞서 본 법리에 비추어 보면,이 사건 경매는 유치권에 의한 경매이므로 집행법원의 매각조건 변경결정이 없는 이상 원칙적으로 소멸주의에 따라 진행되었다고 볼 것이지만,위 기일입찰조서나 경매사건검색의 기재에 의하면 위 집행법원이 이 사건 경매를 인수주의에 따라 진행하기로 매각조건 변경결정을 하였을 가능성을 배제할 수 없고,위 경매가 인수주의에 따라 진행되었다면 이 사건 배당이의의 소는 허용되지 않는다고 할 것이며,이처럼 어느 소송형태가 허용되는지는 직권조사사항에 해당하므로,원심으로서는 마땅히 이 사건 경매에 관하여 인수주의를 채택하는 내용의 매각조건 변경결정이 있었는지를 심리한 다음 이 사건 배당이의의 소가 허용되는지를 판단하였어야 한다.

그런데도 원심은 이에 관하여 아무런 심리,판단을 하지 않은 채 본안에 관한 판단으로 나아가 피고의 이 사건 공사대금채권이 시효로 소멸하였다고 판단하고 말았으니,원심판결에는 유치권에 의한 경매에서 배당이의의 소가 허용되는지에 관한 법리를 오해하고 필요한 심리를 다하지 아니하여 판결에 영향을 미친 위법이 있다.이 점을 지적하는 상고이유 주장은 이유 있다.

피담보채권인 공사대금 채권을 실제와 달리 허위로 부풀려 유치권에 의한 경매를 신청한 경우, 소송사기죄의 실행의 착수에 해당하는지 여부(적극) 대법원 2012. 11. 15 선고 2012도9603 판결 [사기미수·위증]

법원 판단

민법 제322조 제1항은 "유치권자는 채권의 변제를 받기 위하여 유치물을 경매할 수 있다."고 규정하고 있고,이에 따라 민사집행법 제274조 제1항은 "유치권에 의한 경매와 민법,상법, 그 밖의 법률이 규정하는 바에 따른 경매는 담보권 실행을 위한 경매의 예에 따라 실시한다."고 규정하고 있다. 이러한 **유치권에 의한 경매도 강제경매나 담보권 실행을 위한 경매와 마찬가지로 목적부동산 위의 부담을 소멸시키는 것을 법정매각조건으로 하여 실시되고 우선채권자뿐만 아니라 일반채권자의 배당요구도 허용되며, 유치권자는 일반채권자와 마찬가지로 배당을** 받을 수 있다(대법원 2011.6.15.자 2010마1059결정 등 참조).

원심은,(1)피고인들이 공모하여 허위의 공사대금 채권으로 이 사건 토지에 대하여 유치권에 기한 경매를 신청하는 방법으로 법원을 기망하여 금원을 편취하려다 미수에 그쳤다는 요지의 이 사건 사기미수의 주위적 공소사실에 대하여,(2)그 채택 증거들에 의하여 ① 피고인 3이 운영하는 공소외 1주식회사가 피해자 공소외 2로부터 이 사건 빌라신축공사를 도급받아 그 중 가시설 흙막이공사를 피고인 1이 운영하는 공소외 3주식회사에 공사대금2,750만 원에 하도급한 사실,② 공소외 3주식회사가 2006.4.26.부터 공사를 시작하였다가 2006.6.2.경 공사를 중단하자,피해자는 2006.7.11.공소외 1주식회사에 위 도급계약을 해제한다는 의사표시를 한 사실,③ 피고인 2는 2006.8.4.경 공소외 3주식회사로부터 공소외 1주식회사에 대한 하도급공사대금 채권을 양수한 다음 공사대금을 2억 460만 원으로 한 공소외 1주식회사와 공소외 3주식회사 사이의 하도급계약서를 날짜를 소급하여 새로 작성한 후 공소외 1주식회사와 공소외 3주식회사로부터 날인을 받은 사실,④ 감정결과 이 사건 빌라신축공사 중 공소외 3 주식회사가 시행한 부분의 적정 공사대금은 46,052,682원인 사실,⑤ 피고인 2는 피고인 3을 통하여 공소외 1주식회사의 명목상 대표이사였던 공소외 4의 협조를 얻어 "공소외 1주식회사는 피고인 2에게 5억 1,102만 원 및 그 중 1억 5,300만 원에 대한 지연손해금을 지급하라."는 내용의 지급명령을 받아 이를 근거로 유치권에 기한 경매를 신청하여 경매개시결정을 받은 사실 등을 인정한 다음,(3) 유치권에 의한 경매에서 유치물의 매각대금은 유치권자에게 교부되고 유치권자는 피담보채권을 모두 변제받을 때까지 유치물의 매각대금 위에 유치권을 행사할 수 있는 재산상 이익을 취득하므로,정당한 공사대금 채권을 가진 사람이라고 하더라도 허위로 공사대금 채권을 부풀린 다음 이를 근거로 유치권에 의한 경매를 신청하여 매각대금을 교부받았다면 사기죄가 성립한다는 전제 아래,피고인 2가 한 경매신청의 근거가 된 유치권의 피담보채권은 허위라는 이유로,위 공소사실을 유죄로 판단하였다.

앞서 본 법리에 의하면,유치권에 의한 경매를 신청한 유치권자는 일반채권자와 마찬가지로 피담보채권액에 기초하여 배당을 받게 되는 결과 피담보채권인 공사대금 채권을 실제와 달리 허위로 크게 부풀려 유치권에 의한 경매를 신청할 경우 정당한 채권액에 의하여경매를 신청한 경우보다 더 많은 배당금을 받을 수도 있으므로,이는 법원을 기망하여 배당이라는 법원의 처분행위에 의하여 재산상 이익을 취득하려는 행위로서,불능범에 해당한다고 볼 수 없고,소송사기죄의 실행의 착수에 해당한다고 할 것이다.

원심이,유치권에 의한 경매에서 유치물의 매각대금은 유치권자에게 교부되고 유치권자는 피담보채권을 모두 변제받을 때까지 유치물의 매각대금 위에 유치권을 행사할 수 있다고 설시한 부분은 적절하지 아니하나,이 사건 사기미수의 주위적 공소사실을 유죄로 인정한 원심의 결론은 정당하고,거기에 상고이유 주장과 같이 피담보채권액 등과 관련하여 논리와 경험의 법칙을 위반하여 자유심증주의의 한계를 벗어나거나 사기죄에서의 처분행위또는 재산상 이익,소송사기죄에서의 구성요건,실행의 착수 및 기망의 고의,불능범 등에관한 법리를 오해한 위법이 없다.

아. 유치권과 관련된 형사상의 문제

피담보채권인 공사대금 채권을 실제보다 부풀려 유치권에 의한 경매를 신청한 경우, 소송사기죄가 성립될 수 있다 (대법원 2012. 11. 15. 선고 2012도9603 판결)

판례 해설

소송사기란 형법 제347조 사기죄의 한 종류로서 **소송을 진행함에 있어서 법원에 대하여 허위의 주장을 하거나 또는 허위의 증거를 제출하여 법원을 기망하여 자기에게 유리한 판결을 받고, 이에 기하여 상대방으로부터 재물 또는 재산상의 이익을 취득**할 경우에 성립하는 범죄를 말한다. 이 사건 피고인은 실제보다 부풀린 공사대금채권을 가지고 유치권을 주장·경매를 신청하여 배당받으려 하였고 소송사기죄의 성립이 문제가 되었다.

법원 판단

민법 제322조 제1항은 "유치권자는 채권의 변제를 받기 위하여 유치물을 경매할 수 있다."고 규정하고 있고, 이에 따라 민사집행법 제274조 제1항은 "유치권에 의한 경매와 민법, 상법, 그 밖의 법률이 규정하는 바에 따른 경매는 담보권 실행을 위한 경매의 예에 따라 실시한다."고 규정하고 있다. 이러한 유치권에 의한 경매도 강제경매나 담보권 실행을 위한 경매와 마찬가지로 목적부동산 위의 부담을 소멸시키는 것을 법정매각조건으로 하여 실시되고 우선채권자뿐만 아니라 일반채권자의 배당요구도 허용되며, 유치권자는 일반채권자와 마찬가지로 배당을 받을 수 있다(대법원 2011.6.15.자 2010마1059결정 등 참조).

앞서 본 법리에 의하면, 유치권에 의한 경매를 신청한 유치권자는 일반채권자와 마찬가지로 피담보채권액에 기초하여 배당을 받게 되는 결과 피담보채권인 공사대금 채권을 실제와 달리 허위로 크게 부풀려 유치권에 의한 경매를 신청할 경우 정당한 채권액에 의하여 경매를 신청한 경우보다 더 많은 배당금을 받을 수도 있으므로, 이는 법원을 기망하여 배당이라는 법원의 처분행위에 의하여 재산상 이익을 취득하려는 행위로서, 불능범에 해당한다고 볼 수 없고, 소송사기죄의 실행의 착수에 해당한다고 할 것이다.

원심이, 유치권에 의한 경매에서 유치물의 매각대금은 유치권자에게 교부되고 유치권자는 피담보채권을 모두 변제받을 때까지 유치물의 매각대금 위에 유치권을 행사할 수 있다고 설시한 부분은 적절하지 아니하나, 이 사건 사기미수의 주위적 공소사실을 유죄로 인정한 원심의 결론은 정당하고, 거기에 상고이유 주장과 같이 피담보채권액 등과 관련하여 논리와 경험의 법칙을 위반하여 자유심증주의의 한계를 벗어나거나 사기죄에서의 처분행위 또는 재산상 이익, 소송사기죄에서의 구성요건, 실행의 착수 및 기망의 고의, 불능범 등에 관한 법리를 오해한 위법이 없다.

법인이 유치권을 주장하면서 사용 수익하는 것이 유치권이 인정되지 않아 불법행위로 평가될 경우 손해배상의 죄책을 부담해야 하는 자는 법인 외에 대표이사 개인에 대하여도 청구할 수 있다(대법원 2011다50165 건물인도)

판례 해설

법인과 해당 법인에서 업무를 보는 대표이사는 전혀 별개의 인(人)에 해당하므로 법인이 사무집행하는 도중에 발생한 법률행위의 권리와 의무는 원칙적으로 법인에게만 귀속될 뿐 개인에게는 귀속되지 않는다. 그러나 사안에서 보는 바와 같이 **불법행위라는 것은 법률행위라기보다는 사실행위에 가깝고 사실행위는 법인이 아닌 그 내부에서 근무하는 개인의 행위로밖에 판단될 수 없기 때문에 예외적으로 법인 외에 해당 사실행위를 한 개인 역시 처벌을 받고 손해배상책임을 부담하여야 한다는 것은 어떻게 보면 당연한 것으로 보인다.

본 사안은 법인에게 유치권이 성립되지 않았고, 점유 또한 권원 없는 불법행위에 해당한다면 대표이사 개인이 손해배상의 주체가 될 수 있다고 판시한 것이다. 원심에서 법인 아닌 개인에 대하여 손해배상 책임의 부담을 인정하지 않은 이유는 법인 역시 점유의 주체가 될 수 있고 독자적으로 임대차 계약을 체결하여 점유를 할 수 있기 때문에 대표이사의 개인에 대한 책임은 인정하지 않았던 것으로 추측된다.

사실관계 및 원심판단

원심은 그 채택 증거에 의하여 피고 거남건설 주식회사(이하 "피고회사"라 한다)가 이 사건 토지와 건물을 불법으로 점유함으로써 그 소유자인 원고로 하여금 이 사건 토지와 건물을 사용·수익하지 못하게 한 사실과 그로 말미암은 손해배상책임을 인정하면서도 그 대표이사인 피고 2에 대하여는 개인이 아닌 피고회사의 대표기관으로서 점유하고 있을 뿐 피고회사와 별도로 개인의 지위에서 이 사건 토지와 건물을 점유하는 것으로 볼 수 없다는 이유로 그 청구를 배척하였다.

법원 판단

1. 주식회사의 대표이사가 업무집행을 하면서 고의 또는 과실에 의한 위법행위로 타인에게 손해를 가한 경우 주식회사는 상법 제389조 제3항, 제210조에 의하여 제3자에게 손해배상책임을 부담하게 되고, 그 대표이사도 민법 제750조 또는 상법 제389조 제3항, 제210조에 의하여 주식회사와 연대하여 불법행위책임을 부담하게 된다(대법원 1980. 1. 15. 선고 79다1230 판결, 대법원 2007. 5. 31. 선고 2005다55473 판결 참조).

2. 따라서 주식회사의 대표이사가 업무집행과 관련하여 정당한 권한 없이 그 직원으로 하여금 타인의 부동산을 지배·관리하게 하는 등으로 소유자의 사용수익권을 침해하고 있는 경우, 그 부동산의 점유자는 회사일 뿐이고 대표이사 개인은 독자적인 점유자는 아니기 때문에 그 부동산에 대한 인도청구 등의 상대방은 될 수 없다고 하더라도, 고의 또는 과실로 그 부동산에 대한 불법적인 점유상태를 형성·유지한 위법행위로 인한 손해배상책임은 회사와 별도로 부담한다고 보아야 한다. 대표이사 개인이 그 부동산에 대한 점유자가 아니라는 것과 업무집행으로 인하여 회사의 불법점유 상태를 야기하는 등으로 직접 불법행위를 한 행위자로서 손해배상책임을 지는 것은 별개라고 보아야 하기 때문이다.

3. 원심이 인정한 사실과 채택된 증거에 의하면, 피고 2는 피고회사의 대표이사로서 이 사건 토지와 건물에 대한 경매가 진행되던 중에 유치

권 신고를 하고 피고회사의 직원 등으로 하여금 이를 관리하도록 한 이래 원고가 낙찰을 받아 소유권을 취득한 이후에도 유치권을 주장하면서 원고를 배제한 채 피고회사를 위한 점유상태를 유지해온 사실을 알 수 있고, 아래와 같이 피고회사는 원고에 대하여 유치권으로 대항할 수 없으므로 그 점유는 정당한 권한 없는 불법적인 점유에 해당한다.

경매목적물의 소유자와 유치권 신고자가 공모하여 경매목적물에 대하여 허위의 유치권 신고할 경우 두 사람 모두 형법상 경매방해죄가 인정된다(수원지방법원 안산지원 2013고정1174)

판례 해설

형법 제315조는 경매, 입찰 방해죄를 규정하고 있는데, 본 조항에 의해 "위계 또는 위력 기타 방법으로 경매 또는 입찰의 공정을 해한 자"는 2년 이하의 징역 또는 700만 원 이하의 벌금에 처해지고 있다.

이 사건에서 피고인은 자신이 공사를 하지 않았고 실제로 점유하고 있지 않았음에도 불구하고, 타 회사가 공사한 부분에 관하여 마치 자신이 공사를 한 것 인양 유치권 신고를 하여, 부동산의 가치를 하락시킨 후 즉, 경락대금을 떨어뜨려 본인이 낙찰을 받았다. 피고인이 신고한 공사대금이 무려 8억 2,500만원이라는 점을 감안하면 이는 처벌이 무겁다고 볼 수 없고, 경매절차를 악용하는 허위 유치권자들에 대한 처벌은 지속적으로 이루어져야 할 것으로 보인다.

당사자 주장

피고인들 및 변호인은, 실제로 위 토지에 공사가 이루어졌는데 편의상 당시 시공사로 선정되어 있던 F 주식회사의 이름으로 유치권 신고를 한 것이므로, 허위 유치권을 신고하여 경매를 방해한 것이 아니라고 주장한다.

법원 판단

이 사건 각 증거들에 의하여 인정되는 바와 같이 F 주식회사가 위 토지에 관한 공사를 하지 않았음은 분명한 점, 실제로 공사를 실시한 공사업자들도 위 토지를 점유하고 있었다고 보기 어려워 그 유치권 성립여부가 불분명하였던 점, 피고인들이 유치권 신고를 함에 있어서 실제 시공자나 공사를 도급한 H에게 유치권 신고 의사 등을 확인한 바도 없는 점, 피고인 A는 그 배우자인 I 등 3인이 이 사건 경매 대상 토지에 대한 매각허가결정을 받은 후, 피고인 B에게 "도와주신 덕분에 입찰에 성공하였습니다. 지금 보낸 서류는 유치권 취하 서류입니다..."라는 서신을 보내어 유치권 취하서에 F 주식회사의 법인 인감을 날인받은 다음, 2012. 2. 경 위 취하서를 경매 담당 법원에 제출한 점 등을 종합하여 보면, 이 사건에서 피고인들이 F 주식회사의 이름으로 유치권 신고를 한 것은 허위의 유치권을 주장하여 경매의 공정을 해한 것으로 보기에 충분하다.

창호납품을 하였다는 이유로 유치권을 신고한 경우 허위 유치권 신고로 경매 방해죄가 성립될 수 있다(의정부지방법원 고양지원 2017고정421 판결)

판례 해설

원래 형사상 범죄라고 함은 객관적 구성요건과 더불어 주관적 구성요건 즉 "고의"가 존재하여야 하고, 그 고의라고 함은 자신의 행위가 범죄라는 사실 또는 최소한 범죄가 될 수 있다는 사실을 "인식"하여야 하는 바, 그렇지 않을 경우에는 대부분 민사상 손해배상으로 넘어가게 된다. 그 이유는 그와 같은 고의나 인식이 존재하지 않음에도 객관적 사실을 가지고 쉽게 추단한다면 민사와 형사의 구분이 무너지게 되기 때문이다.

피고인들이 창호를 납품한 것이 사실이고, 그 납품에 대한 대금을 받지 못하였음을 이유로 유치권을 주장하였다면 형사처벌을 하는 것이 과연 정당한가에 대하여, 유치권을 주장하는 공사업자 중 일부가 이와 같이 공사현장에 납품을 하고도 돈을 받지 못하게 되자 부득이 유치권을 주장하는 경우가 종종 있었는데, 2012년도에 이르러서야 민사상 유치권이 성립되지 않은 것으로 정리(대법원 2011다96208 판결)되었던 것에 비추어볼 때 형사처벌은 정당하지 않다고 생각된다. 물론 얼마나 많은 사람들이 본 판결을 알고 있는지는 미지수이다.

다만 해당 사안에서 발생할 수 있는 법률적인 쟁점 등은 정확하게 주장·증명하는 것이 필요하므로, 유치권을 전문으로 하지 않은 법률상 대리인에게 이와 같은 구체적인 주장을 기대하기에는 다소 무리가 있었다고 보인다.

법원 판단

피고인은 건축물조립공사업 등을 목적으로 설립된 주식회사 E의 대표이사이고, D은 창틀시공업 등을 목적으로 설립된 주식회사 F의 대표이사이다.

피고인과 D은 2013. 9. 경 피고인 소유의 파주시 G 소재 토지와 건물에 대해 의정부 지방법원 고양지원 H, I로 진행 중인 부동산 임의경매 등 사건과 관련하여 주식회사 F가 주식회사 E에 창호를 납품하고 지급받지 못한 대금 약 4,900만 원에 대하여 허위의 유치권 신고를 하기로 공모하였다.

이에 따라 피고인과 D은 2013. 9. 3. 고양시 일산동구 장항동에 있는 위 법원 민사신청과 사무실에서, 피고인이 2012. 6. 15.경 주식회사 F에 위 건물과 관련하여 공사대금 9,460만 원의 창호공사를 도급하고도 그 대금을 전혀 지급하지 않아 주식회사 F에서 유치권을 행사한다는 취지의 유치권 신고서를 제출하였다.

그러나 사실은 주식회사 F는 피고인에게 창호를 납품한 사실이 있을 뿐, 창호공사를 도급받은 사실은 물론 위 건물을 점유한 사실이 없었다. 피고인과 D은 이와 같이 허위로 작성된 유치권 신고서를 그 사실을 모르는 위 법원 직원에게 제출하여 위계의 방법으로 위 부동산 임의경매 사건의 공정을 해하였다.

건물을 점유하고 있는 유치권자의 점유를 해제하기 위하여 용접된 출입문을 해제하고 들어갔다면, 형법상 권리행사방해죄가 성립된다(대법원 2011도2368 판결).

판례 해설

유치권자가 자신의 공사대금이 허위이거나 대금을 과장한 경우에는 형법상 경매입찰방해죄가 성립하고 그와 반대로 **유치권이 성립하는 상황에서 유치권자가 점유하는 건물 출입문의 용접을 해제한 경우에는 이 사건과 같이 형법 제323조 상의 권리행사방해죄가 성립된다.** 나아가 유치권자가 건조물 내에 있었다면 형법상 건조물 침입죄까지 성립할 수 있다.

유치권의 공시방법으로서의 점유는 유치권의 가장 중요한 요건 중 하나인 바, 위와 달리 유치권자가 장기간 점유를 비워두었다면 당연히 유치권은 소멸되는 것이고, 이러한 상태에서 낙찰자가 자신이 낙찰받은 건조물에 들어갔다는 사정만으로 형법상 어떠한 범죄도 성립되지 않는다.

대상판결에서는 사안이 구체적으로 나타나 있지 않기 때문에 정확하게는 알 수 없으나 대상판결 내용의 정도로 소유자에 대하여 권리행사방해죄 정도가 성립하기 위해서는 최소한 유치권이 외관상 명확하게 인정되었어야 할 것이다.

법원 판단

형법 제323조의 권리행사방해죄에 있어서의 타인의 점유라 함은 권원으로 인한 점유, 즉 정당한 원인에 기하여 물건을 점유하는 것을 의미하지만, 반드시 본권에 기한 점유만을 말하는 것이 아니라 유치권 등에 기한 점유도 여기에 해당한다.

원심이 인정한 바와 같이 공소외 주식회사가 이 사건 주택의 유치권자로서 그 유치권행사를 위하여 주택을 점유하고 있었다면, 피고인이 그 소유자인 처와 함께 유치권자의 권리행사를 방해한 것은 형법 제323조에 해당한다고 할 것이므로, 같은 취지의 원심의 판단은 정당하다.

상고이유는 위 공소외 주식회사가 적법한 유치권자가 아니라고 주장하는 것인데, 원심의 증거의 취사와 그에 의한 사실인정의 과정에 채증법칙을 위배하거나 경험칙·논리칙에 반하여 자유심증주의의 한계를 벗어난 위법이 있다고 볼 수 없으므로, 위와 같은 주장은 적법한 상고이유가 되지 못한다.

공사대금을 받지 못한 상태로 현장에서 철수한 이후에 유치권 행사를 위해 공사장 입구를 컨테이너로 막는 행위는 업무방해죄에 해당한다(의정부 지방법원 2015노2965 판결).

판례 해설

유치권의 구성요건은 피담보채권과 점유이고 유치권자 대부분은 공사대금 채권을 가지고 있기 때문에 점유로 인하여 유치권의 성부가 나뉘어 질 수 있다. 즉, 아무리 피담보채권 즉 공사대금 채권을 가지고 있다고 하더라도 **점유를 상실하게 되면 유치권 역시 상실하게 되고 더 나아가 그 점유는 변론 종결 시까지 유지되어야 법원으로부터 유치권을 인정받을 수 있다.**

이 사건에서 피고인은 땅 주인으로부터 공사대금을 받지 못한 채 스스로 공사현장에서 철수했다가, 유치권을 행사하기 위해 재차 공사장에 난입하여 공사장 입구를 컨테이너로 막았고 이에 땅 주인은 업무방해 혐의로 피고인을 고소한 사건이다.

이에 대하여 재판부는 피고인이 공사대금을 받지 못해 위와 같은 행동을 했다 하더라도 스스로 공사현장에서 철수한 이상 그 때부터 유치권을 상실한 것이므로 이후 유치권 행사를 위해 벌인 행동들은 업무방해죄에 해당하고, 형법상 위법성 조각사유 중에 정당행위에도 해당하지 않는다고 판시하였다.

그러나 유치권의 성부는 민사 재판의 문제이고 형사 재판에서는 자신에게 공사대금 채권이 있다고 한다면 언제든지 자신의 권리 회복을 위하여 점유를 할 권리가 있음을 고려한다면 형법상 범죄의 고의를 부정할 여지가 있는 바 이를 무시하고 유죄를 인정한 점은 다소 의문이라고 할 것이다.

법원 판단

1) 유치권자로서 정당한 권리를 행사한 것이라는 주장에 대한 판단
   가) 유치권은 점유의 상실로 인하여 소멸한다.
   나) 당심 증인 O의 진술에 의하면 피고인은 공사대금을 지급받지 못하자 스스로 공사현장에서 철수한 사실이 인정된다.
   다) 피고인이 유치권자로서 이 사건 공사현장을 점유하여 왔다고 하더라도 공사현장에서 철수하여 그 점유를 상실한 이상 피고

인의 유치권은 소멸하였다고 봄이 상당하다.

라) 따라서 피고인의 위 주장은 이유 없다.

2) 미지급 공사대금을 지급받기 위한 정당행위를 주장에 대한 판단

가) 형법 제20조 소정의 '사회상규에 위배되지 아니하는 행위'라 함은 법질서 전체의 정신이나 그 배후에 놓여 있는 사회윤리 내지 사회통념에 비추어 용인될 수 있는 행위를 말하고, 어떠한 행위가 사회상규에 위배되지 아니하는 정당한 행위로서 위법성이 조각되는 것인지는 구체적인 사정 아래서 합목적적, 합리적으로 고찰하여 개별적으로 판단되어야 하므로, 이와 같은 정당행위를 인정하려면 첫째 그 행위의 동기나 목적의 정당성, 둘째 행위의 수단이나 방법의 상당성, 셋째 보호이익과 침해이익과의 법익균형성, 넷째 긴급성, 다섯째 그 행위 외에 다른 수단이나 방법이 없다는 보충성 등의 요건을 갖추어야 한다(대법원 2003. 9. 26. 선고 2003도3000 판결 참조).

나) 부동산의 점유가 침탈된 경우 그 점유자는 침탈 후 즉시 가해자를 배제하여 이를 탈환하거나(민법 제209조 제2항 참조), 민법 제204조에 의거 점유회복의 소를 제기할 수 있다.

다) 피고인은 공사대금을 지급받지 못하자 스스로 공사현장에서 철수하였는바, 이와 같은 경우 점유의 상실은 있지만 침탈은 있다고 볼 수 없어 함부로 타인을 배제하고 점유를 회복할 수 없다.

라) 피고인은 공사대금 청구소송을 제기하는 방법으로 자신의 권리구제를 도모하였어야 하는 것이지 공사현장을 점거해서는 안 되는 것인바, 피고인의 행위는 수단 내지 방법의 상당성이 결여되어 형법 제20조의 정당행위로 평가받을 수 없다.

마) 따라서 피고인의 위 주장 역시 이유 없다.

주택임대차보호법

1. 서설

가. 주택임대차보호법(이하, "주임법"이라고만 함)의 의미 및 입법취지

주임법 제1조는 다음과 같이 규정하고 있다.

> **제1조(목적)**
> 이 법은 주거용 건물의 임대차(賃貸借)에 관하여 「민법」에 대한 특례를 규정함으로써 국민 주거생활의 안정을 보장함을 목적으로 한다

주임법 규정에서도 보는 바와 같이 주임법의 목적은 국민의 주거생활 안정을 보장함에 있다. 민법 역시 제618조 이하에 임대차 관계를 규율하고 있으나 민법이 규정하고 있는 임대차 관계는 채권관계에 불과하여 소유자가 변경될 경우 법리적으로 임차인은 속수무책으로 손해를 볼 수밖에 없는 상황이 발생한다.

즉 임차인은 임대인과 "계약"을 체결하여 임대차 관계를 유지하고 임대차 계약이 종료될 경우 "계약"에 의하여 임대인으로부터 보증금을 지급받아 건물을 인도하게 된다. 그러나 **임대인이 임대차 목적물의 소유권을 이전한 뒤 새로운 소유자가 임대차 관계를 부정하고 임대차 기간을 인정하지 않은 채 임차인을 상대로 건물의 인도를 요청한다면**, 임차

인은 계약 당사자가 아닌 새로운 소유자에 대하여 "아무런" 권리주장을 할 수 없게 되는 것이다. 즉 임차인은 계약기간이 남아있다고 하더라도 그리고 계약기간이 종료된 이후라도 보증금 반환을 구하는 권리조차 "계약의 당사자"가 아닌 새로운 소유자에 대하여는 전혀 행사할 수 없게 되는 것이다. 이 경우 전 소유자가 소유권만 매도하여 사라져 버린다면 임차인은 보증금도 지급받지 못한 채 속수무책으로 쫓겨나게 되고, 이에 입법자들은 임차인들을 보호하기 위하여 「주택임대차 보호법」을 제정하게 된 것이다.

따라서 임차인은 주임법의 요건을 갖추어야 비로소 주임법상의 대항력이나 우선변제권 등을 행사할 수 있게 되고, 그렇지 않은 경우 요건이 불비되거나 취지에 반한다면 민법으로 돌아가 새로운 소유자 즉 낙찰자에 대하여 전혀 권리행사를 할 수 없게 되는 것이다.

그러므로 임차인이라고 하여 당연히 주임법의 적용을 받는 것은 아니라는 점을 기억해두고 주임법의 요건을 정확히 이해하여 선순위 임차인에 대응해 수익을 창출하는 상황을 만들어 보도록 하자.

나. 주택임대차 보호법이 적용되기 위한 요건 등

임차인은 다음의 요건을 충족하여야만 비로소 주임법의 적용을 받을 수 있게 된다.

1) 대항력의 요건

① 주거용으로 사용하는 건물(동법 제2조)
② 주택의 인도
③ 주민등록 또는 전입신고

2) 우선변제권의 적용 요건
   1)항의 요건 + 확정일자

대항력 등을 갖추었음에도 주임법이 인정되지 않는 경우

① 주임법의 취지에 반하는 임대차일 경우(대법원 2003다21445 판결 등)
② 임차인이 민법상의 의무(차임연체 등)를 위반한 경우
③ 적법한 임대인이 아닌 자 즉 계약 체결권한이 없는 자와 임대차 계약을 체결한 경우(대법원 2014. 2. 27. 선고 2012다93794 판결)

2. 주택임대차 보호법의 취지는 "서민의 주거안정"에 있다.

> 주택임대차 보호법에서의 임차인은 그 요건만 갖추면 물권자 수준의 보호를 받게 된다. 즉 민법상 임대차 관계는 채권관계에 불과하고 채권관계는 계약의 직접 당사자 즉 계약의 상대방에게만 적용되는바, 이를 이용하여 일부 채권자가 채권채무관계를 임대차 관계로 변형시켜 주택임대차 보호법의 적용을 받으려고 하는 경우가 있다. 그러나 주택임대차보호법의 기본 취지가 "서민의 주거안정"이라는 사정을 고려하여 볼 때 위와 같은 경우는 대항력이나 우선변제권을 인정받을 수 없고, 판례 역시 주임법의 적용을 엄격하게 판단하고 있다.
>
> **제1조(목적)**
> 이 법은 주거용 건물의 임대차(賃貸借)에 관하여 「민법」에 대한 특례를 규정함으로써 국민 주거생활의 안정을 보장함을 목적으로 한다.

임대차 계약의 주된 목적이 주택을 사용·수익하려는 것이 아니고 대항력 있는 임차인으로 보호받아 기존 채권을 회수하려는 것에 있는 경우, 주택임대차보호법상의 대항력이 있는지 여부(소극) (대법원 2007. 12. 13. 선고 2007다55088 판결)

판례 해설

주택임대차보호법(이하, "주임법"이라고만 함)은 **"서민의 주거안정"** 을 위해서 만들어진 법이다. 따라서 주임법이 적용되는 임대차 관계에서는 일반 민법상의 임대차와는 차원이 다른 법률적 특권을 지니게 된다.

즉, 일반 임대차에서는 임대차 기간 중 해당 목적물의 소유자가 변경된 경우 임차인은 자신과 계약을 체결한 기존 소유권자에 대해서만 권리를 가지고 있기 때문에 새로운 소유자가 "명시적"으로 임대차 계약을 인수하지 않은 한 임대차 계약이 남아있다고 하더라도 쫓겨날 수밖에 없고 더욱이 새로운 소유자에 대해서 보증금 반환 청구는 할 수도 없다. 그에 반하여 **주임법이 적용되는 임대차에서는 대항력을 갖추었다면 새로운 소유자가 기존 임대차 계약을 그대로 "인수"하기 때문에 <u>임대차 기간을 보장받을 수 있고</u>, 무엇보다 <u>새로운 소유자에 대하여 보증금 반환 청구도 가능하다</u>.**

주임법상 우선변제권은 위와 같이 민법상 임대차보다 더 강력한 권리로서 민법상 임대차 관계에서는 경매에서의 배당을 위해서 소송 등을 통하여 판결문(집행권원이라고 한다) 등을 받아야만 가능하고 그마저도 전체 채권액을 기준으로 평등 배당을 받을 수밖에 없지만, **주임법상 우선변제권이 인정될 경우 <u>집행권원이 없어도 배당이 가능할 뿐만 아니라 <u>저당권자와 같은 "우선변제효"까지 인정</u>된다.**

이러한 이유로 간혹 일반 채권자 중에서 위와 같은 특권을 갖기 위하여 일부러 외관상 주임법의 적용을 받을 수 있는 상황을 현출하고 있으며, 이 사건도 그러한 사례인 바, 이에 대법원은 주임법의 취지를 고려하여 **<u>형식상 모든 요건을 갖추었다고 하더라도 주임법의 취지를 고려했을 때 그러한 채권자까지 주임법의 적용을 받을 수는 없다</u>**고 판단한 것이다.

특히 대상판결에서 눈여겨 보아야할 대목은 주임법의 취지에 반하는 사실관계인데, ①보증금을 기존 채권으로 갈음하고, ② 임대차 관계가 친인척이며, ③ 당시 임대인이 경제적으로 궁핍한 상태로서 보증금이 사실상 매매대금에 육박할 정도로 거액일 경우에는 예외적으로 주임법의 취지를 악용할 목적으로 보아 주임법의 적용이 없다고 판단했다.

법원 판단

주택임대차보호법(이하 `법`이라 한다)의 **입법목적은 주거용 건물에 관하여 민법에 대한 특례를 규정함으로써 국민의 주거생활의 안정을 보장**하려는 것이고(제1조), 법 제3조 제1항 에서 임대차는 그 등기가 없는 경우에도 임차인이 주택의 인도와 주민등록을 마친 때에는 그 익일부터 제3자에 대하여 효력이 생기고, 여기에 더하여 법 제3조의2 제2항 에서 제3조 제1항 의 대항요건과 임대차계약서상의 확정일자를 갖춘 임차인에게 경매나 공매시 후순위권리자 기타 채권자보다 우선하여 변제를 받을 수 있도록 한 것은, 사회적 약자인 임차인을 보호하려는 사회보장적 고려에서 나온 것으로서 민법의 일반규정에 대한 예외규정인 바, 그러한 입법목적과 제도의 취지 등을 고려할 때, 채권자가 채무자 소유의 주택에 관하여 채무자와 임대차계약을 체결하고 전입신고를 마친 다음 그곳에 거주하여 형식적으로 **주택임대차로서의 대항력을 취득한 외관을 갖추었다고 하더라도 임대차계약의 주된 목적이 주택을 사용**

수익하려는 것에 있는 것이 아니고, 실제적으로는 대항력 있는 임차인으로 보호받아 후순위권리자 기타 채권자보다 우선하여 채권을 회수하려는 것에 있었던 경우에는 그러한 임차인에게 주택임대차보호법이 정하고 있는 대항력을 부여할 수 없다(대법원 2001. 5. 8. 선고 2001다14733 판결, 대법원 2003. 7. 22. 선고 2003다21445 판결 등 참조).

기록에 의하면, ① 원고는 소외 1의 형인 소외 2의 딸로서 원고의 부모인 소외 2, 3이 소외 1에게 대여한 돈 중 일부인 5,000만 원을 이 사건 임대차보증금으로 대체하기로 하고 이 사건 임대차계약을 체결한 사실, ② 소외 1은 ○○빌라 건축으로 인해 이 사건 임대차계약 당시 경제적으로 매우 어려운 상황에 있었던 사실, ③ ○○빌라에 관한 강제경매절차에서 이 ○○빌라는 2003. 11. 1. 기준으로 토지를 제외한 건물의 시가가 5,600만 원에 불과한 것으로 감정평가된 사실, 원고의 어머니 소외 3도 소외 1에 대한 나머지 대여금채권 1억 500만 원을 임대차보증금으로 대체하기로 하고 2002. 2. 2. ○○빌라 202호에 관하여 임대차계약을 체결하고 남편인 소외 2와 함께 전입신고를 마쳤고, 소외 1의 누나인 소외 4역시 소외 1에 대한 대여금채권 1억 3,000만 원을 임대차보증금으로 대체하기로 하고 2002. 9. 12. ○○빌라 302호에 관하여 임대차계약을 체결하고 전입신고를 마쳤는데, ○○빌라에 관한 강제경매절차에서 2003. 11. 1. 기준으로 토지를 제외한 202호 건물의 시가가 1억 3,000만 원, 302호 건물의 시가가 9,500만 원에 불과한 것으로 감정평가된 사실을 알 수 있는바, 원고는 비록 소외 2, 3의 소외 1에 대한 대여금채권을 임대차보증금으로 대체하고 이 ○○빌라를 인도받아 주민등록을 마치고 거주함으로써 **주택임대차보호법 제3조 제1항에서 정한 요건을 형식상 갖추었으나**, 원고와 소외 1과의 관계, 원고 부모의 소외 1에 대한 대여금채권을 임대차보증금으로 대체한 점, 원고 이외에도 원고의 어머니와 소외 1의 누나가 원고와 같은 방법으로 임대차계약을 체결한 점, 이 ○○빌라의 시가와 이 사건 임대차보증금의 액수 등에 비추어 보면, 원고가 이 사건 임대차계약을 체결한 것이 이 ○○빌라의 사용, 수익을 목적으로 하였다기보다는 대항력 있는 임차인으로 보호받아 소외 2, 3의 소외 1에 대한 대여금채권을 우선변제 받으려는 것이 주된 목적이 아니었는가 하는 의심이 들기에 충분하다.

그렇다면 원심으로서는 원고의 주된 목적이 대항력 있는 임차인으로 보호받아 후순위권리자 기타 채권자보다 우선하여 채권을 회수하려는 것에 있었는지에 관해서 더 심리해 보았어야 할 것임에도, 형식적으로 주택임대차로서의 대항력 요건을 갖추었다는 사유만으로 원고가 주택임대차보호법 제3조 제1항에 의한 대항력을 취득하였다고 판단하고 말았으니, 원심판결에는 주택임대차보호법 제3조 제1항 소정의 대항력에 관한 법리를 오해하고 심리를 다하지 아니한 위법이 있으며, 이는 판결에 영향을 미쳤음이 분명하다.

임대차계약의 주된 목적이 주택의 사용·수익보다 소액임차인으로 보호받아 기존채권을 회수하려는 데 있는 경우, 주택임대차보호법상의 소액임차인으로 보호받을 수 있는지 여부(소극) (대법원 2008. 5. 15. 선고 2007다23203 판결)

판례 해설

대법원 2007. 12. 13. 선고 2007다55088 판결의 칼럼에서 언급한 바와 같이 본 사례 역시 주임법의 혜택을 받기 위하여 형식상 소액임차인의 요건을 갖춘 사안에 해당한다.

즉 주임법의 입법목적과 소액임차인 보호제도의 취지 등을 고려할 때, 채권자가 채무자 소유의 주택에 관하여 채무자와 임대차계약을 체결하고 전입신고를 마친 다음 그곳에 거주하였다고 하더라도, **임대차계약의 주된 목적이 주택을 사용·수익하려는 것에 있는 것이 아니고 소액임차인으로 보호받아 선순위 담보권자에 우선하여 채권을 회수하려는 것에 주된 목적이 있었던 경우에는 그러한 임차인을 주택임대차보호법상 소액임차인으로 보호할 수 없다**는 판결로서, 이와 같은 사실관계에 해당하는 경우에는 주임법의 적용이 없다는 사실을 인식한다면 추후 선순위 임차인이 존재하는 경매에서 좋은 결과를 낼 수도 있을 것이다.

법원 판단

주택임대차보호법의 입법목적은 주거용건물에 관하여 민법에 대한 특례를 규정함으로써 **국민의 주거생활의 안정을 보장**하려는 것이고(제1조), 주택임대차보호법 제8조 제1항에서 임차인이 보증금 중 일정액을 다른 담보물권자보다 우선하여 변제받을 수 있도록 한 것은, 소액임차인의 경우 그 임차보증금이 비록 소액이라고 하더라도 그에게는 큰 재산이므로 **적어도 소액임차인의 경우에는 다른 담보권자의 지위를 해하게 되더라도 그 보증금의 회수를 보장하는 것이 타당하다는 사회보장적 고려**에서 나온 것으로서 민법의 일반규정에 대한 예외규정인 바, 그러한 입법목적과 제도의 취지 등을 고려할 때, 채권자가 채무자 소유의 주택에 관하여 채무자와 임대차계약을 체결하고 전입신고를 마친 다음 그곳에 거주하였다고 하더라도 **임대차계약의 주된 목적이 주택을 사용·수익하려는 것에 있는 것이 아니고, 실제적으로는 소액임차인으로 보호받아 선순위 담보권자에 우선하여 채권을 회수하려는 것에 주된 목적이 있었던 경우에는 그러한 임차인을 주택임대차보호법상 소액임차인으로 보호할 수 없다**고 할 것이나(대법원 2001. 5. 8. 선고 2001다14733 판결 등 참조), 실제 임대차계약의 주된 목적이 주택을 사용·수익하려는 것인 이상, 처음 임대차계약을 체결할 당시에는 보증금액이 많아 소액임차인에 해당하지 않았지만 그 후 새로운 임대차계약에 의하여 임대인과의 사이에 정당하게 보증금을 감액하여 소액임차인에 해당하게 되었다면, 그 임대차계약이 통정허위표시에 의한 계약이어서 무효라는 등의 특별한 사정이 없는 한 그러한 임차인이 같은 법상 소액임차인으로 보호받을 수 없다고 볼 수는 없다.

원심이 인정한 사실관계에 의하면, 원고는 2004. 3. 25.경 소외인과 사이에 이 사건 주택에 관하여 임대차보증금을 70,000,000원으로 하여 임대차계약을 체결하면서(이를 '제1차 임대차계약'이라 한다), 원고가 지급하는 임대차보증금으로 이 사건 임차부분에 설정된 피고의 근저당권 피담보채무(채권최고액 108,000,000원)를 변제하기로 약정하고, 이에 따라 원고가 그 무렵 계약금 및 중도금조로 합계 15,500,000원을 소외인에게 교부하였으나, 소외인은 피고에 대한 채무를 일부도 상환하지 아니한 상태에서, 원고가 2004. 5. 15.경 이 사건 주택을 인도받아 같은 달 17. 전입신고를 마친 사실, 그 후 원고는 2004. 6.경 소외인과 사이에 이 사건 주택에 관하여 임대차보증금은 40,000,000원으로 하는 임대차계약서를 다시 작성하고(이를 '이 사건 임대차계약'이라 한다), 2004. 6. 11. 위 임대차계약서에 확정일자를 받았는데, 임차보증금 40,000,000원과 이미 지급한 15,500,000원의 차액인 24,500,000원을 소외인에게 지급하지 않은 사실, 한편 피고의 신청에 의하여 2004. 7. 8. 이 사건 주택에 관한 부동산임의경매개시결정이 내려져, 같은 달 15. 임의경매개시결정등기가 경료된 사실을 알 수 있고, 이러한 사실관계에 의하면, 원고가 제1차 임대차계약 후 임대차보증금 일부만 지급하고 이 사건 주택을 인도받아 전입신고를 마친 후 계속하여 거주하고 있었으므로, 보증금만 감액한 이 사건 임대차계약의 주된 목적 역시 주택의 사용·수익에 있다고 볼 것이고, 원고가 소외인과 처음 임대차계약을 체결할 당시에는 보증금액이 많아 소액임차인에 해당하지 않았지만 그 후 임대인과의 사이에 정당하게 보증금을 감액하여 소액임차인에 해당하게 되었다는 사정만으로, 원고가 주택임대차보호법상 소액임차인으로 보호받을 수 없다고 볼 수는 없다고 할 것이다.

그럼에도 불구하고, 원심은 이 사건 임대차계약은 원고가 소액임차인으로 보호받아 선순위 담보권자에 우선하여 제1차 임대차계약에 의한 임대차보증금 채권을 회수하려는 것을 주된 목적으로 체결된 것으로 보고 원고가 주택임대차보호법상 보호대상인 소액임차인이 아니라고 판단하고 말았으니, 이러한 원심의 판단에는 주택임대차보호법상 소액임차인에 관한 법리를 오해하여 판결 결과에 영향을 미친 위법이 있다.

임대차 계약의 주된 목적이 주택을 사용·수익하려는 데 있는 것이 아니고, 소액 임차인으로 보호받아 기존 채권을 회수하려는 데 있는 경우, 주택임대차보호법상의 소액임차인으로 보호받을 수 있는지 여부(소극)(대법원 2001. 5. 8. 선고 2001다14733 판결)

법원 판단

주택임대차보호법의 입법목적은 <u>주거용건물에 관하여 민법에 대한 특례를 규정함으로써 국민의 주거생활의 안정을 보장하려는 것이고</u>(

제1조), 주택임대차보호법 제8조 제1항에서 임차인이 보증금 중 일정액을 다른 담보물권자보다 우선하여 변제받을 수 있도록 한 것은, 소액임차인의 경우 그 임차보증금이 비록 소액이라고 하더라도 그에게는 큰 재산이므로 적어도 소액임차인의 경우에는 다른 담보권자의 지위를 해하게 되더라도 그 보증금의 회수를 보장하는 것이 타당하다는 사회보장적 고려에서 나온 것으로서 민법의 일반규정에 대한 예외규정인 바, 그러한 입법목적과 제도의 취지 등을 고려할 때, 채권자가 채무자 소유의 주택에 관하여 채무자와 임대차계약을 체결하고 전입신고를 마친 다음 그곳에 거주하였다고 하더라도 실제 임대차계약의 주된 목적이 주택을 사용 수익하려는 것에 있는 것이 아니고, 실제적으로는 소액임차인으로 보호받아 선순위 담보권자에 우선하여 채권을 회수하려는 것에 주된 목적이 있었던 경우에는 그러한 임차인을 주택임대차보호법상 소액임차인으로 보호할 수 없다고 할 것이다.

원심판결 이유에 의하면 원심은, 채택증거에 의하여 피고가 소외 안상수에게 1997. 7. 22. 1,000만 원, 1997. 10. 30. 1,000만 원, 1997. 12. 1. 5,000만 원 합계 7,000만 원을 대여하였다가 이를 변제받지 못하게 되자 1997. 12. 24. 위 안상수 소유의 이 사건 주택을 가압류하였는데, 이에 앞서 1997. 12. 20. 위 안상수와 이 사건 주택 중 방 1칸에 관하여 임대차보증금을 소액임차인에 해당하는 1,500만 원으로 정하여 임대차계약을 체결하고, 실제 위 임대차보증금은 지급함이 없이 이 사건 주택에 입주하여 1997. 12. 27. 전입신고를 마치고 거주해 오고 있는 사실 등을 인정한 다음, 그 인정 사실에 의하면 피고와 안상수의 위 임대차계약은 기존 채권의 추심을 위한 수단으로 체결된 것에 불과하므로 피고는 주택임대차보호법상의 보호대상인 소액임차인이 될 수 없다고 판단하였다.

3. "주거용"으로 사용되어야 한다.

주택임대차보호법의 기본취지가 국민 주거생활의 안정을 보장함에 있고 그에 따라 적용범위 역시 "주거용 건물의 전부 또는 일부"에 있으므로, 해당 건물이 주거 외의 목적으로 사용되는 경우에는 대항력(전입신고 및 점유) 등을 갖추었다고 하더라도 동법이 적용되지 않는다.

제2조(적용 범위)
이 법은 주거용 건물(이하 "주택"이라 한다)의 전부 또는 일부의 임대차에 관하여 적용한다. 그 임차주택(賃借住宅)의 일부가 주거 외의 목적으로 사용되는 경우에도 또한 같다.

주임법상 주거용 건물의 판단 기준 (대법원 1988. 12. 27. 선고 87다카2024 판결)

판례 해설

주임법의 적용을 받기 위해서는 해당 건물이 주임법의 입법취지상 "주거용"으로 사용되어야 하고, 그렇지 않을 경우에는 일반 민법이 적용되어 주임법상의 어떠한 혜택도 받지 못한다.

동 판례는 주임법상 주거용인지의 여부는 단순히 임대차목적물의 공부상의 표시만을 기준으로 할 것이 아니라, **그 실지용도에 따라 판단되어야 하고**, 이 사건과 같이 건물의 일부가 임대차의 목적이 되어 주거용과 비주거용으로 겸용되는 경우에는 구체적인 경우에 따라 그 임대차의 목적, 전체 건물과 임대차목적물의 구조와 형태 및 임차인의 임대차 목적물의 이용관계 그리고 임차인이 그곳에서 일상생활을 영위하는지 여부 등을 아울러 고려하여 합목적적으로 결정하여야 한다고 설시하고 있다.

동 사안에서는 특히 주거용 건물에서 일부 점포[2]등을 운영하였는데, **주거용으로 사용된 부분이 절반 이상일 경우 주거용으로 판단되어 주임법이 적용된다**고 판단한 것에 의의가 있다.

법원 판단

주택임대차보호법 제2조 소정의 주거용 건물에 해당하는지 여부는 **임대차목적물의 공부상의 표시만을 기준으로 할 것이 아니라 그 실지용도에 따라서 정하여야** 하고 또 이 사건의 경우와 같이 건물의 일부가

---

[2] 상가를 운영하였을 경우 최근에는 상가건물임대차보호법이 적용될 여지가 있으나 대상판결의 시기에는 상가건물임대차보호법이 존재하지 않았기 때문에 이와 같은 논쟁의 여지가 있었던 것이다.

임대차의 목적이 되어 주거용과 비주거용으로 겸용되는 경우에는 **구체적인 경우에 따라 그 임대차의 목적, 전체 건물과 임대차목적물의 구조와 형태 및 임차인의 임대차목적물의 이용관계 그리고 임차인이 그 곳에서 일상생활을 영위하는지 여부 등을 아울러 고려하여 합목적적으로 결정하여야 할 것**이다.

원심판결 이유에 의하면, 원심은 이 사건 건물은 주거와 영업을 목적으로 건축된 것으로서 공부상으로도 근린생활시설 및 주택용 4층 건물로 표시되어 있으며, 피고 이×순이 임차하여 점유하고 있는 이 사건 건물의 1층 중 원심판결의 별지도면 표시 "가"부분(이하 "가"부분이라고 한다)은 30.94평방미터로서 주거 및 미용실 경영목적으로 사용하기 위하여 임차한 것이고 임차 후 2자녀를 데리고 입주하였으며 "가"부분은 방 1칸 약 13.06평방미터와 미용실(점포) 약 17.8평방미터로 나뉘어 있고, 피고 나@옥이 임차하여 점유하고 있는 같은 도면표시 **"나"부분(이하 "나"부분이라고 한다)도 30.94평방미터로서 주거 및 과자점 경영목적으로 사용하기 위하여 임차**한 것이고 임차후 그의 처 및 3자녀를 데리고 입주하였으며 '나'부분은 방 1칸 약 9.2평방미터, 방입구 출입부분 약 5.74평방미터와 제과점 16평방미터로 나뉘어 있고 이 사건 건물의 소유자(임대인)이 던 소외 망 김ۥ준은 이 사건 "가", "나"부분 각 방에 새마을 보일러 시설과 수도시설을 하여 준 사실, 피고 나@옥은 입주후 소유주의 승낙아래 이 사건 **"나"부분 방과 점포의 천정 위로 약 5.2평방미터의 다락을 설치하고 취학중인 자녀들의 공부방으로 사용**하고 있는 사실, 또한 피고들은 소유주의 승낙 아래 이 사건 "가", "나"부분 뒷쪽으로 각 방에 연접하여 폭 1.6미터의 시멘트 가건물을 짓고 이를 각각 부엌으로 사용하고 있으며 그곳에 문을 달고 위 건물 뒷쪽으로 출입하면서 위 건물 뒷쪽 부지에 장독대를 설치하고 그곳에 위치한 화장실을 공동 사용하고 있는 사실, 따라서 실질적으로 피고 이×순은 "가"부분 중 점포 약 17.8평방미터를 제외한 **방1칸 및 부엌 약 6.5평방미터 합계 약 19.56평방미터를 주거시설로**, 피고 나@옥은 "나"부분 중 점포 약 16평방미터를 제외한 **위 방 1칸과 점포간 출입구, 다락 및 부엌 약 6.5평방미터 등 합계 약 26.64평방미터를 주거시설로 사용**하고 있는 사실을 인정하였는 바, 일건기록을 통하여 살펴보면, 원심의 이와 같은 사실인정은 수긍할 수가 있고 사실관계가 그와 같다면 **피고들이 점유하고 있는 "가", "나" 부분은 주택임대차보호법 제2조 후단 에서 정한 주거용 건물에 해당한다**는 원심의 판단은 정당하다고 보아야 할 것이다.

그리고 피고들이 이 사건 임대차계약 체결시 부동산의 표시를 점포라고 하였다던가, 이 사건 건물의 전체용도나 공부상 또는 경락허가결정상의 건물의 표시 또는 사진과 도면의 모습이 소론과 같고 건물 밖의 부엌은 무허가로 증축된 것이라고 하더라도, 피고들이 임차하여 점유하고 있는 건물부분이 같은법 제2조 후단 소정의 주거용 건물에 해당하는 것이라고 인정함에 방해가 된다고 할 수는 없다고 본다. 따라서 논지는 이유 없다.

주택임대차보호법 제3조의2 제1항 소정의 '임차주택'에 그 부지도 포함되는지 여부(대법원 2000. 3. 15. 자 99마4499 결정)

판례 해설

주택임대차보호법은 주거용 건물에만 적용된다. 즉 주택임대차보호법의 기본 취지가 서민의 주거 안정에 있으므로, 아무리 임차인이 주민등록과 주택의 인도를 받았다고 하더라도 <u>해당 건물이 주거용이 아니라고 한다면 주택임대차보호법의 적용을 받지 못하여 대항력을 인정받을 수가 없다.</u>

본 사건의 당사자는 건물만이 주택임대차보호법의 적용을 받을 뿐 토지는 그 적용대상이 아니라고 주장하였으나, 판례는 <u>건물은 토지의 사용을 전제하고 있는 것으로, 해당 건물이 주택임대차보호법의 적용을 받는다면 당연히 토지는 건물에 부수된 것이기 때문에 주택임대차보호법의 적용을 받아</u> 일련의 권리들을 행사할 수 있다고 보았다.

법원 판단

주택임대차보호법(이하 '법'이라고 한다) 제3조의2 제1항은 임차인이 임차주택에 대하여 보증금반환청구소송의 확정판결 기타 이에 준하는 채무명의에 기한 경매를 신청하는 경우에는 민사소송법 제491조의2 제

1항 의 규정에 불구하고 반대의무의 이행 또는 이행의 제공을 집행개시의 요건으로 하지 아니한다고 규정하고 있는바, 법 제3조의2 제2항 및 제8조 제3항이 임차주택의 환가대금에 건물뿐만 아니라, 대지의 가액도 포함된다고 규정하고 있는 점, 통상적으로 건물의 임대차에는 당연히 그 부지 부분의 이용이 수반되는 것이고, 법 제2조에서 같은 법의 적용 대상으로 규정하고 있는 주거용 건물의 임대차라 하는 것도 **임차목적물 중 건물의 용도가 점포나 사무실 등이 아닌 주거용인 경우의 임대차를 뜻하는 것일 뿐 위 법의 적용 대상을 대지를 제외한 건물에만 한정하는 취지는 아닌 것으로 해석**되는 점(대법원 1996. 6. 14. 선고 96다7595 판결 참조), 위 규정은 기본적으로 임차인의 권익보호를 그 입법취지로 하고 있는데, 만일 반대의무의 이행 또는 이행의 제공 없이 집행개시를 할 수 있는 대상을 건물에만 한정할 경우 사실상 대지와 그 지상 주택의 경매절차가 분리되는 결과 경매절차의 진행에 어려움이 발생하고 임차주택의 환가에 의한 임차보증금의 회수를 간편하게 하겠다는 입법 취지에 부합되지 않게 되는 점 등에 비추어 보면, 여기에서 말하는 임차주택에는 건물뿐만 아니라, 그 부지도 포함하는 것으로 봄이 상당하다고 할 것이나, 나아가 위 조항이 임차주택의 대지 그 자체가 아닌 그에 관한 소유권이전등기청구권에 대한 압류의 경우에도 유추적용 될 수 있을 것인가에 관하여 보건대, 첫째 부동산소유권이전등기청구권에 대한 강제집행은 부동산 그 자체에 대한 강제집행과는 그 절차를 달리하는 것으로 직접 채무자 명의의 등기를 실현함으로써 그 강제집행절차는 종료하며, 그 후에 이루어진 부동산 그 자체에 대한 강제집행은 선행 부동산청구권압류절차로부터 독립된 새로운 집행절차로서 본래의 채무명의에 기하여 부동산청구권의 압류가 아닌 강제경매 등의 방법으로 진행되는 점, 둘째 법 제3조의2 제1항은 임차주택에 대한 경매신청이라고 한정하여 규정하고 있을 뿐 임차주택에 대한 일반적인 강제집행신청까지를 포괄하여 규정하고 있지 않은 점 등을 종합하여 보면, **법 제3조의2 제1항은 임차주택 그 자체를 집행의 대상으로 한 경매의 경우에 집행개시의 요건에 관한 민사소송법 제491조의2 제1항의 예외사유를 인정**하는 것이고, 임차주택의 이전등기청구권에 관한 일반 강제집행절차로서의 압류에까지 위 조항을 유추하여 적용할 것은 아니다.

기록에 의하면, 원심은 임차주택의 대지에 관하여는 법 제3조의2 제1항이 적용되지 아니한다는 판단 아래 재항고인의 항고를 기각하였는바, 이와 같은 원심의 판단에는 법 제3조의2 제1항이 적용되는 임차주택의 범위에 관한 해석을 잘못한 위법이 있다고 할 것이나, 이 사건 부동산소유권이전등기청구권에 관한 압류신청에 있어 반대의무의 이행 또는 이행의 제공에 관한 소명을 명하는 보정명령에 응하지 아니하였다는 이유로 재항고인의 신청을 각하한 제1심 결정을 유지한 원심결정은 결론에 있어 정당하고, 거기에 판결 결과에 영향을 미친 위법이 있다고 할 수 없다.

주택임대차보호법의 적용을 받는 "주거용"의 의미(대법원 1996. 3. 12. 선고 95다51953 판결)

판례 해설

주택임대차보호법의 기본취지는 서민의 주거생활 안정이기 때문에 주거로 사용되지 않은 건물에 관하여는 주택임대차보호법이 적용되지 않는다고 보았다. 최근에는 상가건물임대차보호법이 제정되어 시행되고 있기 때문에 별 문제가 없는 것으로 보이지만, 상가건물임대차보호법의 요건을 결여하여 부득이 주택임대차보호법의 적용을 받으려고 한다면 "주거용"이라는 요건을 반드시 충족하여야 한다.

대상판결에서는 해당 건물을 영업 용도로 사용하고 있을 뿐 주거용으로 사용하지 않아 주택임대차보호법의 적용을 받지 못하였다.

법원 판단

주택임대차보호법 제2조 소정의 주거용 건물에 해당하는지 여부는 임대차목적물의 공부상의 표시만을 기준으로 할 것이 아니라 그 실지 용도에 따라서 정하여야 하고 건물의 일부가 임대차의 목적이 되어 주거용과 비주거용으로 겸용되는 경우에는 구체적인 경우에 따라 그 임대차의 목적, 전체 건물과 임대차목적물의 구조와 형태 및 임차인의 임대차목적물의 이용관계 그리고 임차인이 그 곳에서 일상생활을 영위하는지 여부 등을 아울러 고려하여 합목적적으로 결정하여야 할 것이다(당원 1988. 12. 27. 선고 87다카2024 판결, 1995. 3. 10. 선고 94다

52522 판결 참조). (2) 원심은 이 사건 건물은 온양시장 변두리에 위치하고 있고, 건축물관리대장 및 등기부상의 용도는 1층 점포 지하 위락시설 및 다방으로 기재되어 있는 상가건물로서, **이 사건 건물 1층에는 전자오락실, 이불가게, 여인숙, 미용실, 슈퍼마켓이 영업을 하고 있는 사실, 피고가 임차한 건물부분은 약 30평 가량의 지하실 다방으로서 다방영업장 약 21평, 주방 약 3평, 약 2 내지 3평 가량의 방 2개로 이루어져 있고, 피고가 위 건물부분에 관하여 임대차계약을 체결함에 있어서 작성된 계약서에는 용도 다방, 임대차기간이 만료되면 임차인은 다방허가증 및 내부시설물을 원상복구하며 권리금 및 유익비 일체를 청구하지 않는다고 기재되어 있는 사실, 피고는 위 장소에서 다방영업을 하면서 1992. 11. 12.경 다방 영업자 지위를 승계하였고, 1993. 11. 10.경 온양시 용화동 34의 55 소재 3층 연립주택 2층 205호를 구입하여 최소한 1994. 3. 말경부터 위 다방이 아닌 연립주택에서 거주한 사실**을 인정한 다음, 위 인정 사실에 의하면 피고가 임차한 위 다방 건물부분은 영업용으로서 비주거용 건물이라고 보여지고 설사 피고가 그 중 방 및 다방의 주방을 주거목적에 사용한다고 하더라도 이는 어디까지나 위 다방의 영업에 부수적인 것으로서 그러한 주거목적 사용은 비주거용 건물의 일부가 주거목적으로 사용되는 것일 뿐, **주택임대차보호법 제2조 후문에서 말하는 '주거용 건물의 일부가 주거 외의 목적으로 사용되는 경우'에 해당한다고 볼 수 없다**고 판단하였는바, 기록에 의하여 살펴보면 원심의 이러한 인정 판단은 정당하고 거기에 소론과 같은 채증법칙 위배, 주택임대차보호법 제2조의 법리오해의 위법이 있다고 할 수 없다.

4. 임차인은 임대차 계약을 체결할 권한이 있는 자와 계약을 체결하였어야 한다.

> 계약 체결과 관련하여 특별한 경우를 제외하고는 각 당사자의 권한이나 능력 여부가 계약의 효력에 전혀 영향을 미치지 아니한다. 각 당사자가 계약을 체결한 이후 계약을 이행하지 못한다면 상대방이 채무불이행으로서 손해배상 책임을 추궁하면 그만이기 때문이다.
>
> 다만 주택임대차보호법은 서민의 주거안정 등을 위하여 임차인을 보호하기 위한 특별한 법에 해당하므로 **임차인으로서는 사용수익하게 할 권한이 있는 자와 적법한 계약을 체결하여 최소한 점유개시 당시에는 적법한 점유가 인정되어야** 비로소 적용이 가능하다.
>
> 따라서 임차인은 **임차 건물의 소유자가 아니라고 하더라도 최소한 해당 물건을 사용·수익할 수 있는 권한이 있는 자와 계약을 체결**하여야 하고 그렇지 않은 경우 주택임대차보호법의 적용을 받을 수 없다.

적법한 임대권한이 없는 사람과 임대차 계약을 체결한 경우, 주택임대차보호법이 적용되는지 여부(대법원 2014. 2. 27. 선고 2012다93794 판결)

판례 해설

흔히 소유자만 임대인이 될 수 있을 거라 생각할 수 있다. 그러나 임대차라고 함은 타인에게 어떠한 물건을 사용수익하게 하고 그에 대한 대가를 받는 법률행위이므로 반드시 소유자가 아니라고 하더라도 사용수익하게 할 권한을 부여할 수 있는 사람이면 임대인이 될 수 있다. 다만 사용수익하게 할 권한이 없음에도 불구하고 임대인이 되어 임대차 계약을 체결한 경우에는 임차인은 적법하지 않은 자와 계약한 것이어서 계약은 무효로 되거나 채무불이행이 되고 임차인은 쫓겨날 수밖에 없으며 주택임대차보호법 조차 적용받기 어렵다.

<u>경매 절차에서 최고가 낙찰자로 선정되었다고 하더라도 경매 대금을 "완납"하여야만 비로소 적법한 소유자가 되어 목적물을 사용수익하게 할 수 있는 권한</u>을 가지게 된다. 그러나 본 사안에서는 최고가 매수인이 대금완납도 하지 않은 상태에서 임차인과 계약을 체결하였는바, 결국 해당 임차인은 적법한 임대권자가 아닌 자와 계약을 체결한 것에 불과하다고 보아 주택임대차 보호법의 적용을 받지 못하였다.

법원 판단

가. <u>주택임대차보호법이 적용되는</u> 임대차가 임차인과 주택의 소유자인 임대인 사이에 임대차계약이 체결된 경우로 한정되는 것은 아니나, 적어도 그 주택에 관하여 적법하게 임대차계약을 체결할 수 있는 권한을 가진 임대인이 임대차계약을 체결할 것이 요구된다(대법원 2008. 4. 10. 선고 2007다38908, 38915 판결 등 참조).

나. 그런데 원심판결 이유에 의하면, 원고는 종전 임의경매절차에서 최고가매수신고인의 지위에 있던 소외 1과 2007. 10. 13. 이 사건 주택에 관한 임대차계약을 체결한 후, 같은 달 23일 종전 임차인 소외 2로부터 이 사건 주택을 인도받은 소외 1로부터 이 사건 주택을 인도받아 같은 날 전입신고를 마치고 임대차계약서에 확정일자를 받았으며, 소외 1이 같은 달 24일 매각대금을 완납하고 피고에게 근저당권설정등기를 마쳐 준 사실은 알 수 있으나, **소외 1이 최고가매수신고인이라는 것 외에는 위 임대차계약 당시 적법한 임대권한이 있었음을 인정할 자료는 기록상 찾아볼 수 없다.**

그럼에도 불구하고 원심이, 원고가 아직 매각대금을 납부하지도 아니한 최고가매수신고인에 불과한 소외 1로부터 2007. 10. 23. 이 사건 주택을 인도받고, 전입신고 및 확정일자를 갖추었다는 것만으로 그 다음 날인 2007. 10. 24. 00:00 우선변제권을 취득하였다고 단정한 것은, 주택임대차보호법상 적법한 임대권한에 관한 법리를 오해하거나 그에 관한 심리를 다하지 아니함으로써 판단을 그르친 것이다(다만, 원고가 소액임차인으로서 일정 금액을 최우선으로 배당받을 수 있는지 여부는 별개의 문제이다).

5. 대항력 요건(=임차인 또는 전차인이 건물을 인도받아야 하고 전입신고(주민등록)를 하여야 한다)

대항력이란 임차인이 임대차 계약의 당사자가 아닌 임차 주택의 새로운 소유자에 대하여 기존의 임대차 계약상의 권리를 주장할 수 있는 것을 의미한다. 이는 채권관계의 예외로서 기존 임차인의 불합리한 사정을 고려하여 규정한 주임법의 핵심적인 내용이다.

이와 같은 주임법상의 대항력을 인정받기 위해서는 **임차인 또는 전차인이 건물을 인도받고 전입신고**를 하여야 한다. 다만 법원에서는 목적물의 인도 및 전입신고가 원래 채권자에 불과하던 임차인에 대하여 물권적 지위를 부여하는 것이기 때문에 그 요건해석에 상당히 엄격한 판단 기준을 적용하고 있다.

> **제3조(대항력 등)**
> ①임대차는 그 등기(登記)가 없는 경우에도 **임차인(賃借人)이 주택의 인도(引渡)와 주민등록을 마친 때에는 그 다음 날부터 제삼자에 대하여 효력**이 생긴다. 이 경우 전입신고를 한 때에 주민등록이 된 것으로 본다.
> ②주택도시기금을 재원으로 하여 저소득층 무주택자에게 주거생활 안정을 목적으로 전세임대주택을 지원하는 법인이 주택을 임차한 후 지방자치단체의 장 또는 그 법인이 선정한 입주자가 **그 주택을 인도받고 주민등록을 마쳤을 때**에는 제1항을 준용한다. 이 경우 대항력이 인정되는 법인은 대통령령으로 정한다.
> ③「중소기업기본법」 제2조에 따른 중소기업에 해당하는 법인이 **소속 직원의 주거용으로 주택을 임차한 후 그 법인이 선정한 직원이 해당 주택을 인도받고 주민등록을 마쳤을 때**에는 제1항을 준용한다. 임대차가 끝나기 전에 그 직원이 변경된 경우에는 그 법인이 선정한 새로운 직원이 주택을 인도받고 주민등록을 마친 다음 날부터 제삼자에 대하여 효력이 생긴다.

④임차주택의 양수인(讓受人)(그 밖에 임대할 권리를 승계한 자를 포함한다)은 임대인(賃貸人)의 지위를 승계한 것으로 본다.
⑤이 법에 따라 임대차의 목적이 된 주택이 매매나 경매의 목적물이 된 경우에는 「민법」 제575조제1항·제3항 및 같은 법 제578조를 준용한다.
⑥제5항의 경우에는 동시이행의 항변권(抗辯權)에 관한 「민법」 제536조를 준용한다.

주택임대차보호법 제3조 제1항에 의한 대항력 취득의 요건인 주민등록에 임차인의 배우자나 자녀 등 가족의 주민등록이 포함되는지 여부(적극)및 이러한 법리가 구 재외동포의 출입국과 법적 지위에 관한 법률에 의한 재외국민이 임차인인 경우에도 마찬가지로 적용되는지 여부(적극) (대법원 2016. 10. 13. 선고 2014다218030, 218047 판결)

판례 해설

원심에서 구 출입국법상의 거소 신고는 주임법상의 주민등록은 아니라는 판결이 선고되었을 때, 주민등록의 범위를 그토록 한정지을 필요가 있을까라는 의문이 들었다. 그러나 주임법은 민법과 비교했을 때 임차인에게 상당한 법률적 혜택을 주는 법이기 때문에 그 해석의 범위는 엄격하여야 한다는 점을 고려한다면 원심 판결이 일응 타당하다고 생각되었다. 그러나 대법원에서는 그와 같은 원심을 파기하고 **구 출입국상의 거소 신고도 주임법상의 주민등록과 동일한 것으로 보아 대항력**

을 갖춘 것으로 판단하였다.

사실 주임법상 대항력과 우선변제효는 일반 계약상의 권리를 가진 임차인에 대하여 물권적 지위를 부여하는 것이고, 이 때 요구되는 것은 주민등록과 주택의 인도라는 간단한 요건의 충족뿐이므로, 법원은 동 요건의 충족여부를 엄격하게 해석하고 있었다. 따라서 이전 판결에서는 주민등록이 불일치한 경우나, 요건을 갖추지 못한 경우 등에 있어 주임법의 적용을 배제해왔는데, 본 판결은 이런 점에서 의아한 부분이 있다.

그러나 **재외동포의 경우에는 주민 등록을 할 수 있는 여건이 충분히 마련되기 어려웠던 점, 주민등록이나 거소신고 또는 체류 변경신고 역시 모두 행정상 동일한 효과를 발생시키는 점**, 더욱이 **헌법 상 재외동포에 대한 보호의무가 명시된 점**을 고려하여 **대법원은 법적안정성보다는 구체적 타당성을 고려한 것으로** 보인다.

법원 판단

우선 **외국국적동포의 국내거소신고나 거소이전신고**는 다음과 같은 이유로 **주택임대차보호법상 대항요건으로 규정된 주민등록과 동등한 법적 효과가 인정된다**고 보아야 한다.

...... ④ 위와 같은 여러 가지 점들을 고려하면, **외국인 또는 외국국적**

동포가 출입국관리법이나 재외동포법에 따라서 한 외국인등록이나 체류지변경신고 또는 국내거소신고나 거소이전신고에 대하여는, 주택임대차보호법 제3조 제1항에서 주택임대차의 대항력 취득 요건으로 규정하고 있는 주민등록과 동일한 법적 효과가 인정된다고 보아야 한다. 이는 외국인등록이나 국내거소신고 등이 주민등록과 비교하여 그 공시기능이 미약하다고 하여 달리 볼 수 없다.

...... 3) 앞서 본 사실관계를 위와 같은 법리에 비추어 살펴보면, 재외국민인 피고의 동거 가족으로서 외국국적동포인 배우자 및 딸이 재외동포법에 따라 이 ○○아파트를 거소로 하여한 국내거소신고는 주택임대차보호법상 대항력의 요건인 주민등록과 동일한 법적 효과가 인정된다고 보아야 한다. 따라서 이 ○○아파트를 인도받은 피고는 동거 가족인 배우자 및 딸의 위와 같은 국내거소신고로써 이 ○○아파트에 대하여 주택임대차보호법 제3조 제1항에서 정한 대항력을 취득하였다고 할 것이다.

주택임대차보호법 제3조 제1항의 주민등록이 임대차를 공시하는 효력이 있는지 여부의 판단 기준 및 주민등록 신고의 효력 발생 시기(= 신고 수리시)(대법원 2009. 1. 30. 선고 2006다17850 판결)

판례 해설

이미 언급한 바와 같이 임차인은 채권자임에도 불구하고 주임법의 적용을 받게 되면 불특정 제3자에게도 대항할 수 있는 물권적 지위를 가지게 된다. 이와 같이 물권적 권능이 부여되기 위해서는 보통 **제3자가 인지할 수 있도록 등기제도와 같은 공시가 필요**한데, 주임법에서는 **주민등록과 더불어 건물의 인도를 통하여 제3자에 대한 공시기능**을 하도록 만들어 두었다. 다만 임차인의 경우 본래 채권적 지위에 있는 자이고, 건물의 인도와 주민등록은 등기보다는 공시되는 정도가 약하기 때문에 법원은 요건의 충족을 엄격하게 해석하여 주임법 적용에 있어 제한을 가하고 있다.

본 판결은 위와 같은 취지를 고려하여, **담당공무원이 착오로 잘못된 지번을 기재하고, 동·호수를 삭제했더라도** 주민등록은 거래의 안전을 위하여 임차권의 존재를 제3자가 명백히 인식할 수 있게 하는 공시방법으로 마련된 것이므로 공무원의 과실여부와 상관없이 **주임법이 적용되지 않는다**고 판단하였다.

이러한 대법원 판결은 **공시 기능이 오로지 제3자를 위한 것임을 고려**하면 정당한 것으로 보인다. 물론 당사자의 경우 억울한 부분이 없지 않으나, 해당 공무원을 상대로 손해배상 청구를 하는 것으로 발생한 문제를 해결해야만 할 것이다.

법원 판단

주택임대차보호법 제3조 제1항에서 **주택의 인도와 더불어 대항력의 요건으로 규정하고 있는 주민등록은 거래의 안전을 위하여 임차권의 존재를 제3자가 명백히 인식할 수 있게 하는 공시방법**으로 마련된 것이라고 보아야 하므로, 주민등록이 어떤 임대차를 공시하는 효력이 있는지 여부는 **일반사회 통념상 그 주민등록으로 당해 임대차 건물에 임차인이 주소 또는 거소를 가진 자로 등록되어 있다고 인식할 수 있는지 여부에 따라 결정**되어야 한다 (대법원 1987. 11. 10. 선고 87다카1573 판결 참조).

한편, 주민등록법은 시·군 또는 자치구의 주민을 등록하게 함으로써 주민의 거주관계 등 인구의 동태를 항상 명확하게 파악하여 주민생활의 편익을 증진시키고 행정사무를 적정하게 처리하도록 하는 것을 목적으로 하고(제1조), 누구든지 주민등록의 신고를 이중으로 할 수 없으며(제10조 제2항), 주민의 거주지 이동에 따른 주민등록의 전입신고가 있으면 병역법·민방위기본법·인감증명법·국민기초생활보장법·국민건강보험법및장애인복지법에 따른 거주지 이동의 전출신고와 전입신고를 한 것으로 보고(제17조), 다른 법률에 특별한 규정이 없으면 주민등록지를 공법관계에 있어서 주소로 한다(제23조 제1항)고 규정하고 있으며, 지방자치법은 제12조에서 지방자치단체의 구역 안에 주소를 가진 자는 그 지방자치단체의 주민이 된다고 규정함과 동시에 제13조와 제14조에서 주민의 권리와 의무를 규정하고 있다. 위와 같은 제반 규정을 종합하여 보면, 주민등록은 단순히 주민의 거주관계를 파악하고 인구의 동태를 명확히 하는 것 외에도 주민등록에 따라 공법관계상의 여러 가지 법률상 효과가 나타나게 되는 것으로서, 주민등록의 신고는 행정청에 도달하기만 하면 신고로서의 효력이 발생하는 것이 아니라 **행정청이 수리한 경우에 비로소 신고의 효력이 발생한다** 할 것이고, 따라서 주민등록 신고서를 행정청에 제출하였다가 행정청이 이를 수리하기 전에 신고서의 내용을 수정하여 위와 같이 <u>수정된 전입신고서가 수리되었다면 수정된 사항에 따라서 주민등록 신고가 이루어진 것</u>으로 보는 것이 타당하다.

주택임대차보호법의 대항력을 주장하기 위한 주민등록 신고의 효력 발생 시기(= 신고 수리 시)(대법원 2009. 1. 30. 선고 2006다9255 판결)

판례 해설

주임법상 대항력이 인정되기 위한 요건은 주택의 인도와 더불어 전입신고 즉 주민등록이다. 이 때 주민등록 신고의 효력 발생 시기가 중요한 이유는 동 시기가 **경매 절차 진행 시 우선변제효의 순위를 결정할** 뿐만 아니라 만약 **주민등록 신고가 말소기준권리(저당권 등)보다 후에 이루어질 경우에 임차인은 낙찰자에 대하여 대항할 수 없기 때문이다.** 이 때, 대항력의 효력 발생 시기를 결정하는 것은 "제3자가 인식할 수 있는지의 여부"다.

대상판결에서는 주민등록의 효력 발생시기로서 행정청에 "신고자체"로서 그 효력이 발생하고, 그 이후 담당 공무원이 수정요구를 하였다고 하더라도 그 시기가 변경되는 것은 아니라고 판단하여 신고와 관련된 기존 대법원 법리를 그대로 원용하였다.

법원 판단

주택임대차보호법 제3조 제1항에서 주택의 인도와 더불어 대항력의 요건으로 규정하고 있는 주민등록은 거래의 안전을 위하여 임차권의 존재를 제3자가 명백히 인식할 수 있게 하는 공시방법으로 마련된 것이라고 보아야 하므로, 주민등록이 어떤 임대차를 공시하는 효력이 있는지 여부는 일반사회 통념상 그 주민등록으로 당해 임대차 건물에 임차인이 주소 또는 거소를 가진 자로 등록되어 있다고 인식할 수 있는지 여부에 따라 결정되어야 한다(대법원 1987. 11. 10. 선고 87다카1573 판결 등 참조).

한편, 주민등록법은 시·군 또는 자치구의 주민을 등록하게 함으로써 주민의 거주관계 등 인구의 동태를 항상 명확하게 파악하여 주민생활의 편익을 증진시키고 행정사무를 적정하게 처리하도록 하는 것을 목적으로 하고(제1조), 누구든지 주민등록의 신고를 이중으로 할 수 없으며(

제10조 제2항), 주민의 거주지 이동에 따른 주민등록의 전입신고가 있으면 병역법·민방위기본법·인감증명법·국민기초생활보장법·국민건강보험법 및 장애인복지법에 따른 거주지 이동의 전출신고와 전입신고를 한 것으로 보고(제17조), 다른 법률에 특별한 규정이 없으면 주민등록지를 공법관계에 있어서 주소로 한다(제23조 제1항)고 규정하고 있으며, 지방자치법은 제12조에서 지방자치단체의 구역 안에 주소를 가진 자는 그 지방자치단체의 주민이 된다고 규정함과 동시에 제13조와 제14조에서 주민의 권리와 의무를 규정하고 있다. 위 각 규정을 종합하여 보면, 주민등록은 단순히 주민의 거주관계를 파악하고 인구의 동태를 명확히 하는 것 외에도 공법관계상의 여러 가지 법률효과를 발생시키는 것으로서, **주민등록의 신고는 행정청에 도달함으로써 바로 신고로서의 효력이 발생하는 것이 아니라 행정청이 수리한 경우에 비로소 그 효력이 발생한다**고 보아야 하고, 따라서 신고인이 전입신고서를 행정청에 제출하였다가 행정청이 이를 수리하기 전에 그 전입신고서의 내용을 수정함으로써 그 수정된 전입신고서가 행정청에 의하여 수리되었다면 수정된 사항에 따라서 그 전입신고가 이루어졌다고 봄이 타당하고, 신고인이 담당공무원의 요구에 의하여 전입신고서를 수정하였다 하더라도 마찬가지로 보아야 한다.

임차인이 간접점유를 하고 있을 경우 주임법상 대항력이 인정되기 위해서는 실재 점유하고 있는 전차인의 이름으로 주민등록이 되어야 한다(대법원 2007. 11. 29. 선고 2005다64255 판결).

판례 해설

우리 법제상 점유의 유형과 관련하여 직접점유와 간접점유로 구분한다. 직접점유는 말 그대로 점유자가 직접 점유하는 것이고, **간접점유는 직접 점유하는 사람을 매개로 점유하는 형태로 물리적으로써 그가 직접점유하지는 않지만 법률상 점유로 인정되는 것**을 말한다.

임차인 역시 점유를 전제로 하는 법률관계이고 대항력은 **건물의 인도 즉, 점유를 요건**으로 하는바, 이 사건에서는 주임법상 임차인에 대하여도 과연 간접점유가 인정될 수 있는지, 그리고 간접점유가 인정될 경우 임차인 그리고 전차인에 대하여 주임법의 대항력이 인정되기 위한 요건은 무엇인지가 문제되었다.

대상판결에서는 임차인이 임차주택을 직접 점유하지 않고 주민등록을 하지 아니한 경우에도 임차인이 **임대인의 승낙을 받아 적법하게 임차주택을 전대하고, 그 전차인이 주택을 인도받아 자신의 주민등록을 마친 때에는 당해 주택이 임대차의 목적이 되어 있다는 사실이 충분히 제3자에게 공시될 수 있으므로, 당해 임차인은 주택임대차보호법의 대항력을 갖추었다고** 판단하였다.

다만 여기서 혼동하지 말아야 하는 것은, "전차인"이 해당 임차주택을 직접 점유하고 그의 이름으로 주민등록이 되어야 비로소 "임차인"

에게 주임법상의 대항력이 발생한다는 것이다. 만약 임차인이 자신의 명의로 주민등록을 했으나, 실제 점유는 전차인이 하고 있다면 임차인뿐만 아니라 전차인에게도 주임법의 적용이 없다.

법원 판단

1. 주택임대차보호법 제3조 제1항에 정한 대항요건은 임차인이 당해 주택에 거주하면서 이를 직접 점유하는 경우뿐만 아니라 타인의 점유를 매개로 하여 이를 간접점유하는 경우에도 인정될 수 있는바(대법원 2001. 1. 19. 선고 2000다55645 판결 참조), 주택임차인이 임차주택을 직접 점유하여 거주하지 않고 그곳에 주민등록을 하지 아니한 경우라 하더라도, 임대인의 승낙을 받아 적법하게 임차주택을 전대하고 그 전차인이 주택을 인도받아 자신의 주민등록을 마친 때에는, 이로써 당해 주택이 임대차의 목적이 되어 있다는 사실이 충분히 공시될 수 있으므로, 임차인은 위 법에 정한 대항요건을 적법하게 갖추었다고 볼 것이다 (대법원 1988. 4. 25. 선고 87다카2509 판결, 대법원 1994. 6. 24. 선고 94다3155 판결, 대법원 1995. 6. 5.자 94마2134 결정 참조).

한편, 민법상 임차인은 임대인의 동의 없이 임차물을 전대하지 못하고 임차인이 이에 위반한 때에는 임대인은 계약을 해지할 수 있으나 (민법 제629조), 이는 임대차계약이 원래 당사자의 개인적 신뢰를 기초로 하는 계속적 법률관계임을 고려하여 임대인의 인적 신뢰나 경제적

이익을 보호하여 이를 해치지 않게 하고자 함에 있고, 임차인이 임대인의 동의 없이 제3자에게 임차물을 사용·수익시키는 것은 임대인에게 임대차관계를 계속시키기 어려운 배신적 행위가 될 수 있는 것이기 때문에 임대인에게 일방적으로 임대차관계를 종료시킬 수 있도록 하고자 함에 있다. 따라서 임차인이 비록 임대인으로부터 별도의 승낙을 얻지 아니하고 제3자에게 임차물을 사용·수익하도록 한 경우에 있어서도, **임차인의 당해 행위가 임대인에 대한 배신적 행위라고 할 수 없는 특별한 사정이 인정되는 경우에는, 임대인은 자신의 동의 없이 전대차가 이루어졌다는 것만을 이유로 임대차계약을 해지할 수 없으며, 전차인은 그 전대차나 그에 따른 사용·수익을 임대인에게 주장할 수 있다** 할 것이다(대법원 1993. 4. 13. 선고 92다24950 판결, 대법원 1993. 4. 27. 선고 92다45308 판결).

그리고 위와 같은 이유로 주택의 전대차가 그 당사자 사이뿐만 아니라 임대인에 대하여도 주장할 수 있는 적법 유효한 것이라고 평가되는 경우에 있어서는, **전차인이 임차인으로부터 주택을 인도받아 자신의 주민등록을 마치고 있다면** 이로써 주택이 임대차의 목적이 되어 있다는 사실은 충분히 공시될 수 있고 또 이러한 경우 다른 공시방법도 있을 수 없으므로, 결국 **임차인의 대항요건은 전차인의 직접 점유 및 주민등록으로써 적법 유효하게 유지 존속한다**고 보아야 할 것이다. 이와 같이 해석하는 것이 임차인의 주거생활의 안정과 임차보증금의 회수확보 등 주택임대차보호법의 취지에 부합함은 물론이고, 또 그와 같이 해석한다고 해서 이미 원래의 임대차에 의하여 대항을 받고 있었던 제3자에게 불측의 손해를 준다거나 형평에 어긋나는 결과가 되는 것도 아니다.

주택임대차보호법상의 대항력을 행사하기 위해서는 그 요건인 주택의 인도 및 주민등록이 계속 존속하고 있어야 하고 중간에 불비되었다면 새로이 요건이 갖출 때 "비로소" 대항력을 갖춘 것으로 본다(대법원 2003. 7. 25. 선고 2003다25461 판결).

판례 해설

대법원은 주택임대차보호법(이하, "주임법"이라고만 한다)에서 주택 임차인에게 주택의 인도와 주민등록만으로 등기된 물권에 버금가는 강력한 대항력을 부여하고 있는 취지에 비추어 본다면 달리 공시방법이 없는 주임법상에서 **주택의 인도 및 주민등록이라는 대항요건은 그 대항력 취득 시에만 구비하면 족한 것이 아니고 그 대항력을 유지하기 위하여서도 "계속 존속"하고 있어야 한다고 일관되게 판시**하고 있다.

이는 주임법 자체가 일반 민사 임대차나 다른 채권적 관계와 다르게 임차인에 대하여 예외적 혜택을 주고 있음을 고려할 때, 이러한 **대항력의 성립요건을 엄격하게 해석하는 대법원 판단은 지극히 타당**한 것으로 보인다.

결국 임차인으로서는 주택의 인도 및 주민등록이 "동시"에 계속 "존속"하여야만 그 효력을 인정받을 수 있고 아무리 확정일자를 그 이전에 받았다고 하더라도 주택의 인도 및 주민등록이 되어 있지 않은 기간에는 대항력이 인정될 수 없다. 따라서 결국 위의 세 가지의 요건이 충족될 때를 기준으로 대항력이 발생한다고 보아야 할 것이다.

법원 판단

주택임대차보호법이 제3조 제1항에서 주택 임차인에게 주택의 인도와 주민등록을 요건으로 명시하여 등기된 물권에 버금가는 강력한 대항력을 부여하고 있는 취지에 비추어 볼 때 달리 공시방법이 없는 주택임대차에 있어서 주택의 인도 및 주민등록이라는 대항요건은 그 대항력 취득 시에만 구비하면 족한 것이 아니고 그 대항력을 유지하기 위하여서도 계속 존속하고 있어야 하고, 주택임차인의 의사에 의하지 아니하고 주민등록법 및 같은 법 시행령에 따라 시장, 군수 또는 구청장에 의하여 직권조치로 주민등록이 말소된 경우에도 원칙적으로 그 대항력은 상실된다고 할 것이지만, 주민등록법상의 직권말소 제도는 거주관계 등 인구의 동태를 상시로 명확히 파악하여 주민생활의 편익을 증진시키고 행정사무의 적정한 처리를 도모하기 위한 것이고, 주택임대차보호법에서 주민등록을 대항력의 요건으로 규정하고 있는 것은 거래의 안전을 위하여 임대차의 존재를 제3자가 명백히 인식할 수 있게 하기 위한 것으로서 그 취지가 다르므로, 직권말소 후 주민등록법 소정의

의의절차에 따라 그 말소된 주민등록이 회복되거나 같은 법 시행령 제29조에 의하여 재등록이 이루어짐으로써 주택임차인에게 주민등록을 유지할 의사가 있었다는 것이 명백히 드러난 경우에는 소급하여 그 **대항력이 유지된다**고 할 것이고, 다만, 그 직권말소가 주민등록법 소정의 이의절차에 의하여 회복된 것이 아닌 경우에는 **직권말소 후 재등록이 이루어지기 이전에 주민등록이 없는 것으로 믿고 임차주택에 관하여 새로운 이해관계를 맺은 선의의 제3자에 대하여는 임차인은 대항력의 유지를 주장할 수 없다**고 봄이 상당하다(대법원 2002. 10. 11. 선고 2002다20957 판결 참조).

주택임대차보호법 제3조 제1항에서 규정하고 있는 '주민등록'이 대항력의 요건을 충족할 수 있는 공시방법이 되기 위한 요건 (대법원 2019. 3. 28 선고 2018다44879, 44886 판결 [임차보증금반환·건물인도])

판례 해설

주임법상 대항력의 요건이 되는 주민등록은 점유와 함께 공시 방법의 하나의 요건으로 중요하다. **공시라는 것은 거래의 안전을 위하여 제3자가 임대차 관계가 존재한다는 사실관계를 인지**하여야 하기 때문에 단순 형식적 주민등록으로는 부족하고 주민등록에 표상되는 점유관계가 인정되어야만 가능하다.

대상판결에서는 **신탁재산에 대해서 신탁회사가 소유권을 가지고 있을 때 임차를 하였으나 그 이후 신탁자가 소유권을 취득한 경우 소유권을 취득한 당일(다음날이 아님)** 대항력이 발생한다고 판시하였다.

법원 판단

[1] 주택임대차보호법 제3조 제1항이 적용되는 임대차는 반드시 임차인과 주택의 소유자인 임대인 사이에 임대차계약이 체결된 경우에 한정되지는 않고, 주택의 소유자는 아니지만 주택에 관하여 적법하게 임대차계약을 체결할 수 있는 권한(적법한 임대권한)을 가진 임대인과 사이에 임대차계약이 체결된 경우도 포함된다.

주택에 관한 부동산담보신탁계약을 체결한 경우 임대권한은 특별한 약정이 없는 한 수탁자에게 있는 것이 일반적이지만, 위탁자가 수탁자의 동의 없이 임대차계약을 체결한 후 수탁자로부터 소유권을 회복한 때에는 임대차계약에 대하여 위 조항이 적용될 수 있음이 분명하다.

[2] 주택임대차보호법 제3조 제1항에서 주택의 인도와 더불어 대항력의 요건으로 규정하고 있는 주민등록은 거래의 안전을 위하여 임차권의 존재를 제3자가 명백히 인식할 수 있게 하는 공시방법으로 마련된 것이다. 주민등록이 어떤 임대차를 공시하는 효력이 있는지는 주민등록으로 제3자가 임차권의 존재를 인식할 수 있는지에 따라 결정된다. 주민등록이 대항력의 요건을 충족할 수 있는 공시방법이 되려면, 단순히 형식적으로 주민등록이 되어 있는 것만으로 부족하고 주민등록에 따라

표상되는 점유관계가 임차권을 매개로 하는 점유임을 제3자가 인식할 수 있는 정도는 되어야 한다.

[3] 甲 주식회사가 乙 신탁회사와 甲 회사의 소유인 주택에 관하여 부동산담보신탁계약을 체결하고 乙 회사에 신탁을 원인으로 한 소유권이전등기를 마친 후 乙 회사의 승낙 없이 丙과 임대차계약을 체결하였고, 丙은 같은 날 위 주택을 인도받고 전입신고를 마쳤는데, 그 후 甲 회사가 위 주택에 관하여 신탁재산의 귀속을 원인으로 한 소유권이전등기를 마쳤고, 丁 신용협동조합이 같은 날 위 주택에 관하여 근저당권설정등기를 마쳤으며, 이후 丁 조합이 신청한 임의경매절차에서 戊 주식회사가 위 주택을 매수한 사안에서, 甲 회사는 임대차계약 체결 당시 수탁자인 乙 회사의 승낙 없이 위 주택을 임대할 수 없었지만, 위 주택에 관하여 신탁재산의 귀속을 원인으로 한 소유권이전 등기를 마침으로써 적법한 임대권한을 취득하였고, 丙이 위 주택을 인도받고 전입신고를 마친 날부터 위 주택에 관한 주민등록에는 소유자 아닌 丙이 거주하는 것으로 나타나 있어서 제3자가 보기에 丙의 주민등록이 소유권 아닌 임차권을 매개로 하는 점유임을 인식할 수 있었으므로, 丙의 주민등록은 丙이 전입신고를 마친 날부터 임대차를 공시하는 기능을 수행하고 있었다고 할 것이어서, 丙은 甲 회사가 위 주택에 관하여 소유권이전등기를 마친 즉시 임차권의 대항력을 취득하였고, 丁 조합의 근저당권설정등기는 丙이 대항력을 취득한 다음에 이루어졌으므로, 丙은 임차권으로 주택의 매수인인 戊 회사에 대항할 수 있다고 한 사례.

임차인의 주민등록상 주소가 등기부상 표시와 다르다면 임차인의 대항력은 인정될 수 없고 이에 대하여 처음부터 부적법함을 알고 있었던 자가 추후 부적법함을 주장한다고 하더라도 신의칙 위반이라고 볼 수 없다(대법원 2008. 2. 14. 선고 2007다33224 판결).

판례 해설

주임법상 대항력의 요건 중 주민등록의 경우 만약 주민등록상의 주소와 등기부상의 표시가 다른 경우 유효한 등록으로 볼 수 없어 대항력을 인정받기 어렵다. 즉 대항력의 주요요건인 주민등록과 건물인도는 제3자에 대한 공시 기능을 하는 것이므로 그 공시가 부적법할 경우에는 요건이 충족되었다고 볼 수 없기 때문이다.

문제는 본 사안과 같이 근저당권자가 저당권을 설정할 당시 이미 주민등록상의 주소와 등기부상의 표시가 다른 사실을 알고 있었고, 더 나아가 이미 임대차 관계가 성립되어 자신이 후순위로 될 수 있다는 사실을 인지한 상태에서 근저당권을 설정하였다면, 이후 **자신보다 먼저 생긴 임대차 관계가 주임법상의 대항요건을 결여하였다고 주장하는 것이 신의칙상 허용되느냐**의 여부이다.

그러나 주민등록과 건물의 인도라는 요건은 제3자를 위한 공시방법으로서 우연한 기회에 이를 알고 있다고 하더라도 이는 객관적인 제도

임에 비추어 볼 때 민법상의 신의칙은 적용되지 않는 것이 옳고 결국 이런 관점에서 대상판결은 지극히 타당하다고 보인다.

법원 판단

근저당권자가 임차인의 주민등록상 주소가 등기부상 표시와 다르다는 이유로 임대차의 대항력을 부정하는 주장이 **신의칙에 비추어 용납될 수 없는 경우에는 예외적으로 그 주장을 배척**할 수 있으나, 이는 주택임대차보호법에 의하여 인정되는 법률관계를 신의칙과 같은 일반원칙에 의하여 제한하는 것이어서 법적 안정성을 해할 수 있으므로 **그 적용에 있어 신중을 기하여야 할 것**이다.

앞서 본 바와 같이 주민등록이 임대차를 공시하는지 여부는 "**사회통념상**" 그 주민등록으로 당해 주택에 임차인이 주소 또는 거소를 가진 자로 등록되어 있다고 인식할 수 있는지 여부에 따라 판단되어야 하므로, 근저당권자가 근저당권 설정에 앞서 임차인의 주민등록상 주소가 등기부상 표시와 다르다는 사정을 알았거나 알 수 있었다는 사정만으로는 임대차의 대항력을 부정하는 근저당권자의 주장이 신의칙에 위배된다고 할 수 없고, 임차인의 주민등록이 잘못되었다는 사실을 알면서 그 임차인을 선순위의 권리로 인정하고 그만큼 감액한 상태의 담보가치를 취득하겠다는 전제에서 근저당권을 설정하였으면서도 **부당한 이익을 얻으려는 의도로 사후에 임차인의 손해는 전혀 고려함이 없이**

그 주민등록의 잘못에 따른 임대차의 대항력 결여를 주장하는 경우와 같이, **근저당권자의 권리행사가 상대방의 신의에 반하고 정의관념에 비추어 용인될 수 없는 정도의 상태에 이른다는 사정이 구체적으로 인정되어야 할 것**이다(대법원 1991. 12. 10. 선고 91다3802 판결 등 참조).

‥‥‥

그러나 기록을 살펴보아도, 원고가 피고 2의 주민등록상 주소가 등기부상의 표시와 다르다는 사실을 알고 있었다고 볼 증거가 없을 뿐 아니라 실제로 원고가 임대차관계를 조사한 사실이 있는지, 조사하였다면 언제, 어떤 방법으로 하였고 그 결과는 어떠하였는지, 채무자에 대한 대출은 어떤 경위로 이루어졌고 그에 대한 담보가치는 어떻게 평가하였는지 또 대출금액은 어떻게 결정되었는지, 원고의 위 피고에 대한 배당이의를 받아들이면 원고에게 어떠한 결과가 발생하게 되는지 등과 같이 **원고의 임대차 대항력 결여 주장이 위 피고에 대한 신의에 반하고 정의관념에 비추어 용인될 수 없는 정도라고 인정될 수 있는 구체적인 사정에 관하여 아무런 심리가 이루어지지 아니하였음**을 알 수 있는바, 그럼에도 그 판시와 같은 사실만으로 원고가 위 건물의 대항력 있는 임대차의 존재를 인식하고 임차보증금 상당액을 고려한 상태에서 근저당권을 취득하였다고 추측하고 나아가 근저당권자로서의 원고의 이 사건 권리 행사가 신의칙에 반한다고 단정한 원심판결에는 위에서 본 신의칙에 관한 법리에 어긋나게 심리를 다하지 아니한 위법이 있고, 이는 판결에 영향을 미쳤음이 분명하다. 상고이유 중 이 점을 지적하는 부분은 이유 있다.

주택임대차보호법상의 대항요건인 주민등록에 임대차 계약을 체결한 당사자가 아닌 그의 배우자 또는 자녀로 주민등록이 되어있었다면 해당 요건을 갖춘 것으로 볼 수 있다 (대법원 1996. 1. 26. 선고 95다30338 판결)

판례 해설

주민등록과 건물의 인도는 주임법상 대항력의 요건이고 이들은 제3자에 대한 공시방법의 역할을 하기 때문에 그 요건의 충족여부에 관하여는 법원이 신중을 기하고 있다. 따라서 앞서 본 법리와 같이 당사자가 **임대차의 최소 개시시점부터 주민등록과 건물의 인도 요건을 충족하였더라도 이후 하나의 요건이라도 충족하지 못한다면, 복귀한 시점부터 대항력이 인정될 뿐 그 사이의 선의의 제3자에게는 대항하지 못한다.**

다만 임대차 계약의 당사자가 아니더라도 <u>그 배우자나 자녀의 경우에는 주민등록의 효력을 인정</u>하고 있고, 계약 당사자 홀로 전출하였다고 하더라도 본인의 <u>배우자나 가족명의의 주민등록이 유지되었다면 그 대항력이 지속</u>된다. 이는 민법 제195조에 따라 **점유보조자의 점유**는 직접점유자의 점유로 해석하고 있는 바, 대법원은 이와 같은 점유보조자의 법리를 고려한 것으로 보인다.

대법원 판단

원심판결 이유에 의하면 원심은, 그 내세운 증거에 의하여, 이 사건 임차주택 등에 대한 근저당권자인 원고의 임의경매 개시신청에 따라 서울민사지방법원은 1993. 1. 8. 임의경매 개시결정을 하였고, 같은 달 12. 그 기입등기가 이루어진 사실, 피고는 1992. 2. 17. 소외 안병■로부터 이 사건 임차주택의 1층 중 방 1칸을 임차하여 그 무렵 이를 인도받아 입주하였으나, 위 임의경매 개시결정의 기입등기가 이루어진 이후인 1993. 10. 25.에야 비로소 이에 대한 주민등록 전입신고를 마친 사실을 인정한 다음, 피고는 이 사건 경매개시결정의 기입등기가 이루어지기 이전에 이 사건 임차주택의 주소지에 주민등록을 마쳐 두지 아니하였으므로 주택임대차보호법 제8조 소정의 소액임차인에 해당한다고 볼 수 없어 근저당권자인 원고보다 우선하여 소액보증금을 받을 수 없다고 판단하였다.

그러나 주택임대차보호법 제3조 제1항에서 규정하고 있는 주민등록이라는 대항요건은 **임차인 본인뿐만 아니라 그 배우자나 자녀 등 가족의 주민등록을 포함한다**고 할 것이고(대법원 1995. 6. 5.자 94마2134 결정 참조), 또한 **임차인이 그 가족과 함께 그 주택에 대한 점유를 계속하고 있으면서 그 가족의 주민등록을 그대로 둔 채 임차인만 주민등록을 일시 다른 곳으로 옮긴 경우라면 전체적으로나 종국적으로 주민등록의 이탈이라고 볼 수 없는 만큼 임대차의 제3자에 대한 대항력을 상실하지 아니한다**고 할 것이다(대법원 1989. 1. 17.자 88다카143 결정 참조).

주민등록 전입신고를 마치고 임차주택에 거주하던 임차인이 대출을 위해 주민등록을 잠시 이전해 달라는 임대인의 요청에 따라 다른 곳으로 전출신고를 하였다가 선순위 근저당권이 설정된 후 재전입한 경우, 임차인의 대항력은 재전입시점을 기준으로 판단하여야 하므로 낙찰에 의해 소유권을 취득한 낙찰인에 대하여 임차보증금의 동시이행항변을 주장할 수 없다(대전지방법원천안지원 2004. 9. 2. 선고 2004가단12178 판결).

판례 해설

간혹 임대인 또는 소유자가 본인의 대출을 위해 임차인에게 본 사안과 같이 무리한 요구를 하는 경우가 있다. 임차인은 아무것도 모르고 시쳇말로 "좋은 게 좋은 것"이라는 생각으로 요구를 들어주곤 하지만, 임차인으로서는 보증금을 받지 못하거나, 대항력을 인정받을 수 없는 못하는 경우가 생길 여지가 있으므로 유의하여야 한다.

앞에서 언급한 바와 같이 **임차인은 주택의 인도와 주민등록이 "일치한 시점"부터 대항력이 발생하고 그 이후 하나의 요건이라도 결여된다면 대항력이 없어졌다가 "재차 충족된 시점"부터 새롭게 대항력을 취득할 수 있는 것이다.** 또한 이 때의 시점은 임대차 계약의 체결 날짜와는 전혀 상관이 없으므로 **각별히 주의를 요한다고** 할 것이다.

법원 판단

피고는, 한국자산관리공사가 매각대금 중 피고에게 임차보증금 70,000,000원을 배분하였으나 낙찰인인 원고의 명도확인서 없이는 위 돈을 지급할 수 없다는 이유로 지급을 거절하여 피고가 아직까지 이를 지급받지 못하고 있으므로, 임차보증금을 실제로 지급받기 전까지는 위 부동산을 명도할 의무가 없다고 항변한다.

그러므로 살피건대, 갑 제1호증의 기재에 의하면 이 사건 부동산에 관하여 소외 XX주식회사가 1999. 5. 12. 채권최고액을 68,900,000원, 채무자를 이 사건 부동산의 소유자 이▽호로 하여 최선순위로 근저당권설정등기를 마치고, 다시 1999. 7. 9. 채권최고액을 9,100,000원, 채무자를 이▽호로 하여 2번 근저당권설정등기를 마친 사실을 인정할 수 있고, 한편 피고가 1998. 1. 14. 이 사건 부동산을 이▽호로부터 임차하고 이를 명도받아 주민등록 전입신고까지 마친 후 계속 거주하다가, XX생명 주식회사로부터 대출을 받을 수 있도록 주민등록을 잠시만 이전해 달라는 이▽호의 부탁을 받고 1999. 5. 11. 다른 곳으로 전출신고를 하였다가 1999. 7. 19. 이 사건 부동산으로 다시 전입신고한 사실은 피고가 자인하고 있는바, 피고가 주민등록을 전출하였다가 재전입신고를 마친 이상 피고가 당초에 취득했던 대항력은 소멸하고, **피고의 대항력은 재전입시점인 1999. 7. 19.을 기준으로 판단하여야** 할 것인데, 1순위 근저당권자인 XX생명 주식회사의 근저당권설정등기일이 피고의 재전입일에 앞서는 이상, 피고의 임차권은 이 사건 부동산의 낙찰로써 소멸되어, 낙찰인은 임차보증금 반환의무의 부담 없는 상태의 소유권을 취득하게 되므로, 피고가 매각대금에서 임차보증금의 배당을 받는 것은 별론으로 하고, 낙찰인에 대하여 임차보증금의 동시이행항변을 할 수는 없다 할 것이다.

부동산등기부상 '에이(a)동' 이라고 표시된 연립주택의 임차인이 '가'동이라고 전입신고를 한 경우, 임차인의 주민등록이 임대차의 공시방법으로 유효하다(대법원 2003. 6. 10. 선고 2002다59351 판결).

판례 해설

대상 판결 역시 이전 대법원 2008. 2. 14. 선고 2007다33224 판결 및 대법원 2007. 2. 8. 선고 2006다70516 판결의 연장 선상에서 제3자에 대한 공시 기능 즉 제3자의 인식여부를 고려하여 판단하였다.

대상 판결의 사례에서 임대차 계약을 체결한 임차인이 부동산 등기부상에는 "에이(a)"동이라고 표시되어 있었는데, 주민등록 시에는 "가"동이라고 표시하여 등기부와 다르게 전입신고 한 것으로 이전의 대법원 태도 등을 고려할 때 대항력을 인정되지 않을 수 있는 여지가 있으나, 대상판결에서는 **주민등록의 원래적 목적 즉 "공시"의 기능이 충분하였는지 여부를 고려하여 대항력을 인정하였다.**

다만 예외적인 판결이니 임차인이 주민등록을 할 경우에는 부동산 등기부를 확인하는 등 주의의무를 기울여야 할 것으로 보인다.

원심 판단

원심은 제1심판결 이유를 인용하여, 피고 이×동은, 1996. 10. 22. 제1심판결 별지 목록 기재 연립주택(에○○동 ○○호, 이하 '이 사건 부동산'이라 한다)의 소유자인 오▲춘과 사이에, 서울 ○○구 ○○동515의 3 '○○동 ○○호'를 보증금 4,000만 원, 임대차기간 1996. 11. 22.부터 24개월로 정하여 위 오▲춘으로부터 임차하기로 하는 내용의 임대차계약을 체결하고, 처인 피고 김△임, 어머니인 피고 유◆화와 함께 이 사건 부동산에 입주하여 1996. 12. 17. '서울 ○○구 ○○동515의 3 (12/7) 동신가-203호'로 주민등록 전입신고를 한 사실, 그 후 이 사건 부동산에 관하여 1999. 3. 16.자 채권최고액 2,600만 원, 근저당권자 소외 주식회사 한국주택은행, 채무자 오▲춘인 근저당권설정등기가 경료되었고 위 근저당권에 기한 임의경매절차에서 원고가 2001. 9. 3. 이 사건 부동산을 낙찰하여 그 대금을 완납한 사실, 이 사건 부동산은 2개의 독립된 동(棟)이 하나의 단지를 이루고 있는 '동신연립주택'의 한 동 중 한 세대인데, 위 연립주택은 등기부상으로는 '에이동', '비동'으로 각 등재되어 있으나 실제 건물 외벽에는 '가'동, '나'동으로 각 표시되고 사회생활상으로도 그렇게 호칭되고 있는 사실 등 그 판시와 같은 사실을 인정한 다음, 등기부상의 기재와 일치하지 아니하는 위 피고들의 주민등록만으로는 이 사건 임대차의 공시방법으로 유효하다고 할 수 없으므로 경락인인 원고에 대하여 주택임대차보호법상의 대항력을 갖지 못한다는 이유로, 이 사건 부동산에 대한 대항력 있는 임차인이라는 피고들의 항변을 배척하고 원고의 이 사건 명도 청구를 인용하였다.

대법원 판단

그러나 원심의 위와 같은 판단은 수긍할 수 없다.

주택임대차보호법 제3조 제1항에서 주택의 인도와 더불어 대항력의 요건으로 규정하고 있는 주민등록은 거래의 안전을 위하여 임차권의 존재를 제3자가 명백히 인식할 수 있게 하는 공시방법으로서 마련된 것이라고 볼 것이므로, **주민등록이 어떤 임대차를 공시하는 효력이 있는지 여부는 일반사회 통념상 그 주민등록으로 당해 임대차건물에 임차인이 주소 또는 거소를 가진 자로 등록되어 있다고 인식할 수 있는지 여부에 따라 결정되어야** 한다(대법원 2002. 6. 14. 선고 2002다15467 판결 등 참조). 기록에 의하면, 이 사건 부동산에 대한 등기부의 표제부에는 건물의 소재지번·건물명칭 및 번호가 '서울 ○○구 ○○동515-3 제 에이동'으로, 건물내역이 '벽돌조 슬래브위 시멘트기와지붕 2층 연립주택, 에이동 1층 345.12㎡, 2층 345.12㎡, 지하실 236.03㎡'로, 전유부분의 내역이 '제2층 203호, 벽돌조 57.52㎡'로, 대지권의 목적인 토지가 '서울 ○○구 ○○동515-3 대 1,424.9㎡'로 각 표시되어 있으며, 이 토지 위에는 위에서 본 2개 동의 연립주택 외에는 다른 건물이 전혀 없고 그 2개 동도 한 층당 세대수가 한 동은 4개 세대씩이고 다른 동은 6개 세대씩으로서 크기가 달라서 외관상 혼동의 여지도 없음을 알 수 있는바, **같은 지번의 토지 위에 있는 두 동의 연립주택이 '에이', '비'동 또는 '가', '나'동 등으로 불리워지는 경우에, 일반사회의 통념상 이는 그 표시 순서에 따라 각각 같은 건물을 의미하는 것이라고 인식될 여지가 있는데**다가, 위와 같은 이 사건 부동산의 등기부상의 건물내역과 대지권의 목적인 토지의 지번 표시 및 면적 등의 현황을 피고들의 위 주민등록 주소와 비교하여 볼 때, **통상적인 주의력을 가진 사람이라면 어렵지 않게 위 주민등록상의 '○○동 ○○호'가 이 사건 부동산인 등기부상의 '에○○동 ○○호'를 의미함을 인식할 수 있다고 봄이 상당**하다.

그리고 위와 같은 피고들의 주민등록 전입신고 및 입주가 있은 후 같은 이 사건 부동산에 대하여 근저당권을 취득하고자 한 위 은행이 목적물인 주택에 대항력 있는 임차인이 있는지 여부를 조사하는 과정에서도 능히 등기부상 '에이동'으로 표시된 이 사건 부동산에 피고들이 '가동'으로 기재된 주민등록을 하고 입주 중임을 인식하는 데 별다른 지장이 없었다고 여겨지고, 더욱이 경매가 진행되면서 원고를 포함하여 입찰에 참가하고자 한 사람들로서도, 경매기록에서 경매목적물의 표시가 '에이동'과 '가동'으로 병기되고 있었음이 기록상 분명한 이상, 피고들의 임대차를 대항력 있는 임대차로 인식하는 데에 아무런 어려움이 없었다고 하지 않을 수 없다.

그럼에도 불구하고, 원심이 위 주민등록상의 동수 표시와 이 사건 부동산 등기부상의 동수 표시가 형식적으로 일치하지 않는다는 점만으로 위 주민등록이 이 사건 임대차의 공시방법으로 유효하지 않다고 판단한 데에는 심리미진 또는 주택임대차보호법상의 임대차 공시방법에 대한 법리를 오해한 위법이 있고, 이 점을 지적하는 상고이유의 주장은 이유 있다.

건축 중인 주택을 임차하여 주민등록을 마친 임차인의 주민등록상 주소 기재가 당시 주택 현황과 일치하였으나 그 후 사정변경으로 등기부상 주택의 표시가 달라진 경우라면 그와 같이 달라졌는지 여부를 입찰절차에서의 이해관계인 등이 알고 있었다고 하더라도 주임법상 공시 방법을 인정할 수 없다(대법원 2003. 5. 16. 선고 2003다10940 판결)

판례 해설

앞서 언급한 사례, 즉 최초 다가구 주택이었으나 다세대 주택으로 변경된 경우, (a) 동으로 기재되었으나 그 이후 (가)동으로 기재된 경우와 같이 공시 방법과 관련된 사례이다.

이 사안에서 법원은 현재의 등기부상 주택의 표시가 분명히 다르고 객관적인 3자의 인식에서 알 수 없을 것이라고 판단하여 대항력을 인정하지 않았다. 결국 공시 방법의 불비가 인정되었다면 비록 이러한 사정에 관하여 이해관계자가 알고 있었다 하더라도 대항력의 판단은 객관적이어야 하므로 대항력을 인정할 수 없다고 본 것이다.

법원 판단

주택임대차보호법 제3조 제1항에서 주택의 인도와 더불어 대항력의 요건으로 규정하고 있는 주민등록은 거래의 안전을 위하여 임대차의 존재를 제3자가 명백히 인식할 수 있게 하는 공시방법으로 마련된 것이고, 그 주민등록이 어떤 임대차를 공시하는 효력이 있는가의 여부는 일반 사회통념상 그 주민등록이 당해 임대차 건물에 임차인이 주소 또는 거소를 가진 자로 등록되어 있는지를 인식할 수 있는가의 여부에 따라 결정된다고 할 것이고(대법원 2002. 10. 11. 선고 2002다20957 판결 참조), **건축 중인 주택에 대한 소유권보존등기가 경료되기 전에 그 일부를 임차하여 주민등록을 마친 임차인의 주민등록상의 주소 기재가 그 당시의 주택의 현황과 일치한다고 하더라도 그 후 사정변경으로 등기부 등의 주택의 표시가 달라졌다면 특별한 사정이 없는 한** 달라진 주택의 표시를 전제로 등기부상 이해관계를 가지게 된 제3자로서는 당초의 주민등록에 의하여 당해 주택에 임차인이 주소 또는 거소를 가진 자로 등록되어 있다고 인식하기 어렵다고 할 것이므로 그 **주민등록은 그 제3자에 대한 관계에서 유효한 임대차의 공시방법이 될 수 없다고 할 것이며**(대법원 1999. 9. 3. 선고 99다15597 판결 참조), 이러한 이치는 **입**

찰절차에서의 이해관계인 등이 잘못된 임차인의 주민등록상의 주소가 건축물관리대장 및 등기부상의 주소를 지칭하는 것을 알고 있었다고 하더라도 마찬가지라고 할 것이다.

관련 증거들을 기록과 대조하여 검토하여 보면, 이 부분에서 원심이 한 사실인정은 정당하다고 할 것이나, 위와 같은 법리에 비추어 볼 때 원심이 인정한 사정들을 모두 참작한다 하더라도 **이 사건 건물의 등기부상의 동·호수 표시인 '제비((b)동 3층 302호'와 불일치한 위 '○○동 ○○호'로 된 피고의 주민등록은 일반 사회통념상 그로써 당해 임대차 건물에 피고가 주소 또는 거소를 가진 자로 등록되어 있는지를 인식할 수 있다고 보이지 아니하므로 위 주민등록은 임대차의 공시방법으로서 유효하다고 할 수 없고**, 원심 판시와 같이 근저당권자인 주식회사 국민은행이나 낙찰자인 **원고가 잘못된 주민등록상의 주소인 '○○동 ○○호'가 등기부 등의 주소인 '제비(b)동 302호'를 지칭하는 것으로 알고 있었다거나 알 수 있었다고 하더라도 그와 같은 판단에 장애를 가져오는 것은 아니라고 할 것이다.**

그러함에도 원심이 그 판시와 같은 사정을 들어 피고의 주민등록이 임대차의 공시방법으로서 유효하다고 판단하여 이에 관한 피고의 항변을 인용한 데에는 주민등록의 주택임대차보호법상의 공시방법으로서의 효력에 관한 법리를 오해한 위법이 있다고 할 것이고, 이러한 위법은 판결 결과에 영향을 미쳤음이 분명하다.

6. 우선변제권(=임차인은 대항력 이외에 확정일자를 갖추어야 한다.)

주택임대차보호법은 임차인의 보증금을 보호하기 위하여 우선변제권이라는 제도를 마련하였다. 이는 일반 채권자에 불과한 임차인에 대하여 담보물권자와 동일한 지위를 부여한 것인데 대항력과 함께 임차인이 누릴 수 있는 특권 중의 하나이다. 즉 본 조항이 없을 경우 임차인이 경매절차에서 배당권자로서의 지위를 누리기 위해서는 집행권원(판결문)을 보유하고 있어야 하는바 이 때에도 평등 배당을 받기 어려우나, 본 조항이 있음으로 인하여 임차인은 집행권원이 없이도 우선변제를 받을 수 있게 된 것이다.

다만, 임차인이 우선변제적 효력을 누리기 위한 요건의 경우 그 충족여부를 엄격한 기준에 따라 판단하고 있는바 임차인으로서는 동 부분을 각별히 유의하여야 할 것이다.

> **제3조의2(보증금의 회수)**
> ① 임차인(제3조제2항 및 제3항의 법인을 포함한다. 이하 같다)이 임차주택에 대하여 보증금반환청구소송의 확정판결이나 그 밖에 이에 준하는 집행권원(執行權原)에 따라서 경매를 신청하는 경우에는 집행개시(執行開始)요건에 관한 「민사집행법」 제41조에도 불구하고 반대의무(反對義務)의 이행이나 이행의 제공을 집행개시의 요건으로 하지 아니한다.
> ② 제3조제1항·제2항 또는 제3항의 대항요건(對抗要件)과 임대차계약증서(제3조제2항 및 제3항의 경우에는 법인과 임대인 사이의 임대차계약증서를 말한다)상의 확정일자(確定日字)를 갖춘 임차인은 「민사집행법」에 따른 경매 또는 「국세징수법」에 따른 공매(公賣)를 할 때에 임차주택(대지를 포함한다)의 환가대금(換價代金)에서 후순위권리자(後順位權利者)나 그 밖의 채권자보다 우선하여 보증금을 변제(辨濟)받을 권리가 있다.
> ③임차인은 임차주택을 양수인에게 인도하지 아니하면 제2항에 따른 보증금을 받을 수 없다.

대항력을 갖춘 임차인이 저당권설정등기 이후에 임차인과의 합의에 의하여 보증금을 증액한 경우 보증금 중 증액부분에 관해서는 저당권에 기하여 건물을 경락받은 소유자에게 대항할 수 없다(대법원 1990. 8. 24. 선고 90다카11377 판결)

판례 해설

임차인이 주임법상 ① 주민등록과 ② 건물의 인도 그리고 ③ 확정일자를 갖추면, **이 모든 요건을 갖춘 "일자"를 기준으로 대항력 및 우선변제권이 발생**한다. 이에 따라 후순위자인 근저당권자는 임차인이 보증금을 모두 배당받은 이후에 비로소 배당을 받을 수 있어, 낙찰자의 경우에는 말소기준권리보다 대항력 있는 임차권이 선순위일 경우 해당 임차권을 인수할 수밖에 없다.

다만 **임대차 계약을 갱신하면서 보증금을 증액한 경우** 기존의 대항력 등이 그대로 유지되는지 논의의 여지는 있을 수 있겠으나, 담보물권자인 근저당권자의 이익을 침해하지 않은 범위 즉 **근저당권의 성립 이전에 임대차 계약을 체결할 당시의 보증금만 선순위로 보호**를 받고 근저당권자가 성립된 이후에 발생한 증액 부분은 보호를 받지 못하게 된다.

이는 담보물권의 기본취지인 **먼저 발생한 권리가 먼저 변제를 받는**다는 원칙을 고려한 것으로 보인다.

법원 판단

원심판결 이유에 의하면, 원심은 원고가 이 사건 건물을 경락 취득한 기본이 된 저당권은 1985.10.25.에 등기된 것이고 그 당시 피고들은 건물소유자와 주택임대차계약을 체결하고 입주 중이었는데 임차보증금 2,100만원을 건물주에게 예치하고 있었고 임대차기간은 7개월 정도 남아 있는 상태였는데 피고들은 위 저당권등기일 이후인 1986.6.21.에 건물주와의 사이에 임차보증금을 2,400만원으로 증액하기로 합의하고 그 무렵에 300만원을 더 예치하여 임차보증금이 금 2,400만원이 되었다는 사실을 인정하고 피고들의 주택임차권은 위 저당권보다 선순위이므로 피고들은 원고로부터 보증금 2,400만원을 상환받을 때까지 건물명도 청구를 거절할 수 있다고 판시하였다.

그러나 원심인정과 같이 피고들이 저당권설정등기이전에 취득하고 있던 임차권을 선순위로서 저당권자에게 대항할 수 있음은 물론이나 **저당권이 설정 등기된 후에 건물주와의 사이에 임차보증금을 증액하기로 한 합의는 건물주가 저당권자를 해치는 법률행위를 할 수 없게 된 결과 그 합의 당사자 사이에서만 효력이 있는 것이고 저당권자에게는 대항할 수 없다**고 할 수밖에 없다.

그러므로 피고들은 원고의 이 사건 건물명도 청구에 대하여 임차보증금 2,100만원을 상환받을 때까지 그 건물을 명도할 수 없다고 주장할 수 있을 뿐이고 저당권설정등기 이후에 증액한 임차보증금에 대하여는 이를 원고에게 대항할 수 없는 것이다.

원심판결은 저당권설정등기가 된 후에 임차보증금을 증액하기로 합의한 경우 그 효력이 저당권자에게 미치는 점에 관한 법리를 오해하여 판결에 영향을 미친 위법이 있다

주택임대차보호법상 우선변제의 요건인 주택의 인도와 주민등록은 배당요구 종기가지 유지하고 있어야 하고 그렇지 않을 경우 우선변제권을 인정받을 수 없다(대법원 2007. 6. 14. 선고 2007다17475 판결).

판례 해설

임대차 계약은 채권계약으로서 당사자 사이에서만 효력이 있다. 이에 임차 주택이 매매 등으로 인하여 소유자가 변경되었을 경우 임차인은 새 소유자에 의해 쫓겨날 수밖에 없었고 설상가상으로 임차 보증금까지 돌려받지 못하는 경우가 많았다. 입법자는 위와 같은 불합리한 상황을 개선하기 위하여 주택임대차보호법이라는 제도를 만들어 일정한 요건 하, 임대인에게 주장할 수 있었던 사유를 해당 주택을 매입한 새 소유자에 대해서도 주장할 수 있게 하였다. 결국 임차인은 사실상 물권자로서의 지위를 누리게 된 것이다.

다만 물권자로서의 지위를 누리기 위해서는 임차인은 주민등록과 점유를 통해 제3자에게 임차권의 존재를 공시하여야만 하고 법원은 공시의 기준인 "주민등록"과 "점유"를 <u>배당요구 종기일까지 유지하도록 요구</u>하고 있다. 임차인은 원래 물권자가 아닌 채권자에 불과한 점, 등기라는 제도에 비하여 점유와 주민등록은 불완전한 공시방법이라는 점 등을 고려하여 볼 때 대법원의 판단은 지극히 타당한 결론이다.

법원 판단

주택임대차보호법 제8조에서 임차인에게 같은 법 제3조 제1항 소정의 주택의 인도와 주민등록을 요건으로 명시하여 그 보증금 중 일정액의 한도 내에서는 등기된 담보물권자에게도 우선하여 변제받을 권리를 부여하고 있는 점, 위 임차인은 배당요구의 방법으로 우선변제권을 행사하는 점, 배당요구 시 까지만 위 요건을 구비하면 족하다고 한다면 동일한 임차주택에 대하여 주택임대차보호법 제8조 소정의 임차인 이외에 같은 법 제3조의2 소정의 임차인이 출현하여 배당요구를 하는 등 경매절차상의 다른 이해관계인들에게 피해를 입힐 수도 있는 점 등에 비추어 볼 때, <u>공시방법이 없는 주택임대차에 있어서 주택의 인도와 주민등록이라는 우선변제의 요건은 그 우선변제권 취득 시에만 구비하면 족한 것이 아니고, 민사집행법상 "배당요구의 종기"까지 계속 존속</u>하고 있어야 한다(대법원 1997. 10. 10. 선고 95다44597 판결, 2006. 1. 13. 선고 2005다64002 판결 등 참조).

원심이 같은 취지에서 원고가 이 사건 부동산에 관한 경매개시결정의 기입등기 경료 전에 위 부동산을 인도받고 이에 대해 주민등록 전입신고를 마치고 이 사건 경매절차에서의 배당요구의 종기(2005. 3. 19.) 이후인 2005. 10. 17.까지 위 요건을 유지하고 있었으므로 주택임대차보호법 제8조 제1항 의 소액보증금을 최우선 배당받을 수 있는 요건을 갖추었다고 판단한 것은 정당하고, 거기에 상고이유의 주장과 같은 법리오해 등의 위법이 없다.

직접 경매를 신청한 임차인의 우선변제권 인정 여부 (대법원 2013. 11. 14. 선고 2013다27831 판결)

판례 해설

주택임대차보호법상의 임차인은 **배당절차에서 배당요구를 하여야만 비로소 배당을 받을 수 있는 배당요구권자**이다. 사안에서는 **해당 임차인이 배당절차에서 배당요구를 하지 않음으로 인하여 문제가 발**생하였다. 원심에서는 이와 같은 문제를 평면적으로만 받아들여 형식적 배당요구를 하지 않은 임차인에게 우선배당을 하지 않은 배당법원의 손을 들어주었던 것이다.

그러나 이 사안에서의 <u>임차인은 자신 스스로 확정판결을 받아 자신의 직접 경매신청을 하였는데, 이와 같이 직접 경매를 신청한 자는 민</u>

사집행법상의 배당요구가 필요 없는 자에 해당한다. 물론 대법원은 임차인의 열악한 지위를 고려하여 경매신청 자체를 배당 요구라고 의제하였으나 이렇게 의제하였던 이유는 **임차인은 배당요구보다 더 강력한 경매신청을 하였고, 나아가 원고가 대항요건과 확정일자를 갖춘 임차인이라는 내용이 현황조사보고서와 매각물건명세서에 기재되어 있어 다른 배당채권자들이 해당 임차인의 지위에 관하여 이미 인지하고 있었음을 전제**하였기 때문으로 보인다. 즉 이와 같은 임차인에 대하여 경매신청자체를 배당요구로 의제한다고 하더라도 다른 채권자들에게 불측의 손해를 주는 것은 아니라는 판단을 한 것으로 보인다. 현실을 고려한 타당한 판결로 보인다.

법원 판단

가. 주택임대차보호법상의 대항력과 우선변제권을 모두 가지고 있는 임차인이 보증금을 반환받기 위하여 보증금반환청구 소송의 확정판결 등 집행권원을 얻어 임차주택에 대하여 스스로 강제경매를 신청하였다면 특별한 사정이 없는 한 대항력과 우선변제권 중 우선변제권을 선택하여 행사한 것으로 보아야 하고, 이 경우 우선변제권을 인정받기 위하여 배당요구의 종기까지 별도로 배당요구를 하여야 하는 것은 아니다. 그리고 이와 같이 우선변제권이 있는 임차인이 집행권원을 얻어 스스로 강제경매를 신청하는 방법으로 우선변제권을 행사하고, 그 경매절차에서 집행관의 현황조사 등을 통하여 경매신청채권자인 임차인의 우선변

제권이 확인되고 그러한 내용이 현황조사보고서, 매각물건명세서 등에 기재된 상태에서 경매절차가 진행되어 매각이 이루어졌다면, 특별한 사정이 없는 한 경매신청채권자인 임차인은 배당절차에서 후순위권리자나 일반채권자보다 우선하여 배당받을 수 있다고 보아야 할 것이다.

나. 위 사실관계를 앞서 본 법리에 비추어 보면, 원고는 보증금반환청구 소송의 승소확정판결을 집행권원으로 하여 이 사건 주택에 대한 강제경매를 신청함으로써 주택임대차보호법상의 우선변제권을 선택하여 행사하였고, 원고가 대항요건과 확정일자를 갖춘 임차인이라는 내용이 현황조사보고서와 매각물건명세서에 기재된 상태에서 이 사건 경매절차가 진행되어 이 사건 주택이 매각되었으므로, 경매법원으로서는 원고에게 일반채권자인 피고들보다 우선하여 배당을 실시하였어야 할 것이다.

다. 그럼에도 원심은 이와 달리, 원고가 배당요구의 종기까지 우선변제권 있는 임차인임을 소명하는 서류를 경매법원에 제출하지 아니하였다는 등의 이유만으로 배당과 관련하여 원고에게 일반채권자로서의 지위를 넘어 우선변제권이 있는 임차인의 지위를 인정할 수 없다고 잘못 판단하였으니, 이러한 원심의 판단에는 주택임대차보호법상 우선변제권에 관한 법리를 오해하여 판결 결과에 영향을 미친 위법이 있다. 이 점을 지적하는 취지의 상고이유 주장은 이유 있다.

주택임대차보호법상 대항요건과 확정일자를 갖춘 임차인들이 소액임차인의 지위를 겸하는 경우, 그 배당방법 (대법원 2007. 11. 15 선고 2007다45562 판결 [배당이의])

판례 해설

소액임차인은 주임법상 대항력과 우선변제권 외에 일정금액의 한도 내에서 최우선 변제를 받을 수 있다. 즉 소액 임차인은 주임법상 통상의 순위에서만 받는 것이 아니라 소액임차보증금에 한하여서는 최우선하여 변제받을 수 있고 그 외 나머지 금액은 확정일자에 따른 순위에 따라 배당을 받을 수 있게 된다.

법원 판단

주택임대차보호법 제3조의2 제2항은 대항요건(주택인도와 주민등록 전입신고)과 임대차계약증서상의 확정일자를 갖춘 주택임차인에게 부동산 담보권에 유사한 권리를 인정한다는 취지로서, 이에 따라 대항요건과 확정일자를 갖춘 임차인들 상호간에는 대항요건과 확정일자를 최종적으로 갖춘 순서대로 우선변제받을 순위를 정하게 되므로, 만일 대항요건과 확정일자를 갖춘 임차인들이 주택임대차보호법 제8조 제1항에 의하여 보증금 중 일정액의 보호를 받는 소액임차인의 지위를 겸하는 경우, 먼저 소액임차인으로서 보호받는 일정액을 우선 배당하고 난

후의 나머지 임차보증금채권액에 대하여는 대항요건과 확정일자를 갖춘 임차인으로서의 순위에 따라 배당을 하여야 하는 것이다.

임차권자는 건물 소유자가 최소한 토지를 사용할 수 있는 권리를 가지고 있어야만 토지 소유자에 대하여 대항할 수 있다(대법원 2010. 8. 19. 선고 2010다43801 판결).

판례 해설

주임법은 건물 임대차 즉 주거용 건물에 대하여 임대차 계약을 체결하는 경우에 적용된다. 문제는 토지와 건물이 각기 다른 소유자에게 속해있고, 건물 소유자가 토지 소유자에 대하여 대항할 수 없는 경우, 즉 건물 소유자에게 토지를 사용할 수 있는 지상권이나 임차권 등이 존재하지 않을 경우에 건물 소유자와 임대차 계약을 체결한 임차인이 토지 소유자에 대하여 주임법의 적용을 주장하여 대항할 수 있는지 문제가 된다.

임차인이 체결한 임대차 계약이 유효·적법하려면 적어도 임대인은 소유자는 아니라고 하더라도 사용·수익할 권한을 가지고 있어야 하는 바, 위의 경우에 건물 소유자로서는 토지 사용권이 존재하여야 비로소 건물은 사용할 수 있는 권한이 생긴다 할 것인데, 그러한 권한을 가지고 있지 않은 경우에는 사용·수익 권한 역시 존재하지 않은 것으로 보아야 한다. 따라서 토지 사용권이 없는 건물 소유자와 체결한 임대차 계약은 그 유효성을 인정받지 못하게 되고, 결국 건물 임차인은 권한 없는 자와 체결한 임대차 계약을 가지고 토지 소유자에 대하여 대항할 수 없게 된다.

즉 주임법은 적법한 임대차 계약을 가지고 주장할 수 있는 경우를 전제로 하는바, 임대차 계약이 적법하지 않을 경우에는 주임법 자체가 적용될 수 없기 때문에 제3자인 토지소유자에 대하여도 전혀 대항할 수 없게 되는 것이다. 따라서 임차인으로서는 토지와 건물의 소유자가 각기 다를 경우 임대차 계약을 체결하는 건물 임대인이 토지 사용권한이 있는지 반드시 확인하고 계약을 체결하여야 할 것이다.

법원 판단

[1] 건물이 그 존립을 위한 토지사용권을 갖추지 못하여 토지의 소유자가 건물의 소유자에 대하여 당해 건물의 철거 및 그 대지의 인도를 청구할 수 있는 경우에라도 건물소유자가 아닌 사람이 건물을 점유하고 있다면 토지소유자는 그 건물 점유를 제거하지 아니하는 한 위의 건물 철거 등을 실행할 수 없다. 따라서 그때 토지소유권은 위와 같은 점유에 의하여 그 원만한 실현을 방해당하고 있다고 할 것이므로, 토지소유자는 자신의 소유권에 기한 방해배제로서 건물점유자에 대하여 건물로부터의 퇴출을 청구할 수 있다.그리고 이는 건물점유자가 건물소

유자로부터의 임차인으로서 **그 건물임차권이 이른바 대항력을 가진다고 해서 달라지지 아니한다.** 건물임차권의 대항력은 기본적으로 건물에 관한 것이고 토지를 목적으로 하는 것이 아니므로 이로써 토지소유권을 제한할 수 없고, 토지에 있는 건물에 대하여 대항력 있는 임차권이 존재한다고 하여도 이를 토지소유자에 대하여 대항할 수 있는 토지사용권이라고 할 수는 없다. 바꾸어 말하면, 건물에 관한 임차권이 대항력을 갖춘 후에 그 대지의 소유권을 취득한 사람은 민법 제622조 제1항이나 주택임대차보호법 제3조 제1항 등에서 그 임차권의 대항을 받는 것으로 정하여진 '제3자'에 해당한다고 할 수 없다.

[2] 민법 제304조는 전세권을 설정하는 건물소유자가 건물의 존립에 필요한 지상권 또는 임차권과 같은 토지사용권을 가지고 있는 경우에 관한 것으로서, 그 경우에 건물전세권자로 하여금 토지소유자에 대하여 건물소유자, 즉 전세권설정자의 그러한 토지사용권을 원용할 수 있도록 함으로써 토지소유자 기타 토지에 대하여 권리를 가지는 사람에 대한 관계에서 건물전세권자를 보다 안전한 지위에 놓으려는 취지의 규정이다. 또한 지상권을 가지는 건물소유자가 그 건물에 전세권을 설정하였으나 그가 2년 이상의 지료를 지급하지 아니하였음을 이유로 지상권설정자, 즉 토지소유자의 청구로 지상권이 소멸하는 것(민법 제287조 참조)은 전세권설정자가 전세권자의 동의 없이는 할 수 없는 위 민법 제304조 제2항 상의 "지상권 또는 임차권을 소멸하게 하는 행위"에 해당하지 아니한다. 위 민법 제304조 제2항이 제한하려는 것은 포기, 기간

단축약정 등 지상권 등을 소멸하게 하거나 제한하여 건물전세권자의 지위에 불이익을 미치는 전세권설정자의 임의적인 행위이고, 그것이 법률의 규정에 의하여 지상권소멸청구권의 발생요건으로 정하여졌을 뿐인 지상권자의 지료 부지급 그 자체를 막으려고 한다거나 또는 지상권설정자가 취득하는 위의 지상권소멸청구권이 그의 일방적 의사표시로 행사됨으로 인하여 지상권이 소멸되는 효과를 제한하려고 하는 것이라고 할 수 없다. 따라서 **전세권설정자가 건물의 존립을 위한 토지사용권을 가지지 못하여 그가 토지소유자의 건물철거 등 청구에 대항할 수 없는 경우에 민법 제304조 등을 들어 전세권자 또는 대항력 있는 임차권자가 토지소유자의 권리행사에 대항할 수 없음**은 물론이다. 또한 건물에 대하여 전세권 또는 대항력 있는 임차권을 설정하여 준 지상권자가 그 지료를 지급하지 아니함을 이유로 토지소유자가 한 지상권소멸청구가 그에 대한 전세권자 또는 임차인의 동의가 없이 행하여졌다고 해도 민법 제304조 제2항에 의하여 그 효과가 제한된다고 할 수 없다.

7. 임차인의 배당요구와 관련된 쟁점

주임법상 임차권의 대항력은 전세권은 별개의 권리이다(대법원 2007. 6. 28. 선고 2004다69741 판결).

판례 해설

대법원의 기본적인 전제는 임차권과 전세권이 실질적으로 동일인에게 속하였다고 하더라도, 각 권리는 별개의 권리이기 때문에 하나의 권리가 소멸된다고 하더라도 다른 권리는 그대로 유지된다는 것이다. 따라서 이 사건과 같이 **주임법상 임차인과 전세권자의 지위를 가지고 있더라도 한 권리의 대항요건을 결여한다면 여전히 존재하는 권리와는 상관없이 그 대항력이 소멸된다.**

그러므로 이 같은 대상 판결의 태도를 숙지하여 낙찰자의 입장에서나 임차인의 입장에서 각별히 주의해야 할 것이다.

법원 판단

전세권은 전세금을 지급하고 타인의 부동산을 점유하여 그 부동산의 용도에 좇아 사용·수익하며 그 부동산 전부에 대하여 후순위권리자 기타 채권자보다 전세금의 우선변제를 받을 권리를 내용으로 하는 물권이지만, 임대차는 당사자 일방이 상대방에게 목적물을 사용, 수익하게 할 것을 약정하고 상대방이 이에 대하여 차임을 지급할 것을 약정함으로써 그 효력이 발생하는 채권계약으로서, 주택임차인이 주택임대차보호법 제3조 제1항의 대항요건을 갖추거나 민법 제621조의 규정에 의한 주택임대차등기를 마치더라도 채권계약이라는 기본적인 성질에 변함이 없다.

이러한 차이와 더불어, 주택임차인이 그 지위를 강화하고자 별도로 전세권설정등기를 마치더라도 주택임대차보호법상 주택임차인으로서의 우선변제를 받을 수 있는 권리와 전세권자로서 우선변제를 받을 수 있는 권리는 근거 규정 및 성립요건을 달리하는 별개의 것이라는 점(대법원 1993. 12. 24. 선고 93다39676 판결 참조), 주택임대차보호법 제3조의3 제1항에서 규정한 임차권등기명령에 의한 임차권등기와 동법 제3조의4 제2항에서 규정한 주택임대차등기는 공통적으로 주택임대차보호법상의 대항요건인 '주민등록일자', '점유개시일자' 및 '확정일자'를 등기사항으로 기재하여 이를 공시하지만 전세권설정등기에는 이러한 대항요건을 공시하는 기능이 없는 점, 주택임대차보호법 제3조의4 제1항에서 임차권등기명령에 의한 임차권등기의 효력에 관한 동법 제3조의3 제5항의 규정은 민법 제621조에 의한 주택임대차등기의 효력에 관하여 이를 준용한다고 규정하고 있을 뿐 주택임대차보호법 제3조의3 제5항의 규정을 전세권설정등기의 효력에 관하여 준용할 법적 근거가 없는 점 등을 종합하면, 주택임차인이 그 지위를 강화하고자 별도로 전세권

설정등기를 마쳤더라도 주택임차인이 주택임대차보호법 제3조 제1항의 대항요건을 상실하면 이미 취득한 주택임대차보호법상의 대항력 및 우선변제권을 상실한다고 봄이 상당하다.

원심이 같은 취지에서 원고가 주택임대차보호법 제3조 제1항의 대항요건인 주민등록을 상실함으로써 동법 제8조 제1항의 소액보증금 우선변제권을 상실하였다고 판단한 것은 옳고, 그 판단에 주택임대차보호법상 우선변제권에 관한 법리를 오해하는 등의 위법이 없다.

최선순위 전세권자이자 주택임대차보호법상 대항력을 갖춘 임차인이 동일인인 경우 배당 요구와 관련된 문제 (대법원 2010. 7. 26. 자 2010마900 결정)

판례 해설

전세권자와 임차인이 실질적으로 동일하다면 이 중 한 가지 권리에 대하여 배당요구를 한 경우 실질적으로 다른 권리까지도 배당요구를 한 것으로 볼 수 있는바, 배당요구로 인하여 나머지 권리가 소멸된다고 해석해야 하는 것이 아닌가 하고 생각될 수 있다. 특히 낙찰자의 입장에서는 인수되는 권리가 존재하는지 여부에 따라 손실 및 이득이 결정되기 때문에 대상판결은 아주 중요한 사례인데, **법원은 동일인이 전세권자의 지위에서 배당요구를 하였다고 하더라도 임차인의 지위에서 배당요구를 하지 않았다면 나머지 보증금에 관하여 낙찰자에게 대항할 수**

있다고 판단하였다.

법원 판단

주택에 관하여 최선순위로 전세권설정등기를 마치고 등기부상 새로운 이해관계인이 없는 상태에서 전세권설정계약과 계약당사자, 계약목적물 및 보증금(전세금액)등에 있어서 동일성이 인정되는 임대차계약을 체결하여 주택임대차보호법상 대항요건을 갖추었다면, 전세권자로서의 지위와 주택임대차보호법상 대항력을 갖춘 임차인으로서의 지위를 함께 가지게 된다. 이러한 경우 전세권과 더불어 주택임대차보호법상의 대항력을 갖추는 것은 자신의 지위를 강화하기 위한 것이지 원래 가졌던 권리를 포기하고 다른 권리로 대체하려는 것은 아니라는 점, 자신의 지위를 강화하기 위하여 설정한 전세권으로 인하여 오히려 주택임대차보호법상의 대항력이 소멸된다는 것은 부당하다는 점, 동일인이 같은 주택에 대하여 전세권과 대항력을 함께 가지므로 대항력으로 인하여 전세권 설정 당시 확보한 담보가치가 훼손되는 문제는 발생하지 않는다는 점 등을 고려하면, 최선순위 전세권자로서 배당요구를 하여 전세권이 매각으로 소멸되었다 하더라도 변제받지 못한 나머지 보증금에 기하여 대항력을 행사할 수 있고, 그 범위 내에서 임차주택의 매수인은 임대인의 지위를 승계한 것으로 보아야 할 것이다. 기록에 의하면, 원심이 그 판시와 같은 이유로 이 사건 인도명령 신청을 기각한 제1심을 유지한 것은 위 법리에 따른 것으로 정당하고, 거기에 재항고이유로 주장하는 법리오해 등의 위법이 없다. 그러므로 재항고를 기각하고 재항고비용은 패소자가 부담하기로 하여 관여 대법관 의 일치된 의견으로 주문과 같이 결정한다.

배당요구 종기 이전에 확정일자에 기한 배당요구를 하였다면, 배당요구 종기 이후에는 이를 정정하는 주장을 할 수 없다(대법원 2014. 4. 30. 선고 2013다58057 판결).

판례 해설

일단 임대차 계약이 체결되면 기본적인 사항이 실질적으로 변동되지 않은 이상 임대차 계약 갱신으로 인한 임대차 기간의 연장에도 최초 확정일자로 얻은 대항력 및 우선순위를 인정받을 수 있다.

이 사안의 쟁점은 임대차 계약의 갱신이 있었던 경우, 갱신한 확정일자에 의하여 배당요구를 했다가 당사자가 이를 정정하고 최초 계약 시기를 기준으로 확정일자를 다시 주장할 수 있는지 여부였다. 원심은 이를 인정하였으나, 대법원은 당사자가 법률적 주장을 잘못하였다고 권리가 소멸하는 것은 아니지만, **경매에서만큼은 절차의 안정성을 가장 중요하게 생각하기 때문에 경매절차에서 임차인으로서 잘못된 확정일자를 주장하여 배당요구를 하였을 경우 차후 이를 정정하는 주장은 할 수 없다**고 판시하였다.

따라서 순간의 실수로 인하여 이 사건에서처럼 임차인이 보증금 자체를 배당받을 수 없는 지경에 처할 수 있으므로 경매절차에서만큼은 특히 주의를 요한다.

원심 판단

원고들이 배당요구를 하면서 제출한 최후 임대차 계약서는 원고들이 임차한 각 점포에 관한 최초 임대차 계약이 수차에 걸쳐 갱신되는 과정에서 작성된 것으로서 단지 그 임대차 기간이 다를 뿐 임대차 목적물 등 임대차 계약의 핵심이 되는 사항은 실질적으로 동일하다. 따라서 최초 임대차 계약서에 의한 대항력과 우선변제권은 그대로 유지되고 있다고 할 것이고, 비록 원고들이 배당 요구시 최후 임대차 계약서를 제출하였으나 이후 집행법원에 제출한 의견서를 통하여 최초 임대차 계약서에 의한 확정일자를 주장하였던 점 등에 비추어 보면 원고들은 최초 임대차 계약에 의한 임대차 보증금에 관하여 우선변제를 주장하며 배당요구를 한 것으로 볼 수 있으므로, 배당요구의 종기 후에 원고들이 최초 임대차 계약에 의한 확정일자를 주장하는 것은 이미 배당 요구한 채권에 관한 주장을 보완하는 것에 불과하여 허용된다고 봄이 상당하다. 따라서 원고들은 최초 임대차 계약에 의한 임대차 보증금에 관하여 피고보다 선순위 채권자로서 배당에서 우선한다는 것이다.

대법원 판단

기록에 의하면, 이 사건 경매절차에서 원고들의 배당요구에 앞서 2011. 2. 10. 집행관이 작성·제출한 부동산 현황조사서에 원고들의 임대차 기간·임대차 보증금 및 확정일자가 모두 최후 임대차 계약서의 내용 그대로 기재된 사실, 원고들도 배당요구를 하면서 앞서 본 바와 같이 배당요구 신청서에 임대차 계약일·임대차 보증금 및 확정일자를 모두 최후 임대차 계약서에 기하여 기재하였고 그에 대한 증빙으로 최후 임대차 계약서를 첨부한 사실을 알 수 있다. 그런데 최후 임대차 계약서는 최초 임대차 계약서와 비교하여 그 임대차 기간뿐만 아니라 임대차 계약의 당사자인 임대인 및 임대차 보증금의 액수 등을 모두 달리하는 것이다. 또한 기록에 의하면, 원고 1은 배당요구 신청서에 건물인도일을 기재하지 아니하고 공란으로 남겨두었고, 원고 2는 배당요구 신청서에 건물인도일을 최후 임대차계약 체결일인 2009. 8. 1.로 기재한 사실도 알 수 있다. 사정이 이와 같다면, 원심과 같이 원고들의 배당요구가 최초 임대차 계약에 의한 임대차 보증금에 관하여 우선변제를 주장한 것이라고 보기는 어렵다고 할 것이고, 또 배당요구의 종기 후 원고들이 의견서를 제출하여 최초 임대차 계약서에 기한 확정일자를 주장한 것을 가지고 이미 배당 요구한 채권에 관한 주장을 단순히 보완한 것이라고 볼 수도 없다고 할 것이다.

나아가 기록에 의하면, 배당요구의 종기 후인 2012. 4. 20. 집행법원이 작성·비치한 매각물건 명세서에도 원고들의 임대차 기간·임대차 보증금 및 확정일자가 모두 최후 임대차 계약서의 내용 그대로 기재된 사실, 그 뒤 2012. 6. 18. 매각기일에서 이 사건 각 부동산이 매각되었고 2012. 6. 25. 매각허가결정이 내려진 사실, 그런데 매각허가결정까지 있은 후인 2012년 7월경 비로소 원고들이 최초 임대차 계약서에 의한 임대차 보증금 및 확정일자를 주장하는 내용의 위 의견서를 제출한 사실 등을 알 수 있다.

위 사실관계에 의하면, 이 사건 경매절차에서 이 사건 건물을 매수한 매수인은 매각물건 명세서에 기재된 대로 원고들의 확정일자에 기한 배당순위가 근저당권자인 피고보다 후순위인 것으로 알고 원고들이 '상가건물 임대차보호법' 소정의 대항력을 갖춘 임차인이라면 배당절차에서 지급받지 못하는 임대차보증금 반환채무를 자신이 인수할 수도 있음을 예상하여 매수대금을 결정하였을 것이다.

그런데 만일 원심의 판단과 같이 배당요구의 종기 후 원고들의 확정일자 변경 주장을 받아들여 원고들의 임대차 보증금을 피고의 근저당권보다 선순위로 배당한다면 이는 그러한 배당순위의 변동을 통하여 매수인이 인수할 부담을 경감시킴으로써 매수인에게 매수 당시 예상하지 못한 이익을 주는 것이 된다. 그렇다면 원고들의 위와 같은 주장은 배당요구의 종기 후 배당순위의 변동을 초래하고 이로 인하여 매수인이 인수할 부담에 변동을 가져오는 것으로서 특별한 사정이 없는 한 허용될 수 없다고 할 것이다.

주택임대차보호법 제8조 제1항에서 정한 소액임차인이 같은 법 제3조의2 제2항에서 정한 확정일자 임차인에 우선하여 보증금 중 일정액을 변제받을 수 있는지 여부(적극) 대법원 2018. 2. 13 선고 2017다48300 판결 [배당이의]

판례 해설

여러명의 임차인들이 있고 그들 모두 확정일자를 갖추었을 경우 당연히 확정일자 순에 의하여 우선배당을 받게 된다. 다만 그들 중 소액임차인에 해당하는 소액보증금은 확정일자와 관계없이 소액보증금 전액을 최우선 변제받게 되고 나머지 금액에 대하여 확정일자에 의한 우선 순위를 받게 될 뿐이다

법원 판단

주택임대차보호법 제3조의2 제2항은 대항요건(주택인도와 주민등록전입신고)과 임대차계약증서상의 확정일자를 갖춘 주택임차인은 후순위권리자 기타 일반채권자보다 우선하여 보증금을 변제받을 권리가 있다고 규정하고 있다. 이는 그와 같은 주택임차인(이하 '확정일자 임차인'이라 한다)에게 부동산 담보권에 유사한 권리를 인정한다는

취지이다(대법원 2007. 11. 15. 선고 2007다45562 판결참조).

주택임대차보호법 제8조 제1항은 임차인은 보증금 중 일정액을 다른 담보물권자보다 우선하여 변제받을 권리가 있다고 규정하고 있다. 이러한 임차인(이하 '소액임차인'이라 한다)은 근저당권자와 같은 담보물권자뿐만 아니라 확정일자 임차인에도 우선하여 보증금 중 일정액을 변제받을 수 있다.

한편 주택임대차보호법 제8조 제3항은 소액임차인 및 보증금 중 일정액의 범위와 기준을 대통령령으로 정하도록 하고 있다. 이에 따른 '소액임차인이 되기 위한 보증금' 및 '우선변제를 받을 보증금 중 일정액'의 범위는 주택임대차보호법 시행령이 개정되면서 계속 늘어나 왔는데, 주택임대차보호법 시행령은 위와 같은 개정 전후에 걸쳐 모두 그 부칙에 "이 영 시행 전에 임차주택에 대하여 담보물권을 취득한 자에 대하여는 종전의 규정을 적용한다."라는 경과규정을 두었다. 이러한 경과규정은 소액임차인과 담보물권자 또는 확정일자 임차인 사이에 상대적으로 적용된다. 따라서 여러 담보물권자 또는 확정일자 임차인의 담보물권 취득시기 또는 대항요건과 확정일자 구비시기가 다르고 그때 적용되는 시행령상의 기준액도 다르다면, 소액임차인과 각 담보물권자 또는 확정일자 임차인 사이에 적용되는 '소액임차인이 되기 위한 보증금' 및 '우선변제를 받을 보증금 중 일정액'의 범위도 적용되는 시행령상의 기준액에 따라 달라진다.

2. 같은 취지에서 원심이, ① 소액임차인인 피고들과 이 사건 근저당권자 사이에서는 최우선변제액을 2,000만 원으로 정한 구 주택임대차보호법 시행령(2010. 7. 21. 대통령령 제22284호로 개정되기 전의 것)이 적용되어 피고들이 각 2,000만 원씩을 1순위로 변제받고, ② 소액임차인인 피고들과 확정일자 임차인인 원고 사이에서는 최우선변제액을 2,500만 원으로 정한 구 주택임대차보호법 시행령(2013. 12. 30. 대통령령 제25035호로 개정되기 전의 것)이 적용되어 피고들이 위 2,500만 원에서 위와 같이 1순위로 변제받은 각 2,000만 원씩을 뺀 나머지 각 500만 원씩을 원고에 우선하여 변제받을 수 있다고 판단한 것은 정당하다. 거기에 상고이유 주장과 같은 법리오해 등의 잘못이 없다.

8. 기타 임차권과 관련된 분쟁 사례

가. 임차권 등기명령

주택임대차보호법 제3조의3에서 정한 임차권등기명령에 따른 임차권등기에 민법 제168조 제2호에서 정하는 소멸시효 중단사유인 압류 또는 가압류, 가처분에 준하는 효력이 있는지 여부(소극) 대법원 2019. 5. 16 선고 2017다226629 판결 [보증금반환청구의소]

판례 해설

임차인이 임차보증금을 지급받지 못한 채 거주지를 옮겨야 하는 경우 그 대항력을 보존하기 위해서 임차권 등기명령을 해두는 경우가 종종 있다. 대상판결은 임차인이 경료한 임차권 등기명령이 과연 임차인의 보증금반환청구채권의 시효를 중단시키는 행위에 해당하는지 여부가 쟁점이 되었다.

대상판결은 임차권등기명령에 따른 임차권등기는 특정목적물에 대한 구체적 집행행위나 보전처분의 실행을 내용으로 하는 압류 또는 가압류, 가처분과 달리 어디까지나 주택임차인이 주택임대차보호법에 따른 대항력이나 우선변제권을 취득하거나 이미 취득한 대항력이나 우선변제권을 유지하도록 해 주는 담보적 기능을 주목적으로 한다는 취지 등을 고려한다면 임차권 등기명령을 하였더라도 보증금은 그와 별개로 진행된다는 점을 명확히 하고 있다.

따라서 **임차인으로서는 자신의 보증금반환채권을 보호하기 위하여 가급적 임차권등기명령을 하는 동시에 소제기가 가압류 신청** 등을 하여야 할 것이다

법원 판단

주택임대차보호법 제3조의3에서 정한 임차권등기명령에 따른 임차권등기는 특정목적물에 대한 구체적 집행행위나 보전처분의 실행을 내용으로 하는 압류 또는 가압류, 가처분과 달리 어디까지나 주택임차인이 주택임대차보호법에 따른 대항력이나 우선변제권을 취득하거나 이미 취득한 대항력이나 우선변제권을 유지하도록 해 주는 담보적 기능을 주목적으로 한다. 비록 주택임대차보호법이 임차권등기명령의 신청에 대한 재판절차와 임차권등기명령의 집행 등에 관하여 민사집행법상 가압류에 관한 절차규정을 일부 준용하고 있지만, 이는 일방 당사자의 신청에 따라 법원이 심리·결정한 다음 등기를 촉탁하는 일련의 절차가 서로 비슷한 데서 비롯된 것일 뿐 이를 이유로 임차권등기명령에 따른 임차권등기가 본래의 담보적 기능을 넘어서 채무자의 일반재산에 대한 강제집행을 보전하기 위한 처분의 성질을 가진다고 볼 수는 없다. 그렇다면 임차권등기명령에 따른 임차권등기에는 민법 제168조 제2호에서 정

하는 소멸시효 중단사유인 압류 또는 가압류, 가처분에 준하는 효력이 있다고 볼 수 없다.

임차권등기명령에 의하여 임차권등기를 한 임차인이 민사집행법 제148조제4호에 정한 채권자에 준하여 배당요구를 하지 않아도 배당을 받을 수 있는 채권자에 속하는지 여부(적극) 대법원 2005. 9. 15 선고 2005다33039 판결 [배당이의]

판례 해설

임차인은 원칙적으로 배당요구가 필요한 채권자이다. 배당요구가 필요없는 채권자는 등기된 채권자로서 이는 3자에 공시가 되기 때문이다. 그렇다면 임차인이 임차권등기명령을 신청하여 등기가 된 상황이라면 어떻게 될까

대상판결은 **임차권 등기 명령이 된 임차인에 대해서는 위 법리 그대로 준용하여 민사집행법 제148조 제4호의 "저당권·전세권, 그 밖의 우선변제청구권으로서 첫 경매개시결정 등기 전에 등기되었고 매각으로 소멸하는 것을 가진 채권자"에 해당한다고 보아 배당요구가 필요없다**고 판시하였다.

법원 판단

　원심판결 이유에 의하면 원심은, 그 채용 증거들에 의하여, 원고는 1996. 12. 12. 이 사건 주택 중 15평을 임차보증금 7,000,000원에 임차하여, 1996. 12. 21. 이 사건 주택에 입주하였고, 1999. 7. 27. 그 임대차계약서에 확정일자를 갖추고, 같은 날 그 주소지로 전입신고를 한 사실, 피고는 1999. 8. 31. 이 사건 주택에 관하여 채권최고액 11,700,000원, 채무자 선종연, 근저당권자 피고로 된 근저당권설정등기를 경료받은 사실, 그 후 원고는 1999. 10. 26. 광주지방법원으로부터 이 사건 주택에 관하여 "임대차계약일자 1996. 12. 12., 임차보증금 7,000,000원, 주민등록일자 1999. 7. 27., 임차범위 이 사건 주택 중 15평, 점유개시일자 1996. 12. 21., 확정일자 1999. 7. 27."로 된 주택임차권등기명령을 받아, 1999. 11. 11. 위 임차권등기를 마친 사실, 피고는 위 근저당권에 기하여 이 사건 주택에 관하여 위 법원 2002타경35117호로 부동산임의경매신청을 하여, 위 법원이 2002. 10. 15. 경매개시결정을 하였고, 2002. 10. 17. 그 기입등기가 경료된 사실, 위 법원은 위 경매절차를 진행하여 2004. 3. 2. 배당기일에 경락대금 등에서 집행비용을 공제한 배당할 금액 13,025,728원 중에서 이 사건 주택 중 일부를 10,000,000원에 임차한 소외 김광진에게 위 배당할 금액의 1/2인 6,512,864원을, 신청채권자 겸 근저당권자인 피고에게 위 배당할 금액의 잔액 6,512,864원을 각 배당하는 내용으로 배당표를 작성한 사실, 원고는 위 배당기일에서 위 배당표 중 피고에 대한 위 배당액 중 3,743,568원에 대하여 이의를 진술하였고, 그로부터 7일 이

내에 위 법원에 이 사건 배당이의의 소를 제기하였는데, 원고는 위 경매 절차의 배당요구 종기까지 배당요구를 하지는 아니한 사실을 인정한 다음, 임차권등기명령에 의하여 임차권등기를 마친 자는 경매절차에서 따로 배당요구를 하지 않더라도 당연히 배당요구를 한 것으로 보아, 그에게도 배당을 하여야 한다고 판단한 후, 원고는 후순위권리자인 피고에게 우선하여 위 임차보증금을 변제받을 권리가 있다는 이유로, 위 배당표 중 피고에 대한 배당액을 당초의 배당액 6,512,864원에서 원고가 위 배당기일에서 이의를 진술한 금액인 3,743,568원을 공제한 2,769,296원으로, 원고에 대한 배당액을 3,743,568원으로 경정하였다.

주택임대차보호법 제3조의3 제5항은 "임차권등기명령의 집행에 의한 임차권등기가 경료되면 임차인은 제3조 제1항의 규정에 의한 대항력 및 제3조의2 제2항의 규정에 의한 우선변제권을 취득한다.

다만, 임차인이 임차권등기 이전에 이미 대항력 또는 우선변제권을 취득한 경우에는 그 대항력 또는 우선변제권은 그대로 유지되며, 임차권등기 이후에는 제3조 제1항의 대항요건을 상실하더라도 이미 취득한 대항력 또는 우선변제권을 상실하지 아니한다."라고 규정하고 있고, 같은 법 제3조의5는 "임차권은 임차주택에 대하여 민사집행법에 의한 경매가 행하여진 경우에는 그 임차주택의 경락에 의하여 소멸한다.

다만, 보증금이 전액 변제되지 아니한 대항력이 있는 임차권은 그러하지 아니하다."라고 규정하고 있는바, 임차권등기명령에 의하여 임차권등기를 한 임차인은 우선변제권을 가지며, 위 임차권등기는 임차인으로 하여금 기왕의 대항력이나 우선변제권을 유지하도록 해 주는 담보적 기능을 주목적으로 하고 있으므로(대법원 2005. 6. 9. 선고 2005다4529 판결참조), 위 임차권등기가 첫 경매개시결정등기 전에 등기된 경우, 배당받을 채권자의 범위에 관하여 규정하고 있는 민사집행법 제148조 제4호의 "저당권·전세권, 그 밖의 우선변제청구권으로서 첫 경매개시결정 등기 전에 등기되었고 매각으로 소멸하는 것을 가진 채권자"에 준하여, 그 임차인은 별도로 배당요구를 하지 않아도 당연히 배당받을 채권자에 속하는 것으로 보아야 할 것이다.

위와 같은 법리와 기록에 비추어 살펴보면, 원심의 앞서 본 바와 같은 판단은 정당한 것으로 수긍이 가고, 거기에 상고이유로 주장하는 바와 같이 배당요구 또는 배당요구 없이 배당에 참가할 수 있는 자의 범위에 관한 법리를 오해하는 등의 위법이 있다고 할 수 없다.

임대인의 임대차보증금 반환의무와 임차인의 주택임대차보호법 제3조의3에 의한 임차권등기 말소의무가 동시이행관계에 있는지 여부(소극) 대법원 2005. 6. 9 2005다4529 판결 [구상금]

판례 해설

전세권 등기 말소나 근저당설정등기 말소는 보증금 반환이나 변제와 동시이행관계이다. 그래서 임차권 등기명령과 보증금 반환이 동시이행 관계로 오해할 수 있다.

그러나 임차권등기명령 자체가 보증금 반환을 하지 않을 경우 등기 신청이 가능한 것으로 이미 이행지체가 전제되어 있는 것이므로 이미 이행지체에 빠진 임대인은 임차인에 대하여 보증금 반환과 임차권등 기말소에 대해 동시이행을 주장할 수 없고 선이행의무를 부담할 수 밖에 없다.

법원 판단

<u>주택임대차보호법 제3조의3규정에 의한 **임차권등기는 이미 임대차 계약이 종료하였음에도 임대인이 그 보증금을 반환하지 않는 상태에 서 경료**</u>되게 되므로, 이미 사실상 이행지체에 빠진 임대인의 임대차보 증금의 반환의무와 그에 대응하는 임차인의 권리를 보전하기 위하여 새로이 경료하는 임차권등기에 대한 임차인의 말소의무를 동시이행관계에 있는 것으로 해석할 것은 아니고, 특히 위 임차권등기는 임차인으로 하여금 기왕의 대항력이나 우선변제권을 유지하도록 해 주는 담보적 기능만을 주목적으로 하는 점 등에 비추어 볼 때, 임대인의 임대차보증금

의 반환의무가 임차인의 임차권등기 말소의무보다 먼저 이행되어야 할 의무이다.

주택임대차보호법에 따른 임대차에서 임차인이 임대차 종료 후 동시이행항변권을 근거로 임차목적물을 계속 점유하고 있는 경우, 보증금반환채권에 대한 소멸시효가 진행하는지 여부(소극) 대법원 2020. 7. 9 선고 2016다244224 판결 [임대보증금반환·건물명도]

나. 임차인에 대한 손해배상

임차인이 동시이행항변권을 상실하였음에도 불구하고 점유를 계속할 경우 이는 고의 또는 과실에 의한 불법점유로서 유치권이 성립할 수 없고 손해배상 책임을 부담하게 된다(서울고등법원 2017나2010037 판결).

판례 해설

유치권의 점유는 적법한 점유일 것을 요하는바, **점유가 불법행위로 인하여 개시된 경우에는 유치권이 성립할 수 없고**, 더 나아가 점유개시 당시에는 적법하였으나 차후 불법점유가 된 경우에도 민법 제320조제2항에 의하여 유치권이 성립될 수 없다.

대상판결은 임차인이 동시이행항변권을 상실하였음에도 불구하고 그 목적물의 반환을 거부하며 오히려 유치권을 주장할 경우 불법행위를 구성하고, 더 나아가 임차인에게 피담보채권을 인정할 수 없기 때문에 유치권 역시 인정되지 않는다고 판단하였다.

법원 판단

한편 **임차인이 동시이행의 항변권을 상실하였음에도 그 목적물의 반환을 계속 거부하면서 점유하고 있다면, 달리 점유에 관한 적법한 권원이 인정될 수 있는 특별한 사정이 없는 한, 이러한 점유는 적어도 과실에 의한 점유로서 불법행위를 구성**한다(대법원 2014. 8. 20. 선고 2014다204253 판결 등 참조).

앞서 본 증거들과 을 제19호증의 각 영상에 변론 전체의 취지를 더하여 보면, 피고는 단전을 당한 2015. 11. 3. 이후로도 이 사건 건물 곳곳에 '유치권 행사중'이라는 표시를 붙여두고 이를 점유하면서 원고에게 그 반환을 거부하던 끝에 2017. 4. 28. 인도집행이 이루어진 사실을 인정할 수 있다. 뒤에서 보는 바와 같이 피고가 반소로 구하는 손해배상청구권 등의 주장도 인정 할 수 없는 이상, **피고가 적법한 유치권을 가지고 있다거나 그 밖에 점유권원이 있었다고 보기도 어렵다**. 따라서 단전일 이후 피고의 점유는 불법점유에 해당한다. 그러므로 피고는 원고에게 영업 중단 다음날인 2015. 11. 4.부터 이 사건 건물 인도일인 2017. 4. 28. 까지의 불법점유에 기한 손해배상금을 지급할 의무가 있다.

다. 임대차 기간

[임대차 기간] 기간을 2년 미만으로 정한 임대차의 임차인이 저당권자의 신청에 의한 임의경매절차에서 스스로 2년 미만인 약정기간 만료를 이유로 임차보증금의 우선변제를 청구할 수 있는지 여부(적극) (대법원 2001. 9. 25 선고 2000다24078 판결 [건물명도])

판례 해설

주택임대차보호법은 임차인을 위한 법으로 임차인에게 불리한 조항은 효력이 없다(동법 제10조)고 규정하고 있는바, 동법제4조에서 기간을 정하지 않거나 2년 미만으로 정한 임대차 계약은 2년으로 본다는 조항이 있다고 하더라도 이는 임대인에게만 미치는 편면적 강행규정에 해당할 뿐 임차인에게 해당 조항은 적용될 수 없고 임차인은 기간의 약정대로 언제든지 해지 및 배당요구를 할 수 있다

다만 임차인이 경매절차에서 인수를 택하지 않고 배당을 요구하였다면 낙찰자가 선정된 이후 배당 요구를 철회하더라도 더 이상 낙찰자에게 대항할 수 없다고 판시함으로서 경매절차의 엄격성을 다시 한번 확인하였다

법원 판단

[1] "기간의 정함이 없거나 기간을 2년 미만으로 정한 임대차는 그 기간을 2년으로 본다."고 규정하고 있는 구 주택임대차보호법(1999. 1. 21. 법률 제5641호로 개정되기 전의 것) 제4조 제1항은 같은 법 제10조가 "이 법의 규정에 위반된 약정으로서 임차인에게 불리한 것은 그 효력이 없다."고 규정하고 있는 취지에 비추어 보면 임차인의 보호를 위한 규정이라고 할 것이므로, **위 규정에 위반되는 당사자의 약정을 모두 무효라고 할 것은 아니고 위 규정에 위반하는 약정이라도 임차인에게 불리하지 아니한 것은 유효하다고 풀이함이 상당하다 할 것**인바(위 1999. 1. 21.자 법률개정으로 위법 제4조 제1항에 "다만, 임차인은 2년 미만으로 정한 기간이 유효함을 주장할 수 있다."는 명문의 단서규정이 신설되었다), 임대차기간을 2년 미만으로 정한 임대차의 임차인이 스스로 그 약정임대차기간이 만료되었음을 이유로 임차보증금의 반환을 구하는 경우에는 그 약정이 임차인에게 불리하다고 할 수 없으므로, 같은 법 제3조 제1항소정의 대항요건(주택인도와 주민등록전입신고)과 임대차계약증서상의 확정일자를 갖춘 임차인으로서는 그 주택에 관한 저당권자의 신청에 의한 임의경매절차에서 2년 미만의 임대차기간이 만료되어 임대차가 종료되었음을 이유로 그 임차보증금에 관하여 우선변제를 청구할 수 있다

[2] 임대차가 종료된 경우에 배당요구를 한 임차인은 우선변제권에

의하여 낙찰대금으로부터 임차보증금을 배당받을 수 있으므로, 이와 같은 경우에 일반 매수희망자(낙찰자 포함)는 그 주택을 낙찰받게 되면 그 임대차에 관한 권리·의무를 승계하지 않을 것이라는 신뢰하에 입찰에 참가하게 되는 것인바, 이러한 믿음을 기초로 하여 낙찰자가 임대차보증금을 인수하지 않을 것이라는 전제하에 낙찰이 실시되어 최고가 매수희망자를 낙찰자로 하는 낙찰허가결정이 확정되었다면, 그 후에 이르러 임차인이 배당요구시의 주장과는 달리 자신의 임대차기간이 종료되지 않았음을 주장하면서 우선변제권의 행사를 포기하고 명도를 구하는 낙찰자에게 대항력을 행사하는 것은, 임차인의 선행행위를 신뢰한 낙찰자에게 예측하지 못한 손해를 입게 하는 것이어서 위와 같은 입장 변경을 정당화할 만한 특별한 사정이 없는 한 금반언 및 신의칙에 위배되어 허용될 수 없다.

라. 계약의 갱신 및 갱신 요구권

임차인이 주택임대차보호법 제6조의3 제1항 본문에 따라 계약갱신을 요구하였더라도 임대인이나 같은 법 제3조 제4항에 따라 임대인의 지위를 승계한 임차주택의 양수인이 같은 법 제6조 제1항 전단에서 정한 기간 내에 제6조의3 제1항 단서 제8호에 따라 주택에 실제 거주하려고 한다는 사유를 들어 임차인의 계약갱신 요구를 거절할 수 있는지 여부(원칙적 적극) 대법원 2022. 12. 1 선고 2021다266631 판결 [건물인도]

판례 해설

임대차 3법의 개정은 주택임대차보호법의 적용을 받은 임차인은 1회에 한하여 갱신청구권이있으나 동법 6조의 3 1항의 정한 사유 즉 임대인이 실제 거주 목적일 경우에는 갱신청구권이 인정되지 않는다

대상판결에서도 임대인은 갱신 거절 기간 내에 갱신 거절 사유를 명확히 하였는 바 **임대인이 바뀌었다고 하더라도 새로운 양수인이 실재 거주하려고 하였다면 갱신거절 사유는 명확하고 결국 임차인은 갱신 요구를 할 수 없다**고 판시하였다.

법원 판단

주택임대차보호법 제6조,제6조의3등 관련 규정의 내용과 체계, 입법취지 등을 종합하여 보면, 임차인이같은 법 제6조의3 제1항본문에 따라 계약갱신을 요구하였더라도, 임대인으로서는 특별한 사정이 없는 한같은 법 제6조 제1항 전단에서 정한 기간 내라면제6조의3 제1항 단서 제8호에 따라 임대인이 목적 주택에 실제 거주하려고 한다는 사유를 들어 임차인의 계약갱신 요구를 거절할 수 있고,같은 법 제3조 제4항에 의하여 임대인의 지위를 승계한 임차주택의 양수인도 그 주택에 실제 거주하려는 경우 위 갱신거절 기간 내에 위 제8호에 따른 갱신거절 사유를 주장할 수 있다고 보아야 한다.

임차인이 갱신청구 기간을 도과한 갱신 요구는 인정될 수 없다는 사례 (대법원 2021. 12. 30 선고 2021다263229 판결 [건물인도])

법원 판단

2020. 8. 15. 종료되는 임대차계약의 임차인인 甲 등이 2020. 7. 9. 및 2020. 7. 31. 임대인에게 계약갱신을 요구하였는데, 이에 따라 임대차계약이 주택임대차보호법 제6조의3에 따른 갱신요구로 갱신되었는지 문제된 사안에서, 2020. 7. 31. 법률 제17470호로 개정된 주택임대차보호법에서 신설한 제6조의3 제1항(이하 '개정규정'이라고 한다)은 부칙(2020. 7. 31.) 제2조 제1항에 따라 개정법 시행 당시 존속 중인 임대차에 대하여도 적용되므로 2020. 8. 15. 종료되는 위 임대차계약에도 개정규정이 적용되나, 개정규정은 제6조 제1항 전단의 기간, 즉 임대차기간이 끝나기 6개월 전부터 1개월 전까지의 기간 이내에 계약갱신을 요구할 경우 적용되는 것이므로, 甲 등이 위 기간이 지난 후인 2020. 7. 31. 계약갱신을 요구한 것은 효력이 없고, 위 기간 내인 2020. 7. 9. 계약갱신을 요구한 것은 개정규정 시행 전의 사실행위로서 개정규정에 따른 계약갱신 요구로 볼 수 없다고 한 원심판단을 수긍한 사례.

임대차계약 종료 후 재계약을 하거나 임대차계약 종료 전 당사자의 합의로 차임 등이 증액된 경우 주택임대차보호법 제7조의 적용 여부(소극) (대법원 2002. 6. 28 선고 2002다23482 판결 [건물명도])

판례 해설

임대차 계약 종료전 임대인이 여타의 방법으로 갱신 거절의 의사표시를 분명히 하였다면 임차인의 갱신청구권은 인정될 수 없고(임대차 3법 시행전의 사례)된 이후 갱신 요구를 했다면 이는 인정될 수 없고 결국 새로운 계약을 체결하여야 하는바 이렇게 새로운 계약을 체결한 경우에는 차임 인상 상한과 관련된 주임법제7조가 적용될 수 없다는 판결이다.

법원 판단

[1] 처분문서는 그 성립의 진정함이 인정되는 이상 법원은 그 기재 내용을 부인할 만한 분명하고도 수긍할 수 있는 반증이 없는 한 그 처분문서에 기재되어 있는 문언대로의 의사표시의 존재 및 내용을 인정하여야 하고, 당사자 사이에 계약의 해석을 둘러싸고 이견이 있어 처분문서에 나타난 당사자의 의사해석이 문제되는 경우에는 문언의 내용, 그와 같은 약정이 이루어진 동기와 경위, 약정에 의하여 달성하려는 목적, 당사자의 진정한 의사 등을 종합적으로 고찰하여 논리와 경험칙에 따라 합리적으로 해석하여야 한다.

[2] 의사표시 해석에 있어서 당사자의 진정한 의사를 알 수 없다면, 의사표시의 요소가 되는 것은 표시행위로부터 추단되는 효과의사 즉,

표시상의 효과의사이고 표의자가 가지고 있던 내심적 효과의사가 아니므로, 당사자의 내심의 의사보다는 외부로 표시된 행위에 의하여 추단된 의사를 가지고 해석함이 상당하다.

[3] **임대인이 임대차계약기간 중에 임차인에게 인상된 임대차보증금 및 차임을 납부한 후 새로운 임대차계약을 체결하되 만약 이를 납부하지 아니하면 기존의 임대차계약을 해지하고 명도절차를 진행하겠다고 통지한 경우, 그 통지는 기존의 임대차계약 기간중의 계약해지를 의미하는 외에 장차 기존의 임대차계약상의 임대차보증금과 차임을 인상하는 것으로 그 계약조건을 변경하지 않으면 계약을 갱신하지 않겠다**는 의사표시까지 포함된 것으로 본 사례.

[4]주택임대차보호법 제7조에서 "약정한 차임 또는 보증금이 임차주택에 관한 조세·공과금 기타 부담의 증감이나 경제사정의 변동으로 인하여 상당하지 아니하게 된 때에는 당사자는 장래에 대하여 그 증감을 청구할 수 있다. 그러나 증액의 경우에는 대통령령이 정하는 기준에 따른 비율을 초과하지 못한다."고 정하고 있기는 하나, **위 규정은 임대차계약의 존속 중 당사자 일방이 약정한 차임 등의 증감을 청구한 때에 한하여 적용되고, 임대차계약이 종료된 후 재계약을 하거나 또는 임대차계약 종료 전이라도 당사자의 합의로 차임 등이 증액된 경우에는 적용되지 않는다.**

상가건물임대차보호법

가. 기본 취지 및 적용 범위

상가건물 임대차보호법 적용대상인 상가건물의 의미 및 이러한 상가건물에 해당하는지에 관한 판단 기준 (대법원 2011. 7. 28. 선고 2009다40967 판결)

판례 해설

대법원은 원심판결을 파기하였는데 이는 원심과 법리를 다르게 해석하였기 때문이 아니라 상가건물 임대차보호법의 적용요건 중 하나인 "영업의 범위" 관련한 사실관계를 해석함에 있어 원심과 달리 판단했기 때문이다.

즉 <u>상가건물 임대차보호법상 보호되는 상가는 "영업목적으로 운영되는 상가"만을 의미</u>하므로 여기에 해당하지 않을 경우 상가건물 임대차보호법의 적용을 받지 못하고 결국 민법의 적용만 받게 되는데, 이렇게 된다면 상가건물 임차인은 상가건물 임대차보호법상의 임대차의 대항력이나 우선변제권 등을 인정받지 못하여 극히 불리한 상황에 처하게 된다.

대상판결에서는 공장 건물이 과연 상가건물 임대차보호법상 보호를 받는 건물인지 여부가 문제가 된 것으로, 원심에서는 영업과 관련이 없다고 판단하였으나 **대법원은 영업활동의 연장선상에서 사용되는 건물에 해당하므로 상가건물 임대차보호법의 적용을 받는다고 판단**하였다.

법원 판단

상가건물 임대차보호법은 제1조에서 "이 법은 상가건물 임대차에 관하여 민법에 대한 특례를 규정하여 국민 경제생활의 안정을 보장함을 목적으로 한다."고 규정하고, 제2조 제1항 본문에서 "이 법은 상가건물(제3조 제1항에 따른 사업자등록의 대상이 되는 건물을 말한다)의 임대차(임대차 목적물의 주된 부분을 영업용으로 사용하는 경우를 포함한다)에 대하여 적용한다."고 규정하고, 제3조 제1항에서 "임대차는 그 등기가 없는 경우에도 임차인이 건물의 인도와 부가가치세법 제5조, 소득세법 제168조 또는 법인세법 제111조에 따른 사업자등록을 신청하면 그 다음날부터 제3자에 대하여 효력이 생긴다."고 규정하고 있다.

상가건물 임대차보호법의 목적과 위 규정에 비추어 보면, 상가건물 임대차보호법이 적용되는 상가건물의 임대차는 사업자등록의 대상이 되는 건물로서 임대차 목적물인 건물을 영리를 목적으로 하는 영업용으로 사용하는 임대차를 가리킨다고 볼 것이다. 그리고 상가건물 임대차보호법이 적용되는 상가건물에 해당하는지 여부는 공부상의 표시가 아닌 건물의 현황·용도 등에 비추어 영업용으로 사용하느냐에 따라 실질적으로 판단하여야 하고, 단순히 상품의 보관·제조·가공 등 사실행위만이 이루어지는 공장·창고 등은 영업용으로 사용하는 경우라고 할 수 없으나 그곳에서 그러한 사실행위와 더불어 영리를 목적으로 하는 활동이 함께 이루어진다면 상가건물 임대차보호법의 적용대상인 상가건물에 해당한다고 할 것이다.

앞서 본 사실관계를 위 법리에 적용하여 본다면 이 사건 임차부분과 인접한 컨테이너박스는 일체로서 도금작업과 더불어 영업활동을 하는 하나의 사업장이라고 할 것이므로, 이 사건 임차부분은 상가건물 임대차보호법이 적용되는 상가건물에 해당한다고 봄이 상당하다.

그런데도 원심은 이 사건 임차부분과 인접한 컨테이너박스에서 도금작업과 더불어 영업활동이 이루어진 사정은 고려하지 않고 이 사건 임차부분의 주된 부분은 영업용이 아닌 사실행위가 이루어지는 공장으로서 상가건물 임대차보호법의 적용대상이 아니라고 판단하였는바, 원심의 이러한 판단은 상가건물 임대차보호법의 적용범위에 관한 법리를 오해한 것이고, 그 결과 판결에 영향을 미쳤다고 할 것이다.

임차인이 상가건물임대차보호법상의 대항력 또는 우선변제권 등을 취득한 후에 목적물의 소유권이 제3자에게 양도된 다음 새로운 소유자와 임차인이 종전 임대차계약의 효력을 소멸시키려는 의사로 별개의 임대차계약을 새로이 체결한 경우, 임차인이 종전 임대차계약을 기초로 발생하였던 대항력 또는 우선변제권 등을 새로운 소유자 등에게 주장할 수 있는지 여부(대법원 2013. 12. 12. 선고 2013다211919 판결)

판례 해설

임대차보호법상 대항요건과 확정일자를 갖춘 임차인은 우선변제권과 제3자에 대한 대항력을 가지고 있고 이는 제3자에 대한 공시를 전제로 한다.

부동산 물권은 공시의 수단으로 등기부라는 최소한의 안전장치가 있으나 임대차보호법상 임차인은 점유와 주민등록 자체로 공시 요건을 담당하기 때문에 다소 불완전하며, 더불어 임대차보호법 자체가 민법에서 인정되지 않은 권리들을 특별히 인정하는 법이기 때문에 그 적용이 더욱 엄격해야 한다. 이와 같은 이유로 임대차보호법의 요건 중 하나라도 결여가 된다면 그 요건이 모두 충족될 때 비로소 재차 그 순위 또는 대항력을 가지게 된다.

대상판결에서도 역시 임차인으로서 임대차보호법상 요청하는 모든 요건을 갖추기는 하였으나 **이전 임대차 계약서와 실질적으로 동일성이 상실되는 임대차 계약서가 작성되었다면 이는 새로운 계약서로 보아야 하고 이 경우에는 새로운 계약을 체결한 때 비로소 임차권이 성립**

되었다고 보아 그 때부터 대항력과 우선변제권을 인정하였다.

법원 판단

어떠한 목적물에 관하여 임차인이 상가건물임대차보호법상의 대항력 또는 우선변제권 등을 취득한 후에 그 목적물의 소유권이 제3자에게 양도되면 임차인은 그 새로운 소유자에 대하여 자신의 임차권으로 대항할 수 있고, 새로운 소유자는 종전 소유자의 임대인으로서의 지위를 승계한다(상가건물임대차보호법 제3조 제1항, 제2항, 제5조 제2항 등 참조). 그러나 임차권의 대항 등을 받는 새로운 소유자라고 할지라도 임차인과의 계약에 기하여 그들 사이의 법률관계를 그들의 의사에 좇아 자유롭게 형성할 수 있는 것이다. 따라서 새로운 소유자와 임차인이 동일한 목적물에 관하여 종전 임대차계약의 효력을 소멸시키려는 의사로 그와는 별개의 임대차계약을 새로이 체결하여 그들 사이의 법률관계가 이 새로운 계약에 의하여 규율되는 것으로 정할 수 있다. 그리고 그 경우에는 종전의 임대차계약은 그와 같은 합의의 결과로 그 효력을 상실하게 되므로, 다른 특별한 사정이 없는 한 이제 종전의 임대차계약을 기초로 발생하였던 대항력 또는 우선변제권 등도 종전 임대차계약과 함께 소멸하여 이를 새로운 소유자 등에게 주장할 수 없다고 할 것이다.

나. 대항력을 인정받기 위한 요건

상가건물임대차보호법상 대항력을 인정받기 위하여 사업자등록이 갖추어야 할 요건(대법원 2008. 9. 25. 선고 2008다44238 판결)

판례 해설

상가건물임대차보호법에 의해서 대항력이 인정되기 위해서는 임차관계가 적법하게 성립되고 해당 건물에 정확히 점유하고 있는지가 특정되어서 이를 제3자가 인식할 수 있어야 한다. 더 나아가 우리 부동산 물권 방법인 등기와는 다르게 사실상 임대차 계약서와 점유만으로 제3자에게 대항할 수 있기 때문에 그러한 특정은 등기에 버금가도록 정확해야 할 것이다.

이 사건에서 임차인은 상가 건물의 일부를 임차하여 영업을 하고 있었음에도 그 일부에 대한 특정을 정확히 하지 않고 이를 생략한 채 임대차 계약서 등을 제출하여 사업자등록을 받았는바, 법원에서는 공시 방법을 적절히 갖추지 않았다고 하여 임차인의 주장을 받아들이지 않았다.

법원 판단

상가건물임대차보호법 제3조 제1항에서 건물의 인도와 더불어 대항력의 요건으로 규정하고 있는 사업자등록은 거래의 안전을 위하여 임차권의 존재를 제3자가 명백히 인식할 수 있게 하는 공시방법으로 마련된 것이므로, 사업자등록이 어떤 임대차를 공시하는 효력이 있는지 여부는 일반 사회통념상 그 사업자등록으로 당해 임대차 건물에 사업장을 임차한 사업자가 존재하고 있다고 인식할 수 있는지 여부에 따라 판단하여야 한다.

한편, 상가건물임대차보호법 제4조와 그 시행령 제3조 및 부가가치세법 제5조와 그 시행령 제7조(소득세법 및 법인세법상의 사업자등록에 준용)에 의하면, 건물의 임대차에 이해관계가 있는 자는 건물의 소재지 관할 세무서장에게 임대차와 사업자등록에 관한 사항의 열람 또는 제공을 요청할 수 있고, 사업자가 사업장을 임차한 경우에는 사업자등록신청서에 임대차 계약서 사본을 첨부하도록 하여 임대차에 관한 사항의 열람 또는 제공은 첨부한 임대차계약서의 기재에 의하도록 하고 있으므로, 사업자등록신청서에 첨부한 임대차계약서상의 임대차목적물 소재지가 당해 상가건물에 대한 등기부상의 표시와 불일치하는 경우에는 특별한 사정이 없는 한 그 사업자등록은 제3자에 대한 관계에서 유효한 임대차의 공시방법이 될 수 없고, 또한 위 각 법령의 위 각 규정에 의하면, 사업자가 상가건물의 일부분을 임차하는 경우에는 사업자등록신청서에 해당 부분의 도면을 첨부하여야 하고, 이해관계인은 임대차의 목적이 건물의 일부분인 경우 그 부분 도면의 열람 또는 제공을 요청할 수 있도록 하고 있으므로, 건물의 일부분을 임차한 경우 그 사업자등록이 제3자에 대한 관계에서 유효한 임대차의 공시방법이 되기 위해서는 사업자등록 신청시 그 임차 부분을 표시한 도면을 첨부하여야 할 것이다.

결국 이와 같은 법리 및 앞에서 인정한 사실관계를 고려하여 본다면 원고는 이 사건 각 부동산의 일부분을 임차하였다 할 것이지만, 사업자등록 신청시에 첨부한 임대차계약서상의 임대차목적물 소재지가 이 사건 각 부동산에 대한 등기부상의 표시와 불일치할뿐더러 상가건물의 일부분만을 임차하였으면서도 사업자등록신청을 함에 있어 해당 부분에 대한 도면조차 첨부하지 아니하였으니 앞서 본 법리에 비추어 원고가 한 사업자등록은 이 사건 각 부동산에 관한 근저당권자인 피고에 대한 관계에서 유효한 임대차의 공시방법이 될 수 없다.

임차한 상가건물을 사업장으로 하여 사업자등록을 한 사람이 사업장을 다른 장소로 변경하는 사업자등록정정을 한 경우, 상가건물임대차보호법상 대항력을 상실하는지 여부(적극)(대구지방법원 2008. 5. 20. 선고 2007나20356 판결)

판례 해설

임대차는 원칙적으로 민법상 채권에 불과하다. 채권은 상대적 효력 즉 계약 당사자 사이에서만 인정되는 효력이 있을 뿐이므로, 제3자에 대하여는 계약의 효력을 주장할 수 없다. 이에 입법자는 임차인의 불리한 지위, 상인들의 점유권 안정 등을 고려하여 주택임대차보호법과 유사한 상가건물임대차보호법을 만들었고 본 법에서 비로소 제3자에게 대항할 수 있는 권리를 부여하였다.

그러나 제3자에게 대항할 수 있기 위해서는 공시의 기능이 중요한바, 물권에서의 등기나 점유와는 달리 채권자체는 공시의 기능을 따로 나타내는 도구가 없으므로 **입법자는 부득이 사업자등록과 점유를 통하여 공시의 기능을 대신하도록 하였다.** 이러한 이유로 부동산에 있어서 등기의 역할을 하는 사업자 등록과 점유는 상가건물임대차보호법을 유지할 수 있는 근간으로서의 기능을 담당하게 되었고 이에 따라 그 성립 및 유지를 우리 법원은 엄격하게 해석하고 있다.

대상판결에서는 사업자등록증을 통하여 임대차 공시가 성립된 이후 사업장을 변경할 경우 대항력이 유지될 수 있는지 여부가 문제가 되었는데, 다른 사업장으로 옮겨갈 경우에까지 대항력을 유지할 수는 없다고 보았다.

원고의 주장

원고는, 자신이 이 사건 건물을 인도받아 2001. 2. 27. 사업자등록을 마쳤으므로 대항력 있는 상가 임차인이고, 2005. 8. 10. 임차권등기를 경료하였으므로 그 후에 소유권을 취득한 피고에게 대항할 수 있으니, 피고는 원고에게 임대차보증금을 반환할 의무가 있다고 주장한다.

법원 판단

상가건물의 임차인이 임대차보증금 반환채권에 대하여 상가건물임대차보호법 제3조 제1항 소정의 대항력 또는 같은 법 제5조 제2항 소정의 우선변제권을 가지려면 임대차의 목적인 상가건물의 인도 및 부가가치세법 등에 의한 사업자등록을 구비하고, 관할세무서장으로부터 확정일자를 받아야 하며, 그 중 사업자등록은 대항력 또는 우선변제권의 취득요건일 뿐만 아니라 존속요건이기도 하다(대법원 2006. 1. 13. 선고 2005다64002 판결). 그런데 부가가치세법 제4조, 제5조, 같은 법 시행령 제7조 제2항, 제11조 의 규정에 의하면, 부가가치세는 원칙적으로 사업장마다 신고·납부하여야 하고 사업자단위과세사업자가 아닌 사업자는 사업장마다 사업자등록을 하여야 하며, 사업자는 상가건물임대차보호법 제2조 제1항 의 규정에 의한 사업자등록을 신청할 때에는 사업자등록신청서에 임차한 사업장에 관한 임대차계약서 사본을 첨부하여야 하고 특히 상가건물의 일부분을 임차하는 경우에는 해당 부분의 도면까지 첨부하여야 하며, 사업장이 변동된 때에는 지체 없이 사업자등록정정신고를 하여야 하는 점 등에 비추어 볼 때, 상가건물 임차권의 대항력의 요건인 사업자등록은 거래의 안전을 위하여 사업자등록증에 기재된 사업장에 관하여 임차권이 존재함을 제3자가 명백히 인식할 수 있게 하는 공시방법으로서 마련된 것이고, 임대차를 공시하는 효력은 사업자등록증에 기재된 사업장에 한하여 미친다고 할 것이므로, 임차한 상가건물을 사업장으로 하여 사업자등록을 한 사업자가 사업장을 다른 장소로 변경하는 사업자등록정정을 한 경우에는 정정된 사업자등록은 종전의 사업장에 관한 임대차를 공시하는 효력이 없고, 따라서 그 경우에 사업자는 종전의 사업장에 관하여 취득한 임차권의 대항력을 상실한다고 할 것이다.

이 사건에 관하여 보건대, 원고는 이 사건 계약을 체결하고 이 사건 임차건물을 인도받은 후 2001. 2. 27. 이 사건 임차건물을 사업장으로 하는 사업자등록을 함으로써 이 사건 임차건물에 관한 임차권의 대항력을 취득하였으나 2004. 11. 2. 사업장을 이 사건 임차건물이 아닌 포항시 ○○구 ○○동(지번 생략)지상 건물로 변경하는 사업자등록정정을 하였으므로, 원고는 2004. 11. 2. 이 사건 임차건물에 관한 임차권의 대항력을 상실하였다고 할 것이고, 그 후 원고는 이 사건 임차건물로 사업장을 변경하는 사업자등록을 하지 않은 채 이 사건 임차건물에 관하여 임차권등기명령을 받아 2005. 8. 10. 임차권등기를 마쳤으므로, 위 임차권등기는 사업자등록도 없이 경료된 것이어서 무효이고, 따라서 원고는 임차권의 대항력을 취득할 수 없다고 할 것이니(위 임차권등기가 유효한 것이라고 가정하더라도 위 임차권등기는 2005. 1. 20. 이 사건 임차건물에 관한 임의경매개시결정의 기입등기가 경료된 후인 2005. 8. 10.에 비로소 경료되었고, 피고는 위 임의경매절차에서 이 사건 건물을 낙찰받아 소유권을 취득하였으므로, 원고는 위 임차권등기를 이유로 피고에게 임차권을 주장할 수도 없다), 원고의 주장은 이유 없다.

상가 임차인이 임대차 계속 중 사업자 등록을 폐지한 경우 대항력의 유지 여부(대법원 2006. 10. 13. 선고 2006다56299 판결)

판례 해설

임차권은 채권임에도 불구하고 제3자에 대한 대항력을 가지고 있고 이는 제3자에 대한 공시의 요건이 갖추어질 것을 기본 전제로 한다. **제3자에 대한 공시는 주택임대차보호법에서 전입신고를 통하여 이루어지고 상가건물임대차보호법에서는 사업자 등록을 통하여한다.**

이 사건에서는 상가건물 임차인이 영업을 잠시 폐업한 경우에 사업자 등록의 대항력이 유지될 것인가가 문제되었는데, **판례는 그 폐업한 기간 동안 이미 대항력은 단절되고, 차후에 새로이 사업자등록을 할 경우에 비로소 그 때부터 대항력이 시작된다고 판단하였다.**

법원 판단

상가건물의 임차인이 임대차보증금 반환채권에 대하여 상가건물 임대차보호법 제3조 제1항 소정의 대항력 또는 같은 법 제5조 제2항 소정의 우선변제권을 가지려면 임대차의 목적인 상가건물의 인도 및 부가가치세법 등에 의한 사업자등록을 구비하고, 관할세무서장으로부터 확정일자를 받아야 하며, 그 중 사업자등록은 대항력 또는 우선변제권의 취득요건일 뿐만 아니라 존속요건이기도 하므로, 배당요구의 종기까지 존속하고 있어야 하는 것이며, 상가건물을 임차하고 사업자등록을 마친 사업자가 폐업한 경우에는 그 사업자등록은 상가건물 임대차보호법이 상가임대차의 공시방법으로 요구하는 적법한 사업자등록이라고 볼 수 없으므로(대법원 2006. 1. 13. 선고 2005다64002 판결 참조), 그 사업자가 폐업신고를 하였다가 다시 같은 상호 및 등록번호로 사업자등록을 하였다고 하더라도 상가건물 임대차보호법상의 대항력 및 우선변제권이 그대로 존속한다고 할 수 없다.

원심이 같은 취지에서, 사업자등록을 폐지하였다가 다시 사업자등록을 한 원고의 경우 상가건물임대차보호법상의 대항력 및 우선변제권이 그대로 존속한다고 할 수 없다고 판단한 것은 정당하고, 거기에 상고이유의 주장과 같은 상가건물 임대차보호법상의 대항력 및 우선변제권에 관한 법리 등을 오해한 위법이 없다.

상가임차인이 임대차보증금 반환채권에 대하여 상가임대차보호법상 대항력 또는 우선변제권을 가지기 위한 요건 (대법원 2006. 1. 13. 선고 2005다64002 판결)

판례 해설

상가건물의 임차인은 건물을 인도받고 사업자등록을 하면 그 다음날부터 상가건물임대차보호법상의 대항요건을 갖출 수 있다. 문제는 임차인이 사업자등록을 하고서도 영업을 영위할 수 없어 부득이 전차인이 건물을 사용해야 하는 경우 대항력을 유지할 수 있는지 여부다.

대상판결에서는 **임차인의 사업자등록증이 폐업으로 인해 인정되지 않는 상태에서, 전차인마저도 사업자등록을 하지 않았을 경우 대항력을 인정할 수 없다고 판단하였고 임차인이 그 대항력을 유지하려고 한다면 전차인이 점유와 전차인의 이름으로 사업자등록을 하여야 한다**고 판시하였다.

전대차 계약과 관련하여 상가의 임차인으로서는 숙지해야 할 판례이다.

법원 판단

상가 건물의 임차인이 임대차보증금 반환채권에 대하여 상가건물 임대차보호법 제3조 제1항 소정의 대항력 또는 같은 법 제5조 제2항 소정의 우선변제권을 가지려면 임대차의 목적인 상가건물의 인도 및 부가가치세법 등에 의한 사업자등록을 구비하고, 관할세무서장으로부터 확정일자를 받아야 하며, 그중 사업자등록은 대항력 또는 우선변제권의 취득 요건일 뿐만 아니라 존속 요건이기도 하므로, 배당요구의 종기까지 존속하고 있어야 한다.

그런데 신규로 사업을 개시한 자가 휴업 또는 폐업하거나 사업 개시일 전에 등록한 자가 사실상 사업을 개시하지 아니하게 되는 때에는 지체 없이 관할세무서장에게 신고하여야 하고, 사업자가 폐업하거나 사업 개시일 전에 등록한 자가 그 후 사실상 사업을 개시하지 아니하게 되는 때에는 사업장 관할세무서장은 지체 없이 그 등록을 말소하여야 한다고 규정하고 있는 부가가치세법 제5조 제4항, 제5항 의 규정 취지에 비추어 보면, 상가건물을 임차하고 사업자등록을 마친 사업자가 임차 건물의 전대차 등으로 당해 사업을 개시하지 않거나 사실상 폐업한 경우에는 그 사업자등록은 부가가치세법 및 상가건물 임대차보호법이 상가임대차의 공시방법으로 요구하는 적법한 사업자등록이라고 볼 수 없고, 이 경우 임차인이 상가건물 임대차보호법상의 대항력 및 우선변제권을 유지하기 위해서는 건물을 직접 점유하면서 사업을 운영하는 전차인이 그 명의로 사업자등록을 하여야 할 것이다.

원심이 같은 취지에서, 이 사건 점포의 임차인인 피고가 사업자등록 후인 2003. 5. 27. ○○○에게 이 사건 점포를 전대하고, 그 무렵 스낵코너 영업을 그만두어 사실상 스낵코너 영업을 폐업함으로써 사업자등록은 부가가치세법 및 상가건물 임대차보호법이 상가건물 임대차의 공시방법으로 요구하는 적법한 사업자등록으로 볼 수 없게 되었고, 한편 위 점포를 전차하여 스낵코너 영업을 한 ○○○는 그 명의로 이 사건 점포에 대하여 사업자등록을 한 바 없으므로, 피고는 이 사건 점포에 대하여 대항력 및 우선변제권을 상실하였다고 판단한 것은 정당하고, 거기에 상고이유의 주장과 같이 법리를 오해하는 등의 위법이 없다.

다. 기타 상가건물임대차보호법 관련 쟁점

상가건물 임대차보호법 제2조 제1항 단서에 따라 대통령령으로 정한 보증금액을 초과하는 임대차에서 기간을 정하지 않은 경우, 임차인이 같은 법 제10조 제1항에서 정한 계약갱신요구권을 행사할 수 있는지 여부(소극) 대법원 2021. 12. 30 선고 2021다233730 판결 [건물명도(인도)]

판례 해설

모든 임차인이 당연히 주택임대차보호법이나 상가임대차보호법의 보호를 받는 것이 아니라 각각의 법에 규정된 요건에 부합할 때만 적용을 받아 해당 법률에 따른 이익을 누릴 수 있다. **상가임대차보호법제2조**에서 일정 금액의 보증금의 범위 내에 있는 임대차만 보호하고 있으므로 상임법이 규정하고 있는 보증금의 범위를 넘어선다면 이는 상가임대차보호법이 적용될 수 없고 이제 일반 임대차 법리로 갈 수밖에 없다.

대상판결에서는 이렇게 보증금의 액수가 상가임대차보호법의 범위를 넘어서는 임대차에 해당하는 바 상가임대차보호법이 적용될 수 없고 결국 임차인의 갱신청구권을 인정하지 않는 것이다.

법원 판단

1. 「상가건물 임대차보호법」(이하 '상가임대차법'이라고 한다)에서 기간을 정하지 않은 임대차는 그 기간을 1년으로 간주하지만(제9조 제1항), 대통령령으로 정한 보증금액을 초과하는 임대차는 위 규정이 적용되지 않으므로(제2조 제1항 단서), 원래의 상태 그대로 기간을 정하지 않은 것이 되어 민법의 적용을 받는다(민법 제635조 제1항, 제2항 제1호). 에 따라 이러한 임대차는 임대인이 언제든지 해지를 통고할 수 있고 임차인이 그 통고를 받은 날로부터 6개월이 지남으로써 효력이 생기므로, 임대차기간이 정해져 있음을 전제로 그 기간 만료 6개월 전부터 1개월 전까지 사이에 행사하도록 규정된 임차인의 계약갱신요구권(상가임대차법 제10조 제1항)은 발생할 여지가 없다.

2. 원심은 판시와 같은 이유로, 피고들은 상가건물을 상가임대차법 제2조 제1항 단서에 따라 대통령령으로 정한 금액을 초과하는 보증금으

로 임차했는데, 최초 계약한 기간이 끝나 이를 갱신하면서 앞으로는 기간을 정하지 않고 임차하기로 당시 임대인과 합의했고, 그 임대인의 지위를 승계한 원고의 해지통고를 받은 날로부터 6개월이 지났으므로 임차한 건물을 인도할 의무가 있다고 판단하였다. 원심판결 이유를 위에서 본 법리에 비추어 보면, 이러한 원심의 판단에 상고이유 주장과 같이 상가건물 임차인의 계약갱신요구권에 관한 법리를 오해한 잘못이 없다.

차임에 대한 부가가치세 상당액을 임차인이 부담하기로 하는 약정이 있는 경우, 임대차계약 종료 후 계속점유로 인한 차임 상당 부당이득에 대한 부가가치세 상당액도 임차인이 부담하는지 여부(원칙적 적극) (대법원 2021. 5. 13 선고 2020다255429 판결 [건물명도(인도)])

판례 해설

임대차 계약에서 차임에 대한 부가세가 포함되어 있고 부가세를 임차인이 부담하기로 되어 있다면 차임연체 계산 중 이 부가세는 포함되어 계산이 되고 만약 차임 연체액이 3기에 달한 경우에는 임대인은 언제든지 계약을 해지할수 있다.

특히 법원에서는 상임법 규정을 구분하면서 동법 10조의 8과 다르게 동법제10조 1항 1호에서 '3기의 차임액에 해당하는 금액에 이르도록 차임을 연체한 사실이 있는 경우'라고 문언을 달리하여 규정하고 있는 점을 주목하면서 그 취지가 임대차계약 관계는 당사자 사이의 신뢰를 기초로 하므로, 종전 임대차기간에 차임을 3기분에 달하도록 연체한 사실이 있는 경우에까지 임차인의 일방적 의사에 의하여 계약관계가 연장되는 것을 허용하지 않다고 판단하였다.

법원 판단

[1] <u>상가건물 임대차보호법(이하 '상가임대차법'이라고 한다) 제10조의8</u>은 임대인이 차임연체를 이유로 계약을 해지할 수 있는 요건을 '차임연체액이 3기의 차임액에 달하는 때'라고 규정하였다. 반면 임대인이 임대차기간 만료를 앞두고 임차인의 계약갱신요구를 거부할 수 있는 사유에 관해서는 '3기의 차임액에 해당하는 금액에 이르도록 차임을 연체한 사실이 있는 경우'라고 문언을 달리하여 규정하고 있다(<u>상가임대차법 제10조 제1항 제1호</u>). 그 취지는, 임대차계약 관계는 당사자 사이의 신뢰를 기초로 하므로, 종전 임대차기간에 차임을 3기분에 달하도록 연체한 사실이 있는 경우에까지 임차인의 일방적 의사에 의하여 계약관계가 연장되는 것을 허용하지 아니한다는 것이다.

위 규정들의 문언과 취지에 비추어 보면, **임대차기간 중 어느 때라도 차임이 3기분에 달하도록 연체된 사실이 있다면 임차인과의 계약관계 연장을 받아들여야 할 만큼의 신뢰가 깨어졌으므로 임대인은 계약갱신 요구를 거절할 수 있고, 반드시 임차인이 계약갱신요구권을 행사할 당시에 3기분에 이르는 차임이 연체되어 있어야 하는 것은 아니다.**

[2] 임차인이 계약종료 후에도 건물을 계속 사용하고 있고 임대인도 보증금을 반환하지 않은 채 거기에서 향후 임료 상당액을 공제하는 관계라면 부가가치세의 과세대상인 용역의 공급에 해당하므로, 차임에 대한 부가가치세 상당액을 임차인이 부담하기로 하는 약정이 있었다면, 특별한 사정이 없는 한 임대차계약 종료 후의 계속점유를 원인으로 지급되는 차임 상당 부당이득에 대한 부가가치세 상당액도 임차인이 부담하여야 한다.

임대차 종료 시 구 도시 및 주거환경정비법상 관리처분계획인가·고시가 이루어진 경우,구 상가건물 임대차보호법 제10조 제1항 제7호 (다)목에서 정한 계약갱신 거절사유가 있는지 여부(적극) 및 사업시행인가·고시가 이루어졌다는 사정만으로도 마찬가지인지 여부(원칙적 소극) / 위와 같은 계약갱신 거절사유가 존재한다는 점에 대한 증명책임의 소재(=임대인) 대법원 2020. 11. 26 선고 2019다249831 판결 [손해배상(기)]

판례 해설

관리처분계획이 이루어진 경우 이전고시 될 때까지 소유자나 임차권자는 해당 건물을 사용수익하게 할 수 없고 시행자는 임차인에 대해서 부동산 인도를 구할 수 있다. 문제는 관리처분계획 이전 사업시행계획인가를 받은 경우에도 이와 동일하게 적용될 수 있는 지 법은 규정하고

있지 않다

대상판결은 법에 별다른 규정이 없으므로 관리처분계획이 있을 때와 동일하게 적용하기는 어렵고 만약 건물을 철거해야하는 특별한 사정이 있는 경우에는 임대인이 그 사정을 입증하여 건물 명도를 요청해야 한다고 판단하였다

법원 판단

구 도시 및 주거환경정비법(2017. 2. 8. 법률 제14567호로 전부 개정되기 전의 것, 이하 '구 도시정비법'이라 한다)에 따라 정비사업이 시행되는 경우 관리처분계획인가·고시가 이루어지면 종전 건축물의 소유자나 임차권자는 그때부터 이전고시가 있는 날까지 이를 사용·수익할 수 없고(구 도시정비법 제49조 제6항), 사업시행자는 소유자, 임차권자 등을 상대로 부동산의 인도를 구할 수 있다. 이에 따라 임대인은 원활한 정비사업 시행을 위하여 정해진 이주기간 내에 세입자를 건물에서 퇴거시킬 의무가 있다. 따라서 임대차 종료 시 이미 구 도시정비법상 관리처분계획인가·고시가 이루어졌다면, 임대인이 관련 법령에 따라 건물 철거를 위해 건물 점유를 회복할 필요가 있어 구 상가건물 임대차보호법(2018. 10. 16. 법률 제15791호로 개정되기 전의 것, 이하 '구 상가임대차법'이라 한다) 제10조 제1항 제7호 (다)목에서 정한 계약갱신 거절사유가 있다고 할 수 있다. 그러나 구 도시정비법상 사업시행인가·고시가 있는 때부터

관리처분계획인가·고시가 이루어질 때까지는 일정한 기간의 정함이 없고 정비구역 내 건물을 사용·수익하는 데 별다른 법률적 제한이 없다.

이러한 점에 비추어 보면, 정비사업의 진행 경과에 비추어 임대차 종료 시 단기간 내에 관리처분계획인가·고시가 이루어질 것이 객관적으로 예상되는 등의 특별한 사정이 없는 한, 구 도시정비법에 따른 사업시행인가·고시가 이루어졌다는 사정만으로는 임대인이 건물 철거 등을 위하여 건물의 점유를 회복할 필요가 있다고 할 수 없어 구 상가임대차법 제10조 제1항 제7호 (다)목에서 정한 계약갱신 거절사유가 있다고 할 수 없다. 이와 같이 임대차 종료 시 관리처분계획인가·고시가 이루어졌거나 이루어질 것이 객관적으로 예상되는 등으로 구 상가임대차법 제10조 제1항 제7호 (다)목의 사유가 존재한다는 점에 대한 증명책임은 임대인에게 있다.

라. 권리금 관련 쟁점

신규임차인이 되려는 자에게 임대인이 철거 등을 고지하였더라도 이는 권리금 회수를 방해하는 것은 아니다 (대법원 2022. 8. 31 선고 2022다233607 판결 [손해배상(기)])

판례 해설

임대인은 임차인의 갱신을 거절하기 위하여 철거 및 재건축계획을 고지할 수 있고 철거등이 예상될 경우 임차인은 갱신청구를 할 수 없다.

문제는 기존 임차인이 아닌 새로이 임차인이 될 자에 대하여 이와 같은 사실을 고지하는 것이 권리금 회수 기회를 방해하는 것으로 손해배상 청구가 인정되는지 문제가 될 수 있으나 이는 임대인이 임차인에 대하여 고지하는 철거등의 통지는 임대인의 갱신거절을 요구할 수 있는 권리에서 기인한 것이므로 이를 기존 임차인 뿐만 아니라 새로이 계약할 임차인에 대해서 고지하였다고 하더라도 이는 권리금 회수 기회를 박탈하는 것으로 해석할 수 없다고 판단하여 손해배상을 인정한 원심판결을 파기하고 환송하였다

법원판단 (신규 임차인이 되려는 사람에 대한 철거·재건축 계획 등의 고지가 '권리금 회수 방해행위'에 해당하는지)

가.상가건물 임대차보호법(이하 '상가임대차법'이라 한다) 제10조의4 제1항본문은 "임대인은 임대차기간이 끝나기 6개월 전부터 임대차 종료시까지 다음 각호의 어느 하나에 해당하는 행위를 함으로써 권리금 계약에 따라 임차인이 주선한 신규임차인이 되려는 자로부터 권리금을 지급받는 것을 방해하여서는 아니 된다. 다만, 제10조 제1항각호의 어느 하나에 해당하는 사유가 있는 경우에는 그러하지 아니하다."라고 정하면서, 제4호에 "그 밖에 정당한 사유 없이 임대인이 임차인이 주선한 신규임차인이 되려는 자와 임대차계약의 체결을 거절하는 행위"를 들고 있다.

건물 내구연한 등에 따른 철거·재건축의 필요성이 객관적으로 인정되지 않거나 그 계획·단계가 구체화되지 않았는데도 임대인이 신규 임차인이 되려는 사람에게 짧은 임대 가능기간만 확정적으로 제시·고수하는 경우 또는 임대인이 신규 임차인이 되려는 사람에게 고지한 내용과 모순되는 정황이 드러나는 등의 특별한 사정이 없는 한, **임대인이 신규 임차인이 되려는 사람과 임대차계약 체결을 위한 협의 과정에서 철거·재건축 계획과 그 시점을 고지하였다는 사정만으로는 상가임대차법 제10조의4 제1항 제4호에서 정한 '권리금 회수 방해행위'에 해당한다고 볼 수 없다. 임대차계약의 갱신에 관한 상가임대차법 제10조 제1항과 권리금의 회수에 관한 상가임대차법 제10조의3, 제10조의4의 각 규정의 내용·취지가 같지 않은 이상, 후자의 규정이 적용되는 임대인의 고지 내용에 상가임대차법 제10조 제1항 제7호 각 목의 요건이 충족되지 않더라도 마찬가지이다**(대법원 2022. 8. 11. 선고 2022다202498 판결참조).

나. 원심판결 이유와 기록에 따르면 다음 사실을 알 수 있다.

(1) 이 사건 건물은 1986. 4. 7. 사용승인을 받았다. 원고는 2015. 1.경 이 사건 건물 (호수 생략)(이하 '이 사건 상가'라 한다)의 소유자인 피고와 임대차기간을 2015. 1. 1.부터 2016. 12. 31.까지로 하여 위 상가에 관한 임대차계약을 체결하였고, 그 기간은 두 차례 갱신을 거쳐 2018. 12. 31.까지 연장되었다.

(2) 피고는 이 사건 건물에 관하여 2015. 12.경 ○○구청장으로부터 호텔 건축에 필요한 관광숙박업 사업계획승인을 받았다.

(3) 원고는 2018. 10. 25. 피고에게 이 사건 임대차계약의 갱신을 요구하는 통지를 하였으나, 피고는 2018. 11. 16. 원고에게 '총 임대차기간이 5년이 되는 2019. 12. 31.에는 이 사건 건물의 재건축을 위하여 점유회복이 필요하다.'고 통지하였다. 원고는 2019. 11. 18. 피고에게 다시 이 사건 임대차계약의 갱신을 요구하는 통지를 하고, 영업을 계속하였다.

(4) 원고는 2020. 7. 11. 소외 1과 이 사건 상가의 임대차 승계를 전제로 한 권리금계약을 체결하고, 피고에게 소외 1을 신규 임차인으로 주선하였다. 피고의 직원 소외 2는 2020. 10. 13. 원고, 소외 1과 만난 자리에서 '2024년이 재건축하는 시점이기 때문에 그 기간으로 계약한다면 승계계약 형태로 해서 보증금과 월 임대료를 5% 범위 내에서 진행할 수는 있지만, 그렇지 않고 10년의 새로운 계약으로 한다는 계획이면 수용할 수 없다. 4년 후 권리금도 인정할 수 없다.'고 말하였다(이하 '이 사건 고지'라 한다). 그 후 소외 1은 이 사건 상가에 관한 임대차계약 체결을 포기하였고, 원고와 소외 1은 2020. 10. 21. 위 권리금계약을 해지하였다.

(5) 한편 피고는 재건축을 위해 이 사건 건물의 2, 3, 4층을 공실로 두고 임대하지 않고 있는 상태이다.

다. 이러한 사실관계를 위에서 본 법리에 비추어 보면, 다음과 같은 결론이 도출된다.

(1) 위에서 보았듯이, 이 사건 건물은 1986년 사용승인을 받은 건물로

서 원심 변론종결시를 기준으로 이미 약 35년이 지났다. 피고는 이 사건 건물에 관하여 관광숙박업 사업계획승인을 받았고 재건축을 위해 이 사건 건물의 대부분을 공실로 두고 있다. 따라서 이 사건 건물에 대한 재건축 필요성이나 재건축 의사의 진정성 등이 인정되고, 그 철거·재건축 계획도 구체화된 단계에 있다고 볼 수 있다.

(2) 이 사건 고지에 포함된 피고의 소외 3에 대한 제안 내용은 구체적인 철거·재건축 계획이나 일정과 대체로 부합하고, 특별히 신규 임차인이 되려는 사람에게 불합리한 조건을 강요하는 것이라고 보기 어렵다. 피고가 이 사건 고지를 한 이후 그와 모순되는 언행이나 행동을 하였다고 볼 정황도 찾아볼 수 없다.

(3) 이와 같이 이 사건 건물의 내구연한 등에 따른 철거·재건축의 필요성이 객관적으로 인정되지 않는다고 볼 수 없고, 그 계획·단계가 구체화되지 않았는데도 피고가 소외 3에게 짧은 임대 가능기간만 확정적으로 제시·고수한 것이라거나 피고가 이 사건 고지 내용과 모순되는 행동을 한 정황이 드러나는 등의 특별한 사정이 인정되지 않는다. 따라서 피고의 이 사건 고지는 상가임대차법 제10조의4 제1항 제4호에서 정한 '권리금 회수 방해행위'에 해당한다고 볼 수 없다. 이는 이 사건 고지 내용이 상가임대차법 제10조 제1항 제7호 각 목의 요건을 충족하지 않더라도 마찬가지이다.

라. 그런데도 원심은, 이 사건 건물의 재건축이 상가임대차법 제10조 제1항 제7호 각 목의 요건을 충족하지 않은 이상, 임대인이 진정한 의사로 오래된 건물을 재건축하더라도 여전히 임차인의 권리금 회수기회를

보호할 의무를 부담한다고 전제하고, 이 사건 고지가 '권리금 회수 방해 행위'에 해당한다고 판단하였다.

원심판결에는 상가임대차법 제10조의4 제1항 제4호에서 정한 '권리금 회수 방해행위'의 해석에 관한 법리를 오해하여 판결에 영향을 미친 잘못이 있다.

임차인이 3기의 차임액에 해당하는 금액에 이르도록 차임을 연체한 경우 임대인의 권리금 회수기회 보호의무가 발생하지 않도록 규정한 상가임대차보호법상 권리금 회수 비적용 조항이 재산권을 침해하는지 여부(소극) 헌법재판소 2023. 6. 29 자 2021헌바264 결정 [합헌]

판례 해설

상가임대차보호법은 임차인에게 계약갱신요구권, 권리금 회수기회 보호 청구권 등 다양한 보호조항을 가지고 있다. 다만 해당 임차인이 임료 3기를 연체할 경우 각종 보호 조항들의 적용에서 배제되어 일반 민법 조항이 적용될 뿐이다.

대상판결은 3기 차임연체시 특히 권리금 회수기회 보호 등에 관한 10조의4를 제외하는 것에 대하여 위헌법률심판을 청구하였으나 임차인 스스로가 자신의 의무를 다하지 않아다는 점을 고려하여 해당 조항이 합헌임을 확인하였다.

헌법재판소 판단

심판대상조항은 임차인이 임대차계약에 있어 임차인의 가장 기본적이고 주된 의무인 차임의 지급을 3기의 차임액에 해당하는 금액에 이르도록 이행하지 아니한 경우 임대인과 임차인 간의 신뢰관계가 깨졌다고 보아 당해 임차인을 권리금 회수기회 보호대상에서 제외함으로써 임대인과 임차인 양자 간의 이해관계를 조절하고 있는 것이라 할 수 있다. 나아가 급격한 경제상황의 변동 등과 같은 사정이 있어 임차인이 귀책사유 없이 차임을 연체하였다 하더라도 그와 같은 경제상황의 변동은 일차적으로 임차인 스스로가 감수하여야 할 위험에 해당하는 점,'상가건물 임대차보호법' 제11조 제1항에 의하면 임차인은 경제 사정의 변동 등을 이유로 차임 감액을 청구할 수 있는 점, 심판대상조항은 임차인이 차임을 단순히 3회 연체한 경우가 아니라 3기의 차임액에 해당하는 금액에 이르도록 연체한 경우에 한하여 임대인의 권리금 회수기회 보호의무가 발생하지 않는 것으로 규정하고 있는 점 등을 종합하여 볼 때, 심판대상조항은 입법형성권의 한계를 일탈하여 재산권을 침해한다고 할 수 없다.

임대인이 정당한 사유 없이 임차인이 주선할 신규임차인이 되려는 자와 임대차계약을 체결할 의사가 없음을 확정적으로 표시한 경우, 임차인이 실제로 신규임차인을 주선하지 않았더라도 임대인에게 권리금 회수 방해로 인한 손해배상을 청구할 수 있는지 여부(적극) 대법원 2019. 7. 4 선고 2018다284226 판결 [손해배상(기)]

판례 해설

임차인은 권리금 회수 기회 방해와 관련하여 손해배상청구하기 위해서는 새로운 임차인을 임대인에게 주선해야 하는데 임대인이 오히려 임차인이 주선을 하기도 전에 확정적으로 거절의 의사를 표명하면서 임대차 계약을 체결하지 않기로 언급하였다면 굳이 임차인이 주선을 하지 않더라도 임차인은 임대인에 대해서 권리금회수기회 방해로 인한 손해배상청구를 할 수 있다고 판단한 것이다.

제10조의 3 (권리금의 정의 등)
① 권리금이란 임대차 목적물인 상가건물에서 영업을 하는 자 또는 영업을 하려는 자가 영업시설·비품, 거래처, 신용, 영업상의 노하우, 상가건물의 위치에 따른 영업상의 이점 등 유형·무형의 재산적 가치의 양도 또는 이용대가로서 임대인, 임차인에게 보증금과 차임 이외에 지급하는 금전 등의 대가를 말한다.
② 권리금 계약이란 신규임차인이 되려는 자가 임차인에게 권리금을 지급하기로 하는 계약을 말한다.

제10조의 4 (권리금 회수기회 보호 등)
① 임대인은 임대차기간이 끝나기 6개월 전부터 임대차 종료 시까지 다음 각 호의 어느 하나에 해당하는 행위를 함으로써 권리금 계약에 따라 임차인이 주선한 신규임차인이 되려는 자로부터 권리금을 지급받는 것을 방해하여서는 아니 된다. 다만, 제10조제1항 각 호의 어느 하나에 해당하는 사유가 있는 경우에는 그러하지 아니하다.
1. 임차인이 주선한 신규임차인이 되려는 자에게 권리금을 요구하거나 임차인이 주선한 신규임차인이 되려는 자로부터 권리금을 수수하는 행위

2. 임차인이 주선한 신규임차인이 되려는 자로 하여금 임차인에게 권리금을 지급하지 못하게 하는 행위
3. 임차인이 주선한 신규임차인이 되려는 자에게 상가건물에 관한 조세, 공과금, 주변 상가건물의 차임 및 보증금, 그 밖의 부담에 따른 금액에 비추어 현저히 고액의 차임과 보증금을 요구하는 행위
4. 그 밖에 정당한 사유 없이 임대인이 임차인이 주선한 신규임차인이 되려는 자와 임대차계약의 체결을 거절하는 행위

② 다음 각 호의 어느 하나에 해당하는 경우에는 제1항제4호의 정당한 사유가 있는 것으로 본다.
1. 임차인이 주선한 신규임차인이 되려는 자가 보증금 또는 차임을 지급할 자력이 없는 경우
2. 임차인이 주선한 신규임차인이 되려는 자가 임차인으로서의 의무를 위반할 우려가 있거나 그 밖에 임대차를 유지하기 어려운 상당한 사유가 있는 경우
3. 임대차 목적물인 상가건물을 1년 6개월 이상 영리목적으로 사용하지 아니한 경우
4. 임대인이 선택한 신규임차인이 임차인과 권리금 계약을 체결하고 그 권리금을 지급한 경우
③ 임대인이 제1항을 위반하여 임차인에게 손해를 발생하게 한 때에는 그 손해를 배상할 책임이 있다. 이 경우 그 손해배상액은 신규임차인이 임차인에게 지급하기로 한 권리금과 임대차 종료 당시의 권리금 중 낮은 금액을 넘지 못한다.
④ 제3항에 따라 임대인에게 손해배상을 청구할 권리는 임대차가 종료한 날부터 3년 이내에 행사하지 아니하면 시효의 완성으로 소멸한다.
⑤ 임차인은 임대인에게 임차인이 주선한 신규임차인이 되려는 자의 보증금 및 차임을 지급할 자력 또는 그 밖에 임차인으로서의 의무를 이행할 의사 및 능력에 관하여 자신이 알고 있는 정보를 제공하여야 한다.

법원 판단

[1]구 상가건물 임대차보호법(2018. 10. 16. 법률 제15791호로 개정되기 전의 것, 이하 '상가임대차법'이라 한다) 제10조의3내지제10조의7의 내용과 입법 취지에 비추어 보면, 임차인이 임대인에게 권리금 회수 방해로 인한 손해배상을 구하기 위해서는 원칙적으로 임차인이 신규임차인이 되려는 자를 주선하였어야 한다. 그러나 <u>임대인이 정당한 사유 없이 임차인이 신규임차인이 되려는 자를 주선하더라도 그와 임대차계약을 체결하지 않겠다는 의사를 확정적으로 표시하였다면 이러한 경우에까지 임차인에게 신규임차인을 주선하도록 요구하는 것은 불필요한 행위를 강요하는 결과가 되어 부당</u>하다. 이와 같은 특별한 사정이 있다면 임차인이 실제로 신규임차인을 주선하지 않았더라도 임대인의 위와 같은 거절행위는 상가임대차법 제10조의4 제1항 제4호에서 정한 거절행위에 해당한다고 보아야 한다. 따라서 임차인은 같은 조 제3항에 따라 임대인에게 권리금 회수 방해로 인한 손해배상을 청구할 수 있다.

임대인이 위와 같이 정당한 사유 없이 임차인이 주선할 신규임차인이 되려는 자와 임대차계약을 체결할 의사가 없음을 확정적으로 표시하였는지 여부는 임대차계약이 종료될 무렵 신규임차인의 주선과 관련해서 임대인과 임차인이 보인언행과 태도, 이를 둘러싼 구체적인 사정 등을 종합적으로 살펴서 판단하여야 한다.

[2] 상가 임차인 甲이 임대차기간 만료 전 임대인인 乙에게 甲이 주선하는 신규임차인과 임대차계약을 체결하여 줄 것을 요청하였으나, 乙이 상가를 인도받은 후 직접 사용할 계획이라고 답변하였고, 이에 甲이 신규임차인 물색을 중단하고 임대차기간 만료일에 乙에게 상가를 인도한 후 乙을 상대로 권리금 회수 방해로 인한 손해배상을 구한 사안에서, 乙이 甲에게 임대차 종료 후에는 신규임차인과 임대차계약을 체결하지 않고 자신이 상가를 직접 이용할 계획이라고 밝힘으로써 甲의 신규임차인 주선을 거절하는 의사를 명백히 표시하였고, 이러한 경우 甲에게 신규임차인을 주선하도록 요구하는 것은 부당하다고 보이므로 특별한 사정이 없는 한 甲은 실제로 신규임차인을 주선하지 않았더라도 임대인의 권리금 회수기회 보호의무 위반을 이유로 乙에게 손해배상을 청구할 수 있다고 보아야 하는데도, 이와 달리 본 원심판단에 법리오해의 잘못이 있다고 한 사례.

<u>상가건물 임대차보호법 제10조의4에서 정한 권리금 회수 방해로 인한 손해배상책임이 성립하기 위해서는 임차인이 구체적인 인적사항을 제시하면서 신규 임차인이 되려는 자를 임대인에게 주선하였어야 하는지 여부(원칙적 적극)</u> 대법원 2022. 8. 11 선고 2022다202498 판결 [손해배상(기)]

판례 해설

임차인이 권리금 회수 기회 방해를 이유로 임대인에게 손해배상청구를 하기 위해서는 임차인이 새로운 임차인을 주선하고 임대인이 아무런 이유없이 이를 거부한 경우 인정되게 된다. 여기서 **"주선"의 해석에 관하여 판단한 사안**이다

법원은 최소한 임차인이 구체적인 인적사항을 제시하면서 신규 임차인이 되려는 자를 임대인에게 주선하였어야 하고 다만 임대인이 정당한 사유 없이 임차인이 주선할 신규 임차인이 되려는 자와 임대차계약을 체결할 의사가 없음을 확정적으로 표시한 경우, 임차인이 실제로 신규 임차인을 주선하지 않았더라도 임대인에게 권리금 회수 방해로 인한 손해배상을 청구할 수 있다고 판단하였다

법원 판단

<u>상가건물 임대차보호법(이하 '상가임대차법'이라 한다) 제10조의3, 제10조의4의 문언과 내용, 입법 취지 등을 종합하면, 임차인이 구체적인 인적사항을 제시하면서 신규 임차인이 되려는 자를 임대인에게 주선하였음에도 임대인이 상가임대차법 제10조의4 제1항에서 정한 기간에 이러한 신규 임차인이 되려는 자에게 권리금을 요구하는 등 위 제1항 각 호의 어느 하나에 해당하는 행위를 함으로써 임차인이 신규 임차인으</u>

로부터 권리금을 회수하는 것을 방해한 때에는 임대인은 임차인이 입은 손해를 배상할 책임이 있다(대법원 2019. 7. 10. 선고 2018다239608 판결참조).특히, 임대차계약이 종료될 무렵 신규 임차인의 주선과 관련해서 임대인과 임차인이 보인 언행과 태도, 이를 둘러싼 구체적 사정 등을 종합적으로 살펴볼 때, 임대인이 정당한 사유 없이 임차인이 신규 임차인이 되려는 자를 주선하더라도 그와 임대차계약을 체결하지 않겠다는 의사를 확정적으로 표시한 경우에는 임차인이 실제로 신규 임차인을 주선하지 않았더라도 위와 같은 손해배상책임을 진다(대법원 2019. 7. 4. 선고 2018다284226 판결참조).

법정지상권

우리 법제는 토지와 건물을 별개의 물건으로 다루는데 건물은 그 성질상 토지 이용권을 수반하지 않고는 존재할 수 없다. 즉 건물 소유권과 대지 이용권은 불가분의 관계에 있다. 이러한 관계는 건물과 그 대지가 동일인에게 속하는 동안에는 표출 되지 않지만, 건물과 대지가 다른 사람의 소유로 되면 잠재되어 있던 불가분적 관계는 표출 되고 건물소유자는 대지이용권을 가지지 않으면 안 된다.

그런데 이러한 잠재적 관계의 표출은 보통 당사자들의 약정 또는 지상권·임차권등의 관계 설정을 통해 이루어지지만, 당사자 들이 이러한 기회를 가지지 못하는 등의 사유로 인하여 건물 소유자가 대지 이용권을 가지지 못한다면 그 건물은 철거되어야 한다. 그러나 이는 경제적으로 바람직하지 못하므로 이 결과를 막기 위하여 인정되는 것이 법정지상권이다.

민법에 규정된 법정지상권으로 ① **토지와 건물이 동일인에게 속하는 상태에서 건물에만 전세권을 설정하였는데 나중에 토지소유자가 변경된 경우(민법제305조)**와 ② **토지와 건물이 동일인에게 속하는 상태에서 어느 한쪽에 또는 양자에 저당권이 설정되었는데 나중에 저당권이 실행됨으로써 토지와 건물의 소유자가 다르게 된 경우(민법제366조)** 두 가지가 있다.

그 외 특별법에 의하여 인정되는 법정지상권으로는 ① 입목의 경매 기타사유로 인하여 토지와 그 지상의 등기된 비목이 각각 다른 소유자에게 속하게 된 경우(입목에관한법률제6조1항), ② 토지와 건물이 동일인에게 속하게 되는 상태에서 어느 한쪽에 대하여 가등기담보권이 설정되었는데 나중에 그것이 실행됨으로써 토지와 건물의 소유자가 다르게 된 경우(가등기담보등에관한법률제10조) 등이 있다.

그 밖에 판례에 의하여 일정한 경우에 ⑤ **관습상의 법정지상권**이 인정된다.

사실 **토지 또는 건물만의 경매에서 법정지상권의 성립여부**는 수익 여부에 크나큰 영향을 끼칠 수 있으므로 법리를 완벽하게 숙지하여 불의의 손해를 입는 일이 없어야 할 것이다.

> **제366조 (법정지상권)**
> 저당물의 경매로 인하여 토지와 그 지상건물이 다른 소유자에 속한 경우에는 토지소유자는 건물소유자에 대하여 지상권을 설정한 것으로 본다. 그러나 지료는 당사자의 청구에 의하여 법원이 이를 정한다.

가. 근저당권 설정 당시 건물의 존재

최초 근저당권 설정 당시 대상 토지가 나대지였다면, 그 이후 저당권설정자가 그 위에 건물을 건축하고 경매로 인하여 그 토지와 건물의 소유자가 달라졌다고 하더라도 법정지상권은 성립하지 않는다(대법원 1995. 12. 11 자 95마1262 결정 부동산임의경매신청).

판례 해설

법정지상권의 기본적 요건은 근저당권 설정 당시 ① **건물이 존재**하여야 하고 해당 ② **토지와 건물의 소유권이 일치**하여야 한다는 것이다.

따라서 근저당권 설정 당시에는 토지 위에 건물이 존재하지 않았으나 그 이후 근저당권 설정자가 건물을 건축하였다면 비록 소유자 동일 요건을 충족하였더라도 "근저당권 설정 당시 건물의 존재"라는 요건을 충족하지 못했기 때문에 법정지상권이 부정된다.

법원 판단

건물 없는 토지에 대하여 저당권이 설정된 후 저당권설정자가 그 위에 건물을 건축하였다가 담보권의 실행을 위한 경매절차에서 경매로 인하여 그 토지와 지상 건물이 소유자를 달리 하였을 경우에는 민법 제366조 소정의 법정지상권이 인정되지 아니할 뿐만 아니라 관습상의 법정지상권도 인정되지 아니하는 것이다(당원 1993. 6. 25. 선고 92다20330 판결 참조).

따라서 원심이 인정한 바와 같이 이 사건 토지 및 건물에 대하여 재항고인 앞으로 원심 판시 각 근저당권이 설정된 이후에 이 사건 토지상에 이 사건 미등기건물이 건축된 것이라면, 위 각 근저당권의 실행을 위한 이 사건 경매절차에서 경매로 인하여 이 사건 토지와 이 사건 미등기건물의 소유자가 달라진다고 하여 이 사건 미등기건물을 위하여 민법 제366조 소정의 법정지상권뿐만 아니라 관습상의 법정지상권도 인정되지 아니할 것이므로, 그러한 법정지상권이 인정될 것임을 전제로 펼치는 논지는 어느 것이나 받아들일 수 없다.

근저당권 설정 당시 건물이 존재하지 않았다면 그 이후 토지의 소유자가 토지 근저당권자의 동의를 받아 건축하였다고 하더라도 법정지상권이 성립하지 않는다(대법원 2003. 9. 5 선고 2003다26051 판결 건물등철거등).

판례 해설

법정 지상권은 가장 객관적인 제도이므로 그 요건인 ① 토지 근저당권 설정 당시 건물의 존재 여부 ② 토지와 건물의 소유권자가 누구인지 여부는 물권법의 기본 법리에 따라 형식적으로만 판단해야 한다.

한편, 나대지에 해당하는 토지에 근저당권이 설정된 이후 건물이 신축되고, 그 신축된 건물과 토지가 경매 등의 사유로 소유권자가 달라진 경우에도 법정지상권이 인정된다면 가장 큰 피해를 보는 당사자는 토지 근저당권자에 해당할 것이다(즉 토지 근저당권자는 저당권 설정 당시 기존 요건에 따라 법정지상권이 성립하지 않을 것을 예상하여 전체 토지를 사용할 수 있는 담보가치를 책정할 것인데, 만약 그 이후 법정지상권이 성립된다면 토지만의 낙찰가격은 하락하기 때문에 결국 그 피해자는 토지 근저당권자가 되는 것이다).

특히 이 판결은 **법정지상권이 성립하지 않을 상황에서 근저당권자가 건물 건축을 동의하여 스스로 자신의 권리를 포기한다면 법정지상**

권의 성립이 가능할까 하는 의문을 정리한 것에 그 의의가 있다.

판례는 **법정지상권의 성립요건은 객관적으로만 판단해야 하며**, 당사자의 동의 여부는 공시조차 불가능한 사항이므로, 이 사건과 같이 공시되지도 않는 주관적 사유로 인하여 법정지상권의 성립 여부가 달라진다면 거래의 안정에 문제가 생길 수 있으므로 동 사안에 있어 법정지상권을 인정하지 않았다.

법원 판단

1. 상고이유 제1점에 대하여 민법 제366조의 법정지상권은 저당권 설정 당시부터 저당권의 목적되는 토지 위에 건물이 존재할 경우에 한하여 인정되며 건물이 없는 토지에 대하여 저당권이 설정된 후 근저당권설정자가 그 위에 건물을 건축하였다가 경매로 인하여 대지와 그 지상건물이 소유자를 달리하였을 경우에는 위 법조에서 정하는 법정지상권이 인정되지 아니할 뿐만 아니라 관습상의 법정지상권도 인정되지 아니하고(대법원 1987. 12. 8. 선고 87다카869 판결, 1993. 6. 25. 선고 92다20330 판결, 1995. 12. 26. 선고 95다24524 판결 등 참조), 다만, 토지에 관하여 저당권이 설정될 당시 그 지상에 건물이 토지 소유자에 의하여 건축 중이었고, 그것이 사회관념상 독립된 건물로 볼 수 있는 정도에 이르지 않았다 하더라도 건물의 규모·종류가 외형상 예상할 수 있는 정도까지 건축이 진전되어 있는 경우에는, 저당권자는 완성될 건물을 예상할

수 있으므로 법정지상권을 인정하여도 불측의 손해를 입는 것이 아니며 사회·경제적으로도 건물을 유지할 필요가 인정되기 때문에 법정지상권의 성립을 인정함이 상당하다(대법원 1992. 6. 12. 선고 92다7221 판결 참조). 토지에 관하여 저당권이 설정될 당시 그 지상에 토지소유자에 의한 건물의 건축이 개시되기 이전이었다면, 건물이 없는 토지에 관하여 저당권이 설정될 당시 근저당권자가 토지소유자에 의한 건물의 건축에 동의하였다고 하더라도 그러한 사정은 주관적 사항이고 공시할 수도 없는 것이어서 토지를 낙찰 받는 제3자로서는 알 수 없는 것이므로 그와 같은 사정을 들어 법정지상권의 성립을 인정한다면 토지 소유권을 취득하려는 제3자의 법적 안정성을 해하는 등 법률관계가 매우 불명확하게 되므로 법정지상권이 성립되지 않는다고 보아야 한다. 원심이 적법하게 확정한 바와 같이, 이 사건 토지는 1996. 8. 30.자 근저당권 및 1996. 8. 31.자 근저당권이 설정될 당시 나대지 상태였고 이 사건 건물은 착공되지도 아니하였다는 것이므로, 1996. 8. 30.자 근저당권에 기한 임의경매 절차에서 경락으로 인하여 그 소유권이 김길선에게 넘어간 이 사건 토지에 대하여 이 사건 건물의 소유를 위한 법정지상권이나 관습상의 법정지상권이 인정될 여지는 없다 할 것이고, 피고의 주장대로 이 사건 토지의 소유자이던 장현욱이 이 사건 토지에 관하여 1996. 8. 30.자 근저당권을 설정할 당시 근저당권자가 이 사건 건물의 건축에 동의하였다고 하더라도 법정지상권은 성립하지 않는다고 할 것인바, 같은 취지의 원심의 판단은 정당하고, 거기에 상고이유의 주장과 같은 법정지상권 또는 관습상의 법정지상권의 성립에 관한 법리오해의 위법이 없다.

토지에 근저당권 설정 당시 건물이 존재하기만 한다면 그 건물이 미등기 건물이거나 무허가 건물이어도 상관없다(대법원 2004. 6. 11 2004다13533 판결 건물철거및토지인도등).

판례 해설

법정지상권 성립 요건 중 하나는 토지(또는 건물)에 근저당권을 설정할 당시 건물이 존재하여야 한다는 것이다. 이 경우 저당권 설정 당시에 건물이 존재하기만 한다면 해당 건물이 미등기 건물이든 무허가 건물이든 완성 전의 건물이든 전혀 상관이 없다. 대상판결은 여기서 더 나아가 건물의 존재 자체도 최소한의 지붕과 주벽 기둥 정도만 있으면 충분하다고 판단하였다.

결론적으로 대상판결은 법정지상권의 성립 범위로서 건물의 존재와 관련된 판단의 기준을 제시한 것으로, 비록 사회관념상 독립된 건물로 볼 수 있는 정도에 이르지는 않았다 하더라도 건물의 규모·종류가 외형상 예상할 수 있는 정도까지 건축이 진전되었다고 볼 수 있다면 "건물이 존재"한다고 판단하여 법정지상권이 성립된다고 결론을 내렸다.

경매에 참여하는 이들은 대상판결을 숙지하여 특히 토지를 낙찰받을 때에 불측의 손해를 피해야 할 것이다.

법원 판단

한편, 민법 제366조의 법정지상권은 저당권 설정 당시 동일인의 소유에 속하던 토지와 건물이 경매로 인하여 양자의 소유자가 다르게 된 때에 건물의 소유자를 위하여 발생하는 것으로서, 토지에 관하여 저당권이 설정될 당시 토지 소유자에 의하여 그 지상에 건물을 건축 중이었던 경우 그것이 사회관념상 독립된 건물로 볼 수 있는 정도에 이르지 않았다 하더라도 건물의 규모·종류가 외형상 예상할 수 있는 정도까지 건축이 진전되어 있었고, 그 후 경매절차에서 매수인이 매각대금을 다 낸 때까지 최소한의 기둥과 지붕 그리고 주벽이 이루어지는 등 독립된 부동산으로서 건물의 요건을 갖추면 법정지상권이 성립하며(대법원 1992. 6. 12. 선고 92다7221 판결, 2004. 2. 13. 선고 2003다29043 판결 등 참조), 그 건물이 미등기라 하더라도 법정지상권의 성립에는 아무런 지장이 없는 것이다(대법원 1988. 4. 12. 선고 87다카2404 판결 등 참조).

원심의 채용 증거들인 1심증인 김♡복의 증언과 동두천시장에 대한 사실조회 결과에 의하면, 이 사건 각 주택의 공사는 위 근저당권설정일인 1997. 5. 23. 이전인 1997. 4. 초순경에 1층 바닥의 기초공사(콘크리트 타설공사)까지 마쳐진 사실을 인정할 수 있고, 한편 원심이 배척하지 않은 증거들인 을3호증, 을5호증의 1의 각 기재와 원심 증인 노▽도의 증언에 의하면, 이 사건 각 주택을 시공한 건축업자인 소외 노▽도는 '1층 기초공사가 끝난 후 공사가 중단되지 않은 채 계속 진행되어 1997. 5. 말경에는 이 사건 각 주택의 벽체와 지붕공사가 완성되었다.'는 취지로 진술하고 있고, 소외 성❶석은 '1997년 음력 5. 15.(양력으로는 6. 19.임) 모친상을 당했는데, 그 때 조문객들이 이 사건 각 주택에서 잠을 잤고, 당시 이 사건 주택은 벽체와 지붕공사는 완성되었지만 바닥 장판과 도배공사는 하지 않은 상태였다.'고 진술하고 있으므로 이 사건 각 주택은 늦어도 1997. 6.경에는 벽체와 지붕공사가 완성되어 독립된 부동산으로서의 요건을 갖춘 것으로 인정할 수 있는바, 사실이 이와 같다면 위 근저당권이 설정될 당시 이 사건 각 주택은 사회관념상 독립된 건물로 볼 수 있는 정도에 이르지는 않았더라도 1층 바닥의 기초공사(콘크리트 타설공사)가 완성되었으므로 '건물의 규모·종류가 외형상 예상할 수 있는 정도까지 건축이 진전되어 있는 경우'에 해당한다고 할 것이고, 그 후 약 2개월만에 벽체와 지붕공사가 완성되어 독립된 건물로서의 요건을 갖추었다고 인정함이 상당하다.

저당권 설정 당시 존재한 건물을 개축, 증축하거나 그 건물의 멸실 또는 철거 후 재축, 신축한 경우 민법 제366조 소정의 법정지상권의 성부 및 그 법정지상권의 범위(대법원 1991. 4. 26 선고 90다19985 판결 건물철거등)

판례 해설

근저당권 설정 당시 토지 위에 건물이 존재하였으나 그 이후 증축되거나, 멸실·철거 후 신축한 경우, 증축·신축된 건물에 대하여 법정지상권이 성립될 수 있는지의 여부, 나아가 만약 법정지상권이 성립된다면 그 존속기간, 범위를 기존 건물을 기준으로 하여야 할지, 증축·신축된 건물을 기준으로 하여야 할지 의문이 들 수 있다. 다소 복잡해 보이는 질문이지만 그 답은 간단하게도 '**근저당권 설정 당시 구 건물을 기준으로 법정지상권이 성립한다.**'이다.

즉 근저당권자는 **근저당권 설정 당시 구 건물을 기준으로 담보가치를 평가하여 근저당권을 설정**한다. 이후 근저당권이 실행된다면 근저당권자는 자신의 예측대로 배당을 받아야 하는데, 만약 증축·신축된 건물을 기준으로 배당액을 산정한다면 근저당권자는 자신이 근저당권을 설정한 이후에 발생한 사실관계로 인하여 불측의 손해를 입을 수 있으므로 이는 부당하다. 물론 법정 요건 역시 "근저당권 설정 당시"를 기준으로 법정지상권의 성립여부를 판단하기 때문에 당연히 근저당권설정 당시를 기준으로 법정지상권의 성립 및 효력의 범위를 결정하여야 할 것이다.

대상판결은 이와 같은 법리를 확인한 판단에 불과하지만 이로 인하여 법정지상권의 성립범위가 다소 구체화 되었다는데 의의가 있다.

법원 판단

살피건대, 민법 제366조 소정의 법정지상권이 성립하려면 저당권의 설정 당시 저당권의 목적이 되는 토지 위에 건물이 존재하여야 하는 것이고, 저당권설정 당시 건물이 존재한 이상 그 이후 건물을 개축 증축하는 경우는 물론이고 건물이 멸실되거나 철거된 후 재축 신축하는 경우에도 법정지상권이 성립한다 할 것이며, 이 경우의 법정지상권의 내용인 존속기간, 범위 등은 **구 건물을 기준으로 하여 그 이용에 일반적으로 필요한 범위 내로 제한된다**고 할 것이다(대법원 1990.7.10. 선고 90다카6399 판결 참조).

이 사건 근저당권설정 당시 이 사건 대지상에 위 구 건물이 존재하였음이 명백한 이 사건에서 피고들은 새로이 건축한 이 사건 건물을 위한 법정지상권의성립을 주장할 수 있고, 다만 그 범위는 구건물의 유지 및 사용을 위하여 필요하였던 범위내의 대지부분에 한정된다고 할 것이므로, 원심으로서는 이 사건 대지위에 성립되는 법정지상권의 범위를 확정한 후 이 사건 건물의 철거 여부와 그 범위를 확정하고 그에 따른 지료나 손해금의 지급을 명하여야 함에도 불구하고 법정지상권의 성립을 부인하고 이 사건 건물의 철거와 대지의 인도 및 임료상당의 손해금의 지급을 명하였음은 위와 같은 법리를 오해한 위법을 범하였다고 하겠다. 이점을 지적하는 논지는 이유 있다.

공동저당 관련 쟁점

동일인 소유의 토지와 그 지상 건물에 관하여 공동저당권이 설정된 후 그 건물이 철거되고 다른 건물이 신축된 경우, 저당권의 실행으로 인하여 토지와 신축건물이 서로 다른 소유자에게 속하게 되면 민법 제366조 소정의 법정지상권이 성립하는지 여부(소극) (대법원 2003. 12. 18 선고 98다43601 전원합의체 판결 건물철거등)

판례 해설

대상판결은 법리가 다소 어렵기에 이 사건의 결론만 확인하면 될 것으로 보인다. 즉 이 사건 판결의 기본 법리는 **"토지 및 건물의 소유권이 동일한 물건에 관하여 한꺼번에 공동저당을 설정한 후, 건물이 멸실되어 새로 건물을 신축한 뒤에 경매절차 진행으로 인하여 토지와 건물의 소유권이 각각 달라졌을 경우에는 특별한 사정이 없는 한 건물을 위한 법정지상권은 성립하지 않는다"**는 것이다.

법정지상권은 토지에 근저당을 설정할 당시 건물이 존재하였고 이후 경매로 인하여 **토지 및 건물의 소유권이 각각 달라지는 경우에 성립**되는 바, 이 사건도 원래는 법정지상권이 성립하여야 맞다.

그러나 대법원의 다수 의견은 **근저당권자의 의사 및 예견가능성을**

고려하여 법정지상권이 성립하지 않는다고 판단한 반면, 반대의견은 법정지상권은 순수한 객관적인 제도이기 때문에 공동저당권자의 예측과 상관없이 객관적 요건의 충족 여부만을 고려하여야 한다고 설시하였다.

개인적으로는 반대의견이 타당하다고 생각하지만, 대법원의 견해는 다수견해가 되는 것이고 이어질 하급심 판단 역시 다수 의견에 따라 판단될 것이기 때문에 앞에서 언급한 바와 같이 다수의견에 따라 이후의 상황을 고려하면 충분하다고 보인다.

법원 판단

[다수의견] 동일인의 소유에 속하는 토지 및 그 지상 건물에 관하여 공동저당권이 설정된 후 그 지상 건물이 철거되고 새로 건물이 신축된 경우에는 그 신축건물의 소유자가 토지의 소유자와 동일하고 토지의 저당권자에게 신축건물에 관하여 토지의 저당권과 동일한 순위의 공동저당권을 설정해 주는 등 특별한 사정이 없는 한 저당물의 경매로 인하여 토지와 그 신축건물이 다른 소유자에 속하게 되더라도 그 신축건물을 위한 법정지상권은 성립하지 않는다고 해석하여야 하는바, 그 이유는 동일인의 소유에 속하는 토지 및 그 지상 건물에 관하여 공동저당권이 설정된 경우에는, 처음부터 지상 건물로 인하여 토지의 이용이 제한 받는 것을 용인하고 토지에 대하여만 저당권을 설정하여 법정지

상권의 가치만큼 감소된 토지의 교환가치를 담보로 취득한 경우와는 달리, 공동저당권자는 토지 및 건물 각각의 교환가치 전부를 담보로 취득한 것으로서, 저당권의 목적이 된 건물이 그대로 존속하는 이상은 건물을 위한 법정지상권이 성립해도 그로 인하여 토지의 교환가치에서 제외된 법정지상권의 가액 상당 가치는 법정지상권이 성립하는 건물의 교환가치에서 되찾을 수 있어 궁극적으로 토지에 관하여 아무런 제한이 없는 나대지로서의 교환가치 전체를 실현시킬 수 있다고 기대하지만, **건물이 철거된 후 신축된 건물에 토지와 동순위의 공동저당권이 설정되지 아니 하였는데도 그 신축건물을 위한 법정지상권이 성립한다고 해석하게 되면**, 공동저당권자가 법정지상권이 성립하는 신축건물의 교환가치를 취득할 수 없게 되는 결과 법정지상권의 가액 상당 가치를 되찾을 길이 막혀 위와 같이 <u>당초 나대지로서의 토지의 교환가치 전체를 기대하여 담보를 취득한 공동저당권자에게 불측의 손해</u>를 입게 하기 때문이다.

[반대의견] 민법 제366조가 법정지상권제도를 규정하는 근본적 취지는 저당물의 경매로 인하여 토지와 그 지상건물이 다른 사람의 소유에 속하게 된 경우에 건물이 철거됨으로써 생길 수 있는 사회경제적 손실을 방지하려는 공익상 이유에 있는 것이지 당사자 어느 한편의 이익을 보호하려는 데 있는 것이 아니고, 법정지상권은 저당권설정 당사자의 의사와 관계없이 "객관적 요건"만으로써 그 성립이 인정되는 법정물권인바, 저당권자가 그 설정 당시 가졌던 '기대'가 어떤 것이었느냐

에 의하여 법정지상권의 성립 여부를 달리 판단하는 다수의견은 법정지상권 성립요건의 객관성 및 강제성과 조화되기 어렵고, **토지와 건물 양자에 대하여 공동으로 저당권이 설정**된 경우, 원칙적으로 그 공동저당권자가 토지에 관하여 파악하는 담보가치는 법정지상권의 가치가 제외된 토지의 가치일 뿐이고, 건물에 관하여 파악하는 담보가치는 건물 자체의 가치 외에 건물의 존속에 필요한 법정지상권의 가치가 포함된 것이며, 법정지상권은 그 성질상 건물에 부수하는 권리에 불과하므로 구건물이 멸실되거나 철거됨으로써 건물저당권 자체가 소멸하면, 공동저당권자는 건물 자체의 담보가치는 물론 건물저당권을 통하여 파악하였던 법정지상권의 담보가치도 잃게 되고, 이에 따라 토지 소유자는 건물저당권의 영향에서 벗어나게 된다고 보는 것이 논리적으로 합당하다. 그러므로 토지 소유자는 그 소유권에 기하여 토지 위에 신건물을 재축할 수 있고, 그 후 토지저당권이 실행되면 신건물을 위한 법정지상권이 성립하며, 다만 그 내용이 구건물을 기준으로 그 이용에 일반적으로 필요한 범위로 제한됨으로써 공동저당권자가 원래 토지에 관하여 파악하였던 담보가치, 즉 구건물을 위한 법정지상권 가치를 제외한 토지의 담보가치가 그대로 유지된다고 보아야 하고, 이것이 바로 가치권과 이용권의 적절한 조절의 모습이다.

토지와 함께 공동근저당권이 설정된 건물이 그대로 존속함에도 등기부에 멸실의 기재가 이루어지고 이를 이유로 등기부가 폐쇄된 후 토지에 대하여만 경매절차가 진행되어 토지와 건물의 소유자가 달라진 경우, 건물을 위한 법정지상권이 성립하는지 여부(대법원 2013. 3. 14 선고 2012다108634 판결 건물철거등)

판례 해설

이 사건이 대법원까지 올라온 이유는 다름 아닌 대법원 2003.12.18. 선고 98다43601 전원합의체 판결(이하, "관련 전합 판결"이라고만 함) 때문이다. 원심 역시 관련 전합 판결과 동일하게 판단하였는데, 사실 관련 전합 판결을 이 사례에 그대로 적용하기에는 무리가 있다.

동 판례는 저당권자로서는 멸실 등으로 인하여 폐쇄된 등기기록을 부활하는 절차 등을 거쳐 건물에 대한 저당권을 행사하는 것이 불가능한 것이 아닌 이상 저당권자가 이 사건 주택의 교환가치에 대하여 이를 담보로 취득할 수 없게 되는 불측의 **손해가 발생한 것은 아니라고 보아야 하므로**, 그 후 토지에 대하여만 경매절차가 진행된 결과 토지와 건물의 소유자가 달라지게 되었다면 그 건물을 위한 법정지상권은 성립한다 할 것이고, 단지 건물에 대한 등기부가 폐쇄되었다는 사정만으로 건물이 멸실된 경우와 동일하게 취급하여 법정지상권이 성립하지 아니한다고 할 수는 없다고 판시하였다.

관련 전합 판결은 이와 달리 토지와 건물에 공동 저당이 설정된 이후 건물이 멸실되어 건물에 설정된 저당권이 말소되었다면 예외적으로 건물을 위한 법정지상권이 성립되지 않는다고 판단하였는데, 사실관계에 따라 법정지상권의 성립이 달라질 수 있으므로, 사안마다 사실관계에 따라 법정지상권의 요건 충족여부를 정확히 판단하는 것이 중요하다고 할 것이다.

법원 판단

민법 제366조의 법정지상권은 저당권 설정 당시에 동일인의 소유에 속하는 토지와 건물이 저당권의 실행에 의한 경매로 인하여 각기 다른 사람의 소유에 속하게 된 경우에 건물의 소유를 위하여 인정되는 것으로서, 이는 동일인의 소유에 속하는 토지 및 그 지상 건물에 대하여 공동저당권이 설정되었으나 그중 하나에 대하여만 경매가 실행되어 소유자가 달라지게 된 경우에도 마찬가지라고 할 것이다. 다만 위와 같이 공동저당권이 설정된 후 그 지상 건물이 철거되고 새로 건물이 신축되어 두 건물 사이의 동일성이 부정되는 결과 공동저당권자가 신축건물의 교환가치를 취득할 수 없게 되었다면, 공동저당권자의 불측의 손해를 방지하기 위하여, 특별한 사정이 없는 한 저당물의 경매로 인하여 토지와 그 신축건물이 다른 소유자에 속하게 되더라도 그 신축건물을 위한 법정지상권은 성립하지 않는다고 볼 것이나(대법원 2003. 12. 18.선고 98다43601 전원합의체 판결, 대법원 2010. 1. 14. 선고 2009다66150 판결 등 참조), 이 사건과 같이 토지와 함께 공동근저당권이 설정된 건물이 그대로 존속함에도 불구하고 사실과 달리 등기부에 멸실의 기재가 이루어지고 이를 이유로 등기부가 폐쇄된 경우, 저당권자로서는 멸실 등으로 인하여 폐쇄된 등기기록을 부활하는 절차 등을 거쳐 건물에 대한 저당권을 행사하는 것이 불가능한 것이 아닌 이상 저당권자가 이 사건 주택의 교환가치에 대하여 이를 담보로 취득할 수 없게 되는 불측의 손해가 발생한 것은 아니라고 보아야 하므로, 그 후 토지에 대하여만 경매절차가 진행된 결과 토지와 건물의 소유자가 달라지게 되었다면 그 건물을 위한 법정지상권은 성립한다 할 것이고, 단지 건물에 대한 등기부가 폐쇄되었다는 사정만으로 건물이 멸실된 경우와 동일하게 취급하여 법정지상권이 성립하지 아니한다고 할 수는 없다.

이와 달리 이 사건 주택에 관하여 멸실등기가 마쳐짐에 따라 서부농업협동조합에서 그에 대한 담보를 실현할 수 없게 되었다는 이유 등을 들어 이 사건 법정지상권이 성립하지 않는다고 판단한 원심판결에는 민법 제366조의 법정지상권에 관한 법리를 오해한 위법이 있다고 할 것이다.

나. 저당권 설정 당시 토지와 건물이 동일 소유자 일 것

토지와 건물을 한꺼번에 매입하였는데 건물에 관하여 등기를 경료하지 않은 상태에서 토지 저당권을 설정하고 그 이후 대지가 경매되어 다른 사람의 소유로 되었을 경우 법정지상권 성립하지 않는다(2002다9660).

신탁의 경우 신탁의 법리에 의하여 소유자 판단 - 건물의 소유자가 실재 토지의 소유자와 일치하더라도 건물 소유권을 명의신탁한 경우 소유자 동일로 볼 수 있는 지 여부(대법원 2004. 2. 13 2003다29043 판결 지장물철거)

판례 해설

민법 제366조 법정지상권 기본 요건 중 또 다른 하나는 토지 또는 건물에 근저당권을 설정할 당시에 토지와 건물의 소유자가 일치하는 것이다. 이 사안에서는 이 소유자의 개념을 단순히 형식적으로 볼 것인지 아니면 실질적으로 소유자에 해당하는지를 살펴볼 것인지 여부가 문제되었다. 이에 대하여 법원은 소유자란 민법상의 개념으로서 "등기부에 기재된 소유자"로 동 요건을 해석하여야 한다고 판단하였다.

생각건대 법정지상권 제도 자체가 객관적 제도임을 고려할 때 대법원의 판단은 지극히 타당한 것으로 보인다. 다만 민법 제187조에 의하여 법률행위에 의하지 않은 물권 변동은 별개로 판단하여야 할 것이다.

{즉 원칙적으로 민법상 물권 변동은 제186조에 의하여 등기부에 기재되어야만 비로소 물권 변동을 인정(즉 소유자 등으로 인정)하는데, 제187조에 규정된 예외적인 사유의 경우에는 즉 상속, 원시취득, 경매 등일 경우에는 등기에 기재되지 않아도 소유권을 인정하고 실재 판례 역

시 그 법리 그대로 소유권 동일 여부를 판단하고 있다.}

법원 판단

민법 제366조의 법정지상권은 저당권설정 당시 동일인의 소유에 속하던 토지와 그 지상건물이 경매로 인하여 각기 그 소유자가 다르게 된 때에 건물의 소유자를 위하여 발생하는 것이므로, 토지와 그 지상건물이 각기 소유자를 달리하고 있던 중 토지 또는 그 지상건물만이 경매에 의하여 다른 사람에게 소유권이 이전된 경우에는 위 법조 소정의 법정지상권이 발생할 여지가 없으며, 또 건물의 등기부상 소유명의를 타인에게 신탁한 경우에 신탁자는 제3자에게 그 건물이 자기의 소유임을 주장할 수 없고, 따라서 그 건물과 부지인 토지가 동일인의 소유임을 전제로 한 법정지상권을 취득할 수 없다(대법원 1995. 5. 23. 선고 93다47318 판결 등 참조). 원심은, 이 사건 토지에 관하여 제1순위 근저당권설정 당시에 이미 유◆연 소유의 골프연습장 건물이 존재하였고, 이 사건 구조물은 위 유◆연 소유의 건물을 증축하기 위하여 설치한 것이므로 최소한 위 유◆연 소유의 구 건물의 범위 내에서는 법정지상권이 성립한다는 피고의 주장에 대하여, 이 사건 토지에 관한 1995. 6. 29. 및 1996. 9. 24. 제1순위 근저당권설정 당시 위 유◆연 소유의 건물이 존재하였다는 증거가 부족하다는 이유로 이를 배척하였다.

앞서 본 법리와 기록에 비추어 살펴보면, 피고 소유의 이 사건 토지에 관한 근저당권설정 당시 그 지상에 유◆연 소유의 건물이 존재하였다고 하여도 저당권설정 당시 토지와 그 지상건물이 동일인의 소유에 속하는 경우에 해당한다고 할 수 없고, 피고가 위 건물을 유◆연에게 명의신탁하였다고 하여도 다를 바가 없어 이는 그 주장 자체로 이유 없다고 할 것인바, 원심이 그 주장에 따라서 판단하느라 설시가 다소 미흡하나 위와 같은 결론은 정당하고, 거기에 상고이유의 주장과 같이 채증법칙 위배와 심리미진으로 인한 사실오인으로 판결에 영향을 미친 위법이 있다고 할 수 없다.

다. 토지 또는 건물의 소유가 공유로 되었을 경우 소유자 판단

1) 일반 공유관계일 경우

공유자 1인이 다른 공유자들의 동의를 얻어 건물을 소유하고 있으면서 추후 자신의 토지 지분에 저당권을 설정한 이후 경매가 진행되었을 경우 법정지상권 성립여부 (부정)

2) 구분소유적 공유관계일 경우

공유로 등기된 토지의 소유관계가 구분소유적 공유관계에 있는 경우에는 공유자 중 1인이 소유하고 있는 건물과 그 대지는 다른 공유자와의 내부관계에 있어서는 그 공유자의 단독 소유로 되었다 할 것이므로 건물을 소유하고 있는 공유자가 그 건물 또는 토지 지분에 대하여 저당권을 설정하였다가 그 후 저당권의 실행으로 소유자가 달라지게 되면 건물소유자는 그 건물의 소유를 위한 법정지상권을 취득하게 되며, 이는 구분소유적 공유관계에 있는 토지의 공유자들이 그 토지위에 각자 독자적으로 별개의 건물을 소유하면서 그 토지 전체에 대하여 저당권을 설정하였다가 그 저당권의 실행으로 토지와 건물의 소유자가 달라지게 된 경우 성립(2004다13533)

3) 건물공유자의 1인이 그 건물의 부지인 토지를 단독으로 소유하면서 그 토지에 관하여만 저당권을 설정하였다가 위 저당권에 의한 경매로 인하여 토지의 소유자가 달라진 경우에도, **위 토지소유자는 자기뿐만 아니라 다른 건물 공유자들을 위하여서도 위 토지의 이용을 인정**하고 있었다고 할 것 인점, **저당권자로서도 저당권 설정 당시 법정지상권의 부담을 예상할 수 있었으므로 불측의 필요성도 인정되는 점** 등에 비추어 위 건물공유자들은 민법제366조에 의하여 토지 전부에 관하여 건물의 존속을 위한 법정지상권을 취득한다(2010다67159).

라. 지상권의 형식상 요건을 갖추었더라도 여타의 이유로 상실되는 경우 (지료 관련 법정지상권 소멸 청구)

지료 연체로 인한 지상권 소멸청구권 (대법원 2014. 8. 28. 선고 2012다102384 판결)

판례 해설

지상권 소멸청구는 형성권이기 때문에 당사자의 의사표시가 있어야만 가능하다. 즉 건물 소유자가 2년분에 해당하는 지료를 연체하였다고 하더라도 바로 지상권이 소멸하는 것이 아니라, 이를 이유로 토지 소유자가 지상권 소멸청구권을 행사하여야만 비로소 지상권이 소멸하는 것이다. 따라서 건물 소유자가 2년 동안 지료를 연체하였더라도 토지 소유자가 지상권 소멸청구를 하기 전에 일부 지료를 납부하고, 이를 토지 소유자가 이의 없이 받았다면 기존에 지료를 연체한 사실만을 가지고는 지료소멸청구를 할 수 없다.

토지낙찰자로서는 이 점에 유의하여 지료가 2년분 연체되었으면 그 즉시 지상권 소멸통고를 하여 그 권리를 보장받아야 할 것이다.

법원 판단

지상권자가 2년 이상의 지료를 지급하지 아니한 때에는 지상권설정자는 지상권의 소멸을 청구할 수 있으나(민법 제287조), 지상권설정자가 지상권의 소멸을 청구하지 않고 있는 동안 지상권자로부터 연체된 지료의 일부를 지급받고 이를 이의 없이 수령하여 연체된 지료가 2년 미만으로 된 경우에는 지상권설정자는 종전에 지상권자가 2년분의 지료를 연체하였다는 사유를 들어 지상권자에게 지상권의 소멸을 청구할 수 없으며, 이러한 법리는 토지소유자와 법정지상권자 사이에서도 마찬가지이다.

　원심판결 이유와 기록에 의하면, ① 피고 2는 자신의 소유인 고양시 일산동구 (주소 생략)대 257㎡(이하 '이 사건 토지'라고 한다)지상에 2층 건물(이하 '이 사건 건물'이라고 한다)을 신축하였고, 원고는 2008.2.1.이 사건 토지에 관한 임의경매절차에서 이 사건 토지를 매수하여 같은 날 자신 앞으로 소유권이전등기를 마친 사실, ② 원고는 피고들을 상대로 이 사건 건물의 철거 및 대지인도, 퇴거를 청구하는 소(의정부지방법원 고양지원 2008가단12890)를 제기하였으나, 그 사건에서 2008.12.4.피고 2가 이 사건 토지에 관하여 이 사건 건물을 위한 법정지상권을 취득하였음을 전제로 피고 2가 원고에게 지료 월 30만 원을 2008.12.부터 피고 2의 이 사건 건물에 관한 소유권 상실 시까지 매달 말일에 원고 명의의 은행계좌로 송금하는 내용의 재판상 화해(이하 '이 사건 재판상 화해'라 한다)가 성립한 사실, ③ 이 사건 재판상 화해 성립 이후 피고 2는 2008.12.분부터 2010.10.분까지 23개월간의 지료를 지급하지 않다가 2010.11.26.부터 2011.8.29.까지 8회에 걸쳐 합계 300만 원의지료를 원고 명의의 은행계좌로 송금하였고, 원고는 위 돈을 수령하면서 별다른 이의를 제기하지 않아 위 각 돈은 2008.12.분부터 2009.9.분까지 10개월분의 지료에 충당된 사실, ④ 피고 2는 2009.10.분부터 2011.8.분까지 23개월의 지료를 지급하지 않은 상황에서 2011.9.26.에 2011.9.분 지료를 지급하지 않아 합계 2년분의 지료가 연체된 사실, ⑤ 원고는 2011.10.2.피고 2로부터 위 2011.9.분 지료 30만 원을 송금받고서 이에 대하여 별다른 이의를 제기하지 않은 사실, ⑥ 원고는 피고 2가 2년 이상의 지료를 지급하지 않았다는 이유로 피고 2에 대하여 법정지상권의 소멸을 청구하면서 피고들에게 이 사건 건물에서 퇴거, 이 사건 건물의 철거 및 토지의 인도를 청구하는 내용의 소장을 제1심법원에 제출하였고, 그 부본이 2011.10.24. 피고들에게 송달된 사실, ⑦ 원고는 2011.10.28.부터 원심 변론 종결일에 가까운 2012.8.29.까지 피고 2로부터 계속 매달 30만 원의 지료를 송금받은 사실을 알 수 있다.

이와 같은 사실관계를 앞에서 본 법리에 비추어 살펴보면, 피고 2는 원고에게 2009.10.분부터 2011.9.분까지 2년의 지료를 지급하지 않았으나 2011.10.2. 연체 지료 30만 원을 송금하였고 원고가 이에 대하여 별다른 이의를 제기하지 않고 수령하여 피고 2의 연체 지료가 2년 미만이 되었으므로, 원고는 피고 2가 종전에 2년분의 지료를 연체하였다는 사유를 들어 법정지상권의 소멸을 청구할 수 없다.

원심은 그 이유 설시에 일부 적절치 아니한 점이 있기는 하나 이 사건 청구를 배척한 원심의 조치는 결과적으로 정당하고 거기에 상고이유 주장과 같은 위법이 없다.

법정지상권 성립시 지료와 관련된 쟁점(대법원 2003. 12. 26 선고 2002다61934 판결 건물등철거등)

판례 해설

대상판결과 같은 판단이 나온 이유는, 토지 소유자의 지위에서 건물 소유자에 대하여 지료를 청구하기 위해서는 지료가 결정되어야 한다는 기존 대법원 2001. 3. 13. 선고 99다17142 판결 때문이다.

지료의 결정은 민사소송법상 형성의 소로써 일반 민사 소송과는 다소 차이가 있다. 즉 형성의 소는 법률관계의 변동을 요구하는 소송으로, 이전까지 존재하지 않았던 새로운 법률관계의 발생, 기존의 법률관계의 변경·소멸을 내용으로 하는 판결을 말한다.

건물 소유자는 현재 지료가 결정 되지 않아 토지 소유자의 지료 미지급에 의한 지상권 소멸 청구가 효력이 없다고 주장하였으나, 해당 판결은 법원이 일정한 지료를 결정할 것을 전제로 한 지료 청구를 할 수 있으므로, 지료 미지급에 따른 토지 소유자의 지상권 소멸 통고는 적법하다고 판단하였던 것이다.

실제 일반인의 입장에서는 다소 이해하기 어려울 수도 있지만, 상식선에서 판단한 법원의 판단은 지극히 타당하다고 보인다.

법원 판단

1. 피고 2, 3, 4, 6 내지 10의 상고에 대하여 법정지상권 또는 관습에 의한 지상권이 발생하였을 경우에 **토지의 소유자가 지료를 청구함에 있어서 지료를 확정하는 재판이 있기 전에는 지료의 지급을 소구할 수 없는 것은 아니고, 법원에서 상당한 지료를 결정할 것을 전제로 하여 바로 그 급부를 구하는 청구를 할 수 있다 할 것이며, 법원도 이 경우에 판결의 이유에서 지료를 얼마로 정한다는 판단**을 하면 족한 것이므로(대법원 1964. 9. 30. 선고 64다528 판결 참조), 토지 소유자와 관습에 의한 지상권자 사이의 지료급부이행소송의 판결의 이유에서 정해진 지료에 관한 결정은 그 소송의 당사자인 토지 소유자와 관습에 의한 지상권자 사이에서는 지료결정으로서의 효력이 있다고 보아야 할 것이고, 한편, 지료증감청구권에 관한 민법 제286조의 규정에 비추어 볼 때, 특정 기간에 대한 지료가 법원에 의하여 결정되었다면, 당해 당사자 사이에서는 그 후 위 민법규정에 의한 지료증감의 효과가 새로 발생하는 등의 특별한 사정이 없는 한, 그 후의 기간에 대한 지료 역시 종전 기간에 대한 지료와 같은 액수로 결정된 것이라고 봄이 상당하다.

원심은, 그 채용 증거들을 종합하여, 토지 소유자인 이⃞임과 관습상의 지상권자인 서□순 사이의 서울지방법원 동부지원 95가합5682호 건물철거·퇴거 및 지료 등의 지급을 구하는 이행소송의 판결의 이유에서 1992년도 및 1993년도의 지료의 액수가 정해진 사실, 그 후 서□순은 위 판결의 이유에서 정해진 지료를 전혀 지급하지 않은 사실, 이⃝임은 서□순이 2년 이상의 지료를 지급하지 않았음을 이유로 서□순에게 지상권소멸청구의 의사를 표시한 사실 등 판시 사실을 인정한 다음, 이⃝임과 서□순 사이에서는 그들 중 누군가가 지료증감청구를 하여 지료의 액수가 변동되었다는 등의 특별한 사정이 없는 이상, **1994년도 이후에도 1993년도 당시의 지료를 법원에 의하여 결정된 지료라고 봄이 상당**하고, 따라서 이 사건 상가를 위한 관습상의 법정지상권은 그 지상권자인 서□순이 **법원에 의하여 결정된 2년 이상의 지료를 지급하지 않았음을 이유로 한 이⃝임의 지상권소멸청구의 의사표시에 의하여 이미 소멸하였다고 판단**하였는바, 기록에 의하여 살펴보면, 이러한 원심의 판단은 위의 법리에 따른 것으로서 정당하고, 거기에 지료지급의 지체 또는 지상권의 소멸에 관한 법리를 오해한 위법이 없다.

상고이유에서 들고 있는 대법원 2001. 3. 13. 선고 99다17142 판결은 토지 소유자가 변경된 사안에서 법원에 의한 지료의 결정은 당사자의 지료결정청구에 의하여 형식적 형성소송인 지료결정판결로 이루어져야 제3자인 새로운 토지 소유자에게도 그 효력이 미친다고 판시한 것으로서, 사안을 달리 하는 이 사건에 원용하기에 적절하지 않다.

법정지상권의 지료액수가 판결에 의하여 정해진 경우, 지체된 지료가 판결확정의 전후에 걸쳐 2년분 이상일 경우에도 토지소유자가 지상권의 소멸을 청구할 수 있는지 여부(적극)(대법원 2005. 10. 13 선고

2005다37208 판결 건물철거및대지인도등)

판례 해설

대상판결은 경매에 관심이 있는 대부분의 일반인도 알고 있는 판례로, 법정지상권이 성립되는 토지를 낙찰 받은 건물 소유자가 2년분 이상에 해당하는 지료를 납부하지 않으면 토지소유자는 위 지상권 소멸을 청구할 수 있다는 법리를 인용한 것이다.

더욱이 이 사안은 토지 소유자가 이미 법정지상권자를 상대로 지료를 청구하였고, 그 청구가 화해권고 결정으로 확정된 상태였다. 이와 같은 상황에서 화해권고 결정 전 지연된 지료를 포함하여 2년분의 지료가 지체되었다고 한다면 지료 소멸 청구가 가능하다는 것이다.

주의할 점은, 대상판결과 유사한 사안이지만 적용된 법리는 전혀 다른 대법원 99다17142 판결과 구분하여야 한다. 즉 99다17142 판결은 토지소유자가 변경된 경우 전 소유자의 지연기간 및 지료는 합산할 수 없다는 내용으로서, 토지 소유자의 변경이 없는 상태에서 지속적으로 지료가 연체되어 2년분에 다다를 때에만 민법 제287조에 의하여 지상권소멸청구를 할 수 있다.

법원 판단

1. 원심은, 그 채용 증거들을 종합하여 판시와 같은 사실을 인정한 다음, 원고가 피고(선정당사자)를 상대로 지료지급청구를 한 종전 소송에서의 제1심, 제2심 재판 진행 과정이나 제2심에서 재판상 화해가 이루어진 경위에 비추어, 화해조서에 이 사건 지료의 기준기간이나 지료액이 명시되지는 않았다고 하더라도, 재판상 화해 당시 원고와 피고(선정당사자) 사이에는 원고가 청구한 2000. 12. 16.부터 2001. 11. 28.까지(이하 '이 사건 지료 기준기간'이라 한다) 기간 동안의 지료를 8,560,020원으로 확정하는 것에 대한 의사의 합치가 있었다고 보는 것이 상당하고, 특정 기간에 대한 지료의 지급을 구하기 위하여 소송이 제기되고, 그 소송에서 그 기간에 대한 지료가 결정되었다면 당사자 사이에서는 그 후 민법에서 정하는 바에 따른 지료증감청구를 하여 지료증감의 효과가 새로 발생하는 등의 특별한 사정이 없는 한 그 후의 기간에 대한 지료 역시 종전 기간에 대한 지료를 기초로 하여 그와 같은 비율로 산정하여야 할 것이므로, 이 사건 지료 기준기간 이후인 2001. 11. 29.부터의 지료도 위와 같이 확정한 액수를 기초로 하여 산정하여야 하며, 피고(선정당사자)가 2001. 11. 29. 이후의 지료를 지급하지 않아 이 사건 소 제기 당시 지급하지 않은 지료가 2년분을 초과하는 이상, 원고는 피고(선정당사자)에 대하여 법정지상권의 소멸을 청구할 수 있다고 판단하였는바, 관련 법령에 비추어 기록을 살펴보면, 이러한 원심의 사실인정과 판단은 옳고, 거기에 채증법칙을 위배하여 사실을 오인하거나 지료 연체로 인

한 법정지상권 소멸청구에 관한 법리 등을 오해한 위법이 있다고 할 수 없다.

2. 법정지상권이 성립되고 지료액수가 판결에 의하여 정해진 경우 지상권자가 판결확정 후 지료의 청구를 받고도 책임 있는 사유로 상당한 기간 동안 지료의 지급을 지체한 때에는 지체된 지료가 판결확정의 전후에 걸쳐 2년분 이상일 경우에도 토지소유자는 민법 제287조에 의하여 지상권의 소멸을 청구할 수 있고, 판결확정일로부터 2년 이상 지료의 지급을 지체하여야만 지상권의 소멸을 청구할 수 있는 것은 아니라고 할 것이므로(대법원 1993. 3. 12. 선고 92다44749 판결 참조), 종전 소송에서 확정판결과 동일한 효력이 있는 재판상 화해가 이루어진 것이 2002. 9. 13.이라고 하더라도, 피고(선정당사자)가 그 이전인 2001. 11. 29. 이후 2년 이상 지료를 지급하지 않은 이상 토지소유자인 원고는 민법 제287조에 의하여 법정지상권의 소멸을 청구를 할 수 있다고 할 것이다.

재판상 화해의 확정력에 의하여 그 이전의 지료 연체를 이유로 지상권소멸청구를 할 수 없다는 상고이유 주장은 이유 없다.

라. 관습법상 법정지상권

관법지란 토지와 그 지상의 건물이 동일인에게 속하였다가 매매 기타 원인으로 각각 그 소유자를 달리하게 된 경우에, 그 건물을 철거한다는 특약이 없으면 건물소유자로 하여금 토지를 계속 사용하게 하려는 것이 당사자의 의사라고 보아 관습법에 의하여 건물소유자에게 인정되는 지상권으로 판례상 인정되는 지상권이다.

동일인 소유이던 토지와 지상 건물이 매매 등으로 각각 소유자를 달리하게 되었을 때 건물 철거 특약이 없는 한 건물 소유자가 법정지상권을 취득한다는 관습법이 현재에도 여전히 법적 규범으로서 효력을 유지하고 있는지 여부(적극) 대법원 2022. 7. 21 선고 2017다236749 전원합의체 판결 [토지인도]

판례 해설

관습법상 법정지상권은 물권이에도 법에 규정되지 않고 소위 "관습"에 의해서만 인정되는 법이다. 이에 대법원의 반대의견은 물권법정주의를 기준으로 한다면 법으로 규정도 되지 않은 관습을 인정할 수 있는지 의문을 제기하고 있으나 부정될 경우 법에 규정된 법정지상권과 유사한 사회 경제적 손실이 발생할 수 있는 바 존재하는 것이 타당하다고 보이고 다만 이를 입법을 통해서 해결할 문제라고 보인다.

법원 판단

[다수의견] 동일인 소유이던 토지와 그 지상 건물이 매매 등으로 인

하여 각각 소유자를 달리하게 되었을 때 그 건물 철거 특약이 없는 한 건물 소유자가 법정지상권을 취득한다는 관습법은 현재에도 그 법적 규범으로서의 효력을 여전히 유지하고 있다고 보아야 한다. 구체적인 이유는 아래와 같다.

①민법 제185조는 "물권은 법률 또는 관습법에 의하는 외에는 임의로 창설하지 못한다."라고 규정함으로써 관습법에 의한 물권의 창설을 인정하고 있다. 관습법에 의하여 법정지상권이라는 제한물권을 인정하는 이상 토지 소유자는 건물을 사용하는 데 일반적으로 필요하다고 인정되는 범위에서 소유권 행사를 제한받을 수밖에 없다. 따라서 관습법상 법정지상권을 인정하는 결과 토지 소유자가 일정한 범위에서 소유권 행사를 제한받는다는 사정은 관습법상 법정지상권의 성립을 부인하는 근거가 될 수 없다.

② 우리 법제는 토지와 그 지상 건물을 각각 별개의 독립된 부동산으로 취급하고 있으므로, 동일인 소유이던 토지와 그 지상 건물이 매매 등으로 인하여 각각 소유자를 달리하게 되었을 때 토지 소유자와 건물 소유자 사이에 대지의 사용관계에 관하여 별다른 약정이 없는 이상 일정한 범위에서 건물의 가치가 유지될 수 있도록 조치할 필요가 있다. 관습법상 법정지상권은 바로 이러한 상황에서 건물의 철거로 인한 사회경제적 손실을 방지할 공익상의 필요에 의해 인정되는 것이다.민법 제305조의 법정지상권,민법 제366조의 법정지상권,「입목에 관한 법률」 제6조의 법정지상권,가등기담보 등에 관한 법률 제10조의 법정지상권도 모두 동일인 소유이던 토지와 그 지상 건물이나 입목이 각각 일정한 사유에 의

해 소유자를 달리하게 되었을 때 건물이나 입목의 가치를 유지시키기 위해 마련된 제도이다.

판례는 동일인 소유이던 토지와 그 지상 건물이 매매 등으로 인하여 각각 소유자를 달리하게 되었을 때 건물 소유자와 토지 소유자 사이에 대지의 사용관계에 관하여 어떠한 약정이 있다면 이를 우선적으로 존중하므로, 관습법상 법정지상권은 당사자 사이에 아무런 약정이 없을 때 보충적으로 인정된다고 볼 수 있다.

이러한 점을 고려하면, 관습법상 법정지상권을 인정하는 것이 헌법을 최상위 규범으로 하는 전체 법질서에 부합하지 아니하거나 그 정당성과 합리성을 인정할 수 없다고 보기 어렵다.

③ 관습법상 법정지상권에는 특별한 사정이 없는 한 민법의 지상권에 관한 규정이 준용되므로, 당사자 사이에 관습법상 법정지상권의 존속기간에 대하여 따로 정하지 않은 때에는 그 존속기간은민법 제281조 제1항에 의하여민법 제280조 제1항각호에 규정된 기간이 된다. 이에 따라 견고한 건물의 소유를 목적으로 하는 법정지상권의 존속기간은 30년이 되고(민법 제280조 제1항 제1호), 그 밖의 건물의 소유를 목적으로 하는 법정지상권의 존속기간은 15년이 되는 등(민법 제280조 제1항 제2호) 관습법상 법정지상권은 일정한 기간 동안만 존속한다. 토지 소유자는 관습법상 법정지상권을 가진 건물 소유자에 대하여 지료를 청구할 수 있는데, 그 지료를 확정하는 재판이 있기 전에도 지료의 지급을 소구할 수 있다. 이와 같이 관습법상 법정지상권을 인정하는 것에 대응하여 토지 소유자를 보호하고 배려하는 장치도 함께 마련되어 있다.

④ 대법원이 관습법상 법정지상권을 관습법의 하나로 인정한 이래 오랜 기간이 지나는 동안 우리 사회에서 토지의 가치나 소유권 개념, 토지 소유자의 권리의식 등에 상당한 변화가 있었다고 볼 수 있다. 그러나 그렇다고 보더라도 여전히 이에 못지않게 건물의 철거로 인한 사회경제적 손실을 방지할 공익상의 필요성이나 건물 소유자 혹은 사용자의 이익을 보호할 필요성도 강조되고 있다. 관습법상 법정지상권에 관한 관습에 대하여 사회 구성원들의 법적 구속력에 대한 확신이 소멸하였다거나 그러한 관행이 본질적으로 변경되었다고 인정할 수 있는 자료도 찾아볼 수 없다.

[대법관 김재형의 반대의견] 동일인 소유이던 토지와 그 지상 건물이 매매 등으로 소유자가 달라질 때 법정지상권이라는 물권이 성립한다는 관습은 관습법으로서의 성립 요건을 갖춘 것이라고 볼 수 없다. 설령 그러한 관습법이 성립하였다고 하더라도 현재에 이르러서는 사회 구성원들이 그러한 관행의 법적 구속력에 대하여 확신을 갖지 않게 되었고, 또한 헌법을 최상위 규범으로 하는 전체 법질서에 부합하지 않으므로, 법적 규범으로서 효력을 인정할 수 없다고 보아야 한다. 따라서 관습법상 법정지상권을 광범위하게 인정하고 있는 종래 판례는 폐기해야 한다.

저당권이 설정된 토지 또는 건물의 소유권이 강제경매로 인하여 저당권이 소멸한 경우, 법정 지상권의 성립시기는 저당권 설정 당시이다(대법원 2014. 4. 11. 선고 2009다62059 판결).

판례 해설

기존의 관습법상 법정지상권의 성립요건은 1) 경락 당시에 토지와 건물이 동일인의 소유일 것, 2) 토지와 건물이 매매·경매 기타의 원인으로 토지 소유자와 건물 소유자가 달라질 것, 3) 당사자 사이에 건물을 철거한다는 특약이 없을 것을 요건으로 하였다. 그러나 최근 판결에서는 가압류나 압류가 경료 되었던 부동산에 관하여 토지와 건물의 소유권 일치시기를 경락 당시가 아닌 가압류 또는 압류 당시를 기준으로 하여야 한다고 정리한 바 있다.

여기에 더 나아가 대상 판결은 강제 경매된 부동산에 근저당권이 설정되어 있는 경우, 토지와 건물 소유자의 일치시기를 경락 당시가 아닌 근저당권 설정 시기를 기준으로 법정 지상권의 성립을 판단하여야 한다고 판시하였다. 민법 제366조에 규정된 법정 지상권의 성립 요건이 근저당권 설정 당시에 동일인 소유였던 건물과 토지가 이후 임의 경매로 인하여 소유자가 변동되었을 것을 요구하고 있기 때문에, 경매 개시 원인에 따라 소유자 동일성의 판단 시기를 다르게 보는 것은 불합리하다고 판단하여 대상 판결과 같은 선고를 하였던 것으로 보인다.

법원 판단

동일인의 소유에 속하였던 토지와 그 지상 건물이 매매, 증여, 강제경매, 국세징수법에 의한 공매 등으로 인하여 양자의 소유자가 다르게 된 때에 그 건물을 철거한다는 특약이 없는 한, 건물 소유자는 토지 소유자에 대하여 그 건물의 소유를 위한 관습상 법정지상권을 취득한다. 그리고 관습상 법정지상권이 성립하려면 토지 또는 그 지상 건물의 소유권이 유효하게 변동될 당시에 동일인이 토지와 그 지상 건물을 소유하였던 것으로 족하다.

한편 토지 또는 그 지상 건물의 소유권이 강제 경매로 인하여 그 절차상의 매수인에게 이전되는 경우에는 그 매수인이 소유권을 취득하는 매각 대금의 완납 시가 아니라 강제 경매 개시 결정으로 압류의 효력이 발생하는 때를 기준으로 토지와 지상 건물이 동일인에게 속하였는지에 따라 관습상 법정지상권의 성립 여부를 가려야 하고, 강제 경매의 목적이 된 토지 또는 그 지상 건물에 대하여 강제 경매 개시 결정 이전에 가압류가 되어 있다가 그 가압류가 강제경매개시결정으로 인하여 본 압류로 이행되어 경매 절차가 진행된 경우에는 애초 가압류의 효력이 발생한 때를 기준으로 토지와 그 지상 건물이 동일인에 속하였는지에 따라 관습상 법정지상권의 성립 여부를 판단하여야 한다(대법원 2012.10.18. 선고 2010다52140 전원합의체 판결 등 참조).

나아가 강제 경매의 목적이 된 토지 또는 그 지상 건물에 관하여 강제경매를 위한 압류나 그 압류에 선행한 가압류가 있기 이전에 저당권이 설정되어 있다가 그 후 강제경매로 인해 그 저당권이 소멸하는 경우에는, 그 저당권 설정 이후의 특정 시점을 기준으로 토지와 그 지상 건물이 동일인의 소유에 속하였는지에 따라 관습상 법정지상권의 성립 여부를 판단하게 되면, 저당권자로서는 저당권 설정 당시를 기준으로 그 토지나 지상 건물의 담보가치를 평가하였음에도 저당권 설정 이후에 토지나 그 지상 건물의 소유자가 변경되었다는 외부의 우연한 사정으로 인하여 자신이 당초에 파악하고 있던 것보다 부당하게 높아지거나 떨어진 가치를 가진 담보를 취득하게 되는 예상하지 못한 이익을 얻거나 손해를 입게 되므로, 그 저당권 설정 당시를 기준으로 토지와 그 지상 건물이 동일인에게 속하였는지에 따라 관습상 법정지상권의 성립 여부를 판단하여야 할 것이다.

법정지상권이 성립되지 않은 토지와 건물이 일괄경매되었을 경우 토지 저당권자의 배당이의 가능성 및 방법[법정지상권이 성립되지 않음을 전제로 한 감정 평가금액 기준](대법원 2012. 3. 15. 선고 2011다54587 판결)

판결요지

[1] 동일인의 소유에 속하는 토지 및 지상 건물에 관하여 공동저당권이 설정된 후 건물이 철거되고 새로 건물이 신축된 경우에는, **신축건물의 소유자가 토지의 소유자와 동일하고 토지의 저당권자에게 신축건물에 관하여 토지의 저당권과 동일한 순위의 공동저당권을 설정해 주**

었다는 등 특별한 사정이 없는 한 저당물의 경매로 인하여 토지와 신축건물이 다른 소유자에 속하게 되더라도 신축건물을 위한 법정지상권이 성립하지 않으므로, 위와 같은 경우 토지와 신축건물에 대하여 민법 제365조 에 의하여 일괄매각이 이루어졌다면 **일괄매각대금 중 토지에 안분할 매각대금은 법정지상권 등 이용 제한이 없는 상태의 토지로 평가하여 산정**하여야 한다. 그리고 집행법원이 위와 같은 일괄매각 절차에서 각 부동산별 매각대금의 안분을 잘못하여 적법한 배당요구를 한 권리자가 정당한 배당액을 수령하지 못하게 되었다면 그러한 사유도 배당이의의 청구사유가 될 수 있다.

[2] 민법 제365조 본문이 토지를 목적으로 한 저당권을 설정한 후 저당권설정자가 그 토지에 건물을 축조한 때에는 저당권자가 토지와 건물에 대하여 일괄하여 경매를 청구할 수 있도록 규정한 취지는, 저당권설정자로서는 저당권 설정 후에도 그 지상에 건물을 신축할 수 있는데 후에 저당권 실행으로 토지가 제3자에게 매각될 경우에 건물을 철거하여야 한다면 사회경제적으로 현저한 불이익이 생기게 되므로 이를 방지할 필요가 있고, 저당권자에게도 저당토지상 건물의 존재로 인하여 생기게 되는 경매의 어려움을 해소하여 저당권 실행을 쉽게 할 수 있도록 한 데 있으며, 같은 조 단서에 의하면 그때 저당권자에게는 건물의 매각대금에 대하여 우선변제를 받을 권리가 없도록 규정되어 있는 점에 비추어 보면, 위와 같은 경우 **토지의 저당권자가 건물의 매각대금에서 배당을 받으려면 민사집행법 제268조 , 제88조 의 규정에 의한 적법한 배당**

<u>요구를 하였거나 그 밖에 달리 배당을 받을 수 있는 채권으로서 필요한 요건</u>을 갖추고 있어야 한다.

토지 공유자 한 사람이 다른 공유자들의 동의를 얻어 건물을 신축한 이후 그 공유자의 지분에 근저당권이 설정되고 이후 경매 진행 법정지상권 성립여부(대법원 2014. 9. 4. 선고 2011다73038 판결)

판결요지

[1]토지공유자의 한 사람이 다른 공유자의 지분 과반수의 동의를 얻어 건물을 건축한 후 토지와 건물의 소유자가 달라진 경우 토지에 관하여 관습법상의 법정지상권이 성립되는 것으로 보게 되면 이는 토지 공유자의 1인으로 하여금 자신의 지분을 제외한 다른 공유자의 지분에 대하여서까지 지상권설정의 처분행위를 허용하는 셈이 되어 부당하다. 그리고 이러한 법리는 민법 제366조 의 법정지상권의 경우에도 마찬가지로 적용되고, 나아가 토지와 건물 모두가 각각 공유에 속한 경우에 토지에 관한 공유자 일부의 지분만을 목적으로 하는 근저당권이 설정되었다가 경매로 인하여 그 지분을 제3자가 취득하게 된 경우에도 마찬가지로 적용된다.

[2]동일인의 소유에 속하는 토지 및 그 지상건물에 관하여 공동저당권이 설정된 후 지상 건물이 철거되고 새로 건물이 신축된 경우에, 신축건물의 소유자가 토지의 소유자와 동일하고 토지의 저당권자에게 신

축건물에 관하여 토지의 저당권과 동일한 순위의 공동저당권을 설정해 주는 등 특별한 사정이 없는 한, 저당물의 경매로 인하여 토지와 신축건물이 다른 소유자에 속하게 되더라도 신축건물을 위한 법정지상권은 성립하지 않는다. 이는 건물이 철거된 후 신축된 건물에 토지와 동순위의 공동저당권이 설정되지 아니하였는데도 신축건물을 위한 법정지상권이 성립한다고 해석하게 되면, 공동저당권자가 법정지상권이 성립하는 신축건물의 교환가치를 취득할 수 없게 되는 결과 법정지상권의 가액 상당 가치를 되찾을 길이 막혀 당초 토지에 관하여 아무런 제한이 없는 나대지로서의 교환가치 전체를 실현시킬 수 있다고 기대하고 담보를 취득한 공동저당권자에게 불측의 손해를 입게 하기 때문으로서, 이러한 법리는 **집합건물의 전부 또는 일부 전유부분과 대지 지분에 관하여 공동저당권이 설정된 후 그 지상 집합건물이 철거되고 새로운 집합건물이 신축된 경우에도 마찬가지로 보아야 한다.**

마. 기타 법정지상권 관련 쟁점

대지에 저당권이 설정되고, 후에 신축된 건물에 대하여 다시 저당권이 설정되었다가 대지와 건물이 일괄경매에 부쳐질 경우, 임차인의 **권리는 소멸된다**(대법원 2010. 6. 10. 선고 2009다101275 판결).

판례 해설

대지에 이미 근저당을 설정한 이후 건물이 신축되었고 이에 건물에 관하여 또다시 저당권이 설정되고 임차권이 발생하였을 경우 일괄경매를 통한 배당절차에서는 건물 임차인은 건물에 관하여만 비로소 소액임차인의 지위에서 최우선 변제를 받을 수 있을 뿐, 그 외 대지에 관하여는 최우선 변제권을 주장할 수 없다.

이는 건물에 임차권을 가진 자는 대지까지 일괄경매 되는 상황에서는 대지의 낙찰대금에 대해서도 최우선 변제권이 적용된다는 판례와 배치되는 것처럼 보이나, 대상판결에서 대지에 관한 저당권을 설정할 당시 신축 건물 자체가 없었고, 대지의 저당권자 입장에서는 자신이 저당권을 설정할 당시 건물의 소액임차인을 예상할 수 없었기 때문에 대지 저당권자의 기대권을 보호하는 취지에서 이와 같이 판시한 것으로 보인다.

법원 판단

1) 주택임대차보호법 제3조의2제2항 및 제8조 제3항 의 각 규정과 같은 법의 입법 취지 및 통상적으로 건물의 임대차에는 당연히 그 부지 부분의 이용을 수반하는 것인 점 등을 종합하여 보면, 대지에 관한 저당권의 실행으로 경매가 진행된 경우에도 그 지상 건물의 소액임차인은 대지의 환가대금 중에서 소액보증금을 우선 변제받을 수 있다고 할 것

이나, 이와 같은 법리는 대지에 관한 저당권 설정 당시에 이미 그 지상 건물이 존재하는 경우에만 적용될 수 있는 것이고, 저당권 설정 후에 비로소 건물이 신축된 경우에까지 공시방법이 불완전한 소액임차인에게 우선변제권을 인정한다면 저당권자가 예측할 수 없는 손해를 입게 되는 범위가 지나치게 확대되어 부당하므로, 이러한 경우에는 소액임차인은 대지의 환가대금에 대하여 우선변제를 받을 수 없다(대법원 1999.7.23. 선고 99다25532판결 참조). 그리고 대지에 관한 저당권 설정 후에 비로소 건물이 신축되고 그 신축건물에 대하여 다시 저당권이 설정된 후 대지와 건물이 일괄 경매된 경우, 주택임대차보호법 제3조의2제2항의 확정일자를 갖춘 임차인 및 같은 법 제8조 제3항의 소액임차인은 대지의 환가대금에서는 우선하여 변제를 받을 권리가 없다고 하겠지만, 신축건물의 환가대금에서는 확정일자를 갖춘 임차인이 신축건물에 대한 후순위권리자보다 우선하여 변제받을 권리가 있고, 주택임대차보호법 시행령 부칙의 '소액보증금의 범위변경에 따른 경과조치'를 적용함에 있어서 신축건물에 대하여 담보물권을 취득한 때를 기준으로 소액임차인 및 소액보증금의 범위를 정하여야 할 것이다. 따라서 원심이, 피고가 이 사건 ○○아파트에 근저당권설정청구권가등기를 마친 2005.3.21.전에 판시 원고들이 확정일자를 받았으므로 판시 원고들은 확정일자를 갖춘 임차인으로서 피고보다 우선하여 변제받을 권리가 있다고 판단하고, 또 위 2005.3.21.을 기준으로 3,000만 원 이하의 임차인 중 1,200만 원을 소액임차인으로서 우선하여 변제받을 수 있다고 판단한 것은 위 법리에 따른 것으로 정당하고, 거기에 상고이유로 주장하는 법리오해 등의 위법이 없다.

   2) 소액임차인은 소액보증금 우선변제권이 있고 동시에 확정일자를 갖춘 임차인인 경우에는 확정일자를 갖춘 임차인으로서 우선하여 변제받을 권리가 있다고 할 것이다. 이때 확정일자를 갖춘 임차인은 신축건물의 환가대금 전액에서 후순위권리자나 그 밖의 채권자보다 우선하여 보증금을 변제받을 권리가 있다고 할 것이다. 원심판결 이유에 의하면 원심은, 판시 원고들은 소액임차인 및 확정일자를 갖춘 임차인으로서 소액보증금을 초과하는 보증금에 대하여는 확정일자를 갖춘 임차인으로서 신축건물의 환가대금 전액에서 우선하여 변제를 받을 권리가 있다고 판단한 것이므로, 이러한 원심의 판단은 위 법리에 따른 것으로 정당하다.

대지권 관련 분쟁 사례

집합건물의 건축자로부터 전유부분과 대지지분을 함께 매수하여 그대금을 모두 지급함으로써 소유권 취득의 실질적 요건은 갖추었지만 전유부분에대한 소유권이전등기만 경료받고 대지지분에 대하여는 소유권이전등기를 받지못한 경우, 매수인은 매매계약의 효력으로써 건물의 대지를 점유·사용할권리를 갖는지 여부(적극) 등 대법원 2000. 11. 16 선고 98다45652,45669 전원합의체 판결 [건물명도등·부당이득금]

판례 해설

판례에서도 설시된 바와 같이 아파트와 같은 대규모 집합건물일 경우 여타의 사정으로 인하여 전유부분의 소유권만이 표시되어 이전되고 대지지분에 관하여 분할절차 등이 지연됨으로 인하여 그 소유명의가 결정되지 않은 경우가 종종 있다.

그러나 집합건물법 제20조는 구분소유자의 대지 사용권은 그가 가지는 전유부분의 처분에 따르고 더불어 전유부분과 분리하여 처분하지 못한다고 규정하고 있으며 대법원은 본 조항을 강행규정으로 보아 당사자의 합의에 의하여서는 본 규정과 다른 내용을 만들지 못한다고 하고 있다.

따라서 전유부분에 대하여만 소유권이전등기를 경료받았으나 매수인의 지위에서 대지에 대하여 가지는 점유·사용권에 터잡아 대지를 점유하고 있는 수분양자는 대지지분에 대한 소유권이전등기를 받기 전에 대지에 대하여 가지는 점유·사용권인 대지사용권을 전유부분과 분리 처분하지 못할 뿐만 아니라 **전유부분 및 장래 취득할 대지지분을 다른 사람에게 양도한 후 그 중 전유부분에 대한 소유권이전등기를 경료해 준 다음 사후에 취득한 대지지분도 전유부분의 소유권을 취득한 양수인이 아닌 제3자에게 분리 처분할 수 없고, 이를 위반한 대지지분의 처분행위는 무효**라고 할 것이다.

법원 판단

가. 집합건물의소유및관리에관한법률(이하 '집합건물법'이라 한다)은, 제20조에서, 구분소유자의 대지사용권은 그가 가지는 전유부분의 처분에 따르고(제1항), 구분소유자는 규약으로써 달리 정하지 않는 한 그가 가지는 전유부분과 분리하여 대지사용권을 처분할 수 없으며(제2항), 위 분리처분금지는 그 취지를 등기하지 아니하면 선의로 물권을 취득한 제3자에 대하여 대항하지 못한다(제3항)고 규정하고 있는바, 위 규정의 취지는 집합건물의 전유부분과 대지사용권이 분리되는 것을 최대한 억제하여 대지사용권 없는 구분소유권의 발생을 방지함으로써 집

합건물에 관한 법률관계의 안정과 합리적 규율을 도모하려는 데 있다고 할 것이다.

한편 아파트와 같은 대규모 집합건물의 경우, 대지의 분·합필 및 환지절차의 지연, 각 세대당 지분비율 결정의 지연 등으로 인하여 전유부분에 대한 소유권이전등기만 수분양자를 거쳐 양수인 앞으로 경료되고, 대지지분에 대한 소유권이전등기는 상당기간 지체되는 경우가 종종 생기고 있는 데, 이러한 경우 집합건물의 건축자로부터 전유부분과 대지지분을 함께 분양의 형식으로 매수하여 그 대금을 모두 지급함으로써 소유권 취득의 실질적 요건은 갖추었지만 전유부분에 대한 소유권이전등기만 경료받고 대지지분에 대하여는 앞서 본 바와 같은 사정으로 아직 소유권이전등기를 경료받지 못한 자는 매매계약의 효력으로써 전유부분의 소유를 위하여 건물의 대지를 점유·사용할 권리가 있다고 하여야 할 것인바, 매수인의 지위에서 가지는 이러한 점유·사용권은 단순한 점유권과는 차원을 달리하는 본권으로서 집합건물법 제2조 제6호 소정의 구분소유자가 전유부분을 소유하기 위하여 건물의 대지에 대하여 가지는 권리인 대지사용권에 해당한다고 할 것이고, 수분양자로부터 전유부분과 대지지분을 다시 매수하거나 증여 등의 방법으로 양수받거나 전전 양수받은 자 역시 당초 수분양자가 가졌던 이러한 대지사용권을 취득한다고 할 것이다(대법원 1995. 3. 14. 선고 93다60144 판결, 1998. 6. 26. 선고 97다42823 판결 등 참조).

그리고 앞서 본 집합건물법의 규정내용과 입법취지를 종합하여 볼 때, 대지의 분·합필 및 환지절차의 지연, 각 세대당 지분비율 결정의 지연 등의 사정이 없었다면 당연히 전유부분의 등기와 동시에 대지지분의 등기가 이루어졌을 것으로 예상되는 경우, 전유부분에 대하여만 소유권이전등기를 경료받았으나 매수인의 지위에서 대지에 대하여 가지는 점유·사용권에 터잡아 대지를 점유하고 있는 수분양자는 대지지분에 대한 소유권이전등기를 받기 전에 대지에 대하여 가지는 점유·사용권인 대지사용권을 전유부분과 분리 처분하지 못할 뿐만 아니라, 전유부분 및 장래 취득할 대지지분을 다른 사람에게 양도한 후 그 중 전유부분에 대한 소유권이전등기를 경료해 준 다음 사후에 취득한 대지지분도 전유부분의 소유권을 취득한 양수인이 아닌 제3자에게 분리 처분하지 못한다 할 것이고, 이를 위반한 대지지분의 처분행위는 그 효력이 없다고 봄이 상당하다 할 것이다.

구분건물의 전유부분에 대한 저당권 또는 압류에 기하여 진행된 경매절차에서 전유부분을 경락받은 자가 그 대지사용권도 함께 취득하는지 여부(원칙적 적극) 대법원 2008. 3. 13 선고 2005다15048 판결 [토지사용료]

판례 해설

본 대상판결은 이에 더 나아가 구분소유권가 전유부분만 경매 절차가 진행되었음에도 대지 사용권까지 함께 경락을 받을 수 있는지 여부 및 만약 그와 함께 경락을 받게 된다면 대지 지분에 설정되어 있는 근저당권이 자연히 소멸되는지 여부에 관한 것이다.

결론부터 언급한다면 전유부분에만 경매절차가 진행된다고 하더라도 집합건물법 제20조 분리처분 금지 조항의 취지에 따라 대지 사용권까지 함께 취득할 수 있고, 이에 더 나아가 현행 민사집행법 제91조 제2항에 의하면 매각부동산 위의 모든 저당권은 경락으로 인하여 소멸한다고 규정되어 있으므로, 대지사용권에 설정되어 있는 근저당권까지 소멸될 수 있다는 것이다.

이는 집합건물법상의 분리 처분 즉 집합건물의 전유부분은 대지사용권이 존재하지 않는다면 철거 등의 불완전한 상황이 발생할 수 있다는 의미에서 부득이 대지사용권까지 포함하여 낙찰될 수 있다고 판단한 것이고 이에 더 나아가 근저당권 역시 "인수"가 아닌 민사집행법이 원칙적으로 취하고 있는 "소멸"주의에 따라 말소된다는 것이다.

물론 이와 같은 법리가 가능하기 위한 요건으로 본 대상판결에서는 대지지분에 설정되어 있는 근저당권이 "인수"될 수 있다는 특별매각 조건이 없어야 한다는 것이니 이 부분에서 특별히 주의를 요한다.

법원 판결

집합건물에 있어서 구분소유자의 대지사용권은 전유부분과 분리처분이 가능하도록 규약으로 정하였다는 등의 특별한 사정이 없는 한 전유부분과 종속적 일체불가분성이 인정되므로(집합건물의 소유 및 관리에 관한 법률 제20조 제1, 2항), 구분건물의 전유부분에 대한 저당권 또는 경매개시결정과 압류의 효력은 당연히 종물 내지 종된 권리인 대지사용권에까지 미치고, 그에 터잡아 진행된 경매절차에서 전유부분을 경락받은 자는 그 대지사용권도 함께 취득한다 할 것이다 (대법원 1995. 8. 22. 선고 94다12722 판결, 대법원 1997. 6. 10.자 97마814 결정 등 참조). 그리고 구 민사소송법(2002. 1. 26. 법률 제6626호로 전문 개정되기 전의 것) 제608조 제2항 및 현행 민사집행법 제91조 제2항에 의하면 매각부동산 위의 모든 저당권은 경락으로 인하여 소멸한다고 규정되어 있으므로, 위와 같은 이유로 전유부분과 함께 그 대지사용권인 토지공유지분이 일체로서 경락되고 그 대금이 완납되면, 설사 대지권 성립 전부터 토지만에 관하여 설정되어 있던 별도등기로서의 근저당권이라 할지라도 경매과정에서 이를 존속시켜 경락인이 인수하게 한다는 취지의 특별매각조건이 정하여져 있지 않았던 이상 위 토지공유지분에 대한 범위에서는 매각부동산 위의 저당권에 해당하여 소멸하게 되는 것이라 할 것이다.

같은 취지에서 원심이, 이 사건 다세대주택 중 지하층 102호, 4층 402

호에 관하여는 피고 1, 피고 3이 각 선행의 강제경매 및 임의경매절차에서 위 각 전유부분과 함께 그 대지권도 경락받았고 이때 이 사건 토지 중 위 각 피고가 취득한 대지권 지분에 관한 대한상호신용금고의 근저당권도 이미 소멸하였다고 판단한 뒤 그와 같이 소멸한 근저당권에 기한 경매절차에서 이 사건 토지 지분을 경락받아 취득하였음을 전제로 하는 원고들의 피고 1, 피고 3에 대한 각 청구를 기각한 것은 정당하다.

대지 지분이 정리되지 않았다고 하더라도 대지 지분은 구분소유권과 일체로 처분되어야 하지만 경매 목적물에 관하여 수분양자가 분양대금을 완납하지 못한 경우 분양자로서는 대지사용권을 근거로 분양대금 납부를 동시이행 항변할 수 있다(대법원 2006. 9. 22. 선고 2004다58611 판결).

판례 해설

수분양자가 분양자에게 그 분양대금을 완납한 경우는 물론 그 분양대금을 완납하지 못한 경우에도 마찬가지이다. 따라서 그러한 경우 경락인은 대지사용권 취득의 효과로서 분양자와 수분양자를 상대로 분양자로부터 수분양자를 거쳐 순차로 대지지분에 관한 소유권이전등기절차를 마쳐줄 것을 구하거나 분양자를 상대로 대지권변경등기절차를 마쳐줄 것을 구할 수 있다.

다만 등기절차를 마쳐줄 것을 위와 같이 구하게 되면 분양자가 너무

불리할 수 있는데 그래서 분양자는 이에 대하여 수분양자의 분양대금 미지급을 이유로 한 동시이행항변을 할 수 있도록 하고 있다. 그러나 본 판례는 수분양자가 잔금을 지급하지 않았을 때 문제되는 법리로서 통상 잔금을 모두 지급하여야만 비로소 소유권이 이전되는 점을 고려한다면 실무상 그리 흔한 상황으로는 보이지 않는다.

덧붙여, 이 판례의 법리는 경매 낙찰자가 수분소유자의 지위를 승계하는 것으로 법리가 구성되었는 바 이는 아마 수분양자의 지위가 말소기준권리보다 우선하여 발생하였다고 이해해야만 다른 경매 법리와 충돌되지 않는다.

법원 판단

집합건물의 분양자가 지적정리 등의 지연으로 대지지분에 대한 소유권이전등기나 대지권변경등기는 지적정리 후 해 주기로 하고 우선 전유부분에 대하여만 소유권보존등기를 한 후 수분양자에게 소유권이전등기를 마쳐 주었는데, 그 후 대지지분에 대한 소유권이전등기나 대지권변경등기가 되지 아니한 상태에서 전유부분에 대한 경매절차가 진행되어 제3자가 전유부분을 경락받은 경우, 그 경락인은 본권으로서 집합건물의 소유 및 관리에 관한 법률 제2조 제6호 소정의 대지사용권을 취득한다고 할 것이고 (대법원 2004. 7. 8. 선고 2002다40210 판결 참조), 이는 수분양자가 분양자에게 그 분양대금을 완납한 경우는 물론 그 분양대금을 완납하지 못한 경우에도 마찬가지라고 할 것이다.

따라서 그러한 경우 그 경락인은 대지사용권 취득의 효과로서 분양자와 수분양자를 상대로 분양자로부터 수분양자를 거쳐 순차로 대지지분에 대한 소유권이전등기절차를 마쳐줄 것을 구하거나 분양자를 상대로 대지권변경등기절차를 마쳐줄 것을 구할 수 있다고 할 것이고, 분양자는 이에 대하여 수분양자의 분양대금 미지급을 이유로 한 동시이행항변을 할 수 있을 뿐이라고 할 것이다.

그렇다면 피고 성남시가 피고 주식회사 경동(이하 '피고 회사'라고 한다)에게 이 사건 전유부분과 이 사건 대지지분을 함께 분양한 다음 지적정리의 지연으로 이 사건 대지지분에 대한 소유권이전등기나 대지권변경등기는 지적정리 후 해 주기로 하고 우선 이 사건 전유부분에 대하여만 소유권이전등기를 마쳐 주었는데, 그 후 이 사건 대지지분에 대한 소유권이전등기나 대지권변경등기가 되지 아니한 상태에서 이 사건 전유부분에 대한 경매절차가 진행되어 원고가 이 사건 전유부분을 경락받은 것이 기록상 분명한 이 사건에서, 비록 피고 회사가 피고 성남시에게 그 분양대금을 완납하지 못하였다고 하더라도, 원고는 본권으로서 대지사용권을 취득하는 한편, 더 나아가 그 법률적 효과로서 이 사건 부동산의 분양자인 피고 성남시가 수분양자인 피고 회사에게 이 사건 전유부분에 대하여 먼저 소유권이전등기를 경료하여 주고 대지지분에 대한 소유권이전등기는 지적정리가 마쳐지는 대로 경료하여 주기로 한 것인 만큼, 그 밖의 다른 특별한 사정이 없는 이 사건에서는 위 전유부분의 소유권을 취득한 원고가 위 대지사용권과 함께 위 전유부분에 대응하는 이 사건 대지지분에 대한 소유권이전등기청구권도 취득하였다고 할 것이어서, 피고 성남시와 피고 회사를 상대로 피고 성남시로부터 피고 회사를 거쳐 순차로 이 사건 대지지분에 대한 소유권이전등기절차의 이행을 구할 수 있는 권원이 있다고 할 것이다.

그럼에도 불구하고, 원심은 피고 회사가 피고 성남시에게 그 분양대금을 완납하지 못하였기 때문에 원고가 이 사건 전유부분의 소유를 위한 대지사용권을 취득하지 못하였다고 판단하고 원고의 이 사건 대지지분에 대한 소유권이전등기청구를 모두 배척하고 말았으니, 이러한 원심판결에는 대지사용권에 관한 법리를 오해하여 판결 결과에 영향을 미친 위법이 있다고 할 것이다.

구분건물의 전유부분에 대한 소유권이전등기만 경료되고 대지지분에 대한 소유권이전등기가 경료되기 전에 전유부분만에 관하여 설정된 저당권의 효력범위가 추후 경매 절차시 대지지분까지 효력을 미치는 지 여부(대법원 2001. 9. 4. 선고 2001다22604 판결)

판례 해설

이 사건은 대지사용권이 아닌 전유부분에만 저당권이 설정된 이후 저당권의 실행으로 인하여 전유부분 뿐만 아니라 대지사용권까지 함께 낙찰된 점에 관하여 대지 사용권은 부당한 이득으로 반환되어야 한다고 주장한 사안이다.

그러나 이미 98다45652 판결에서도 본 바와 같이 구분소유권과 대지 사용권은 분리 처분이 금지되어 있고 규약이 없는 한 일체로 이전되어야 하므로, 2001다22604판례는 낙찰인은 경매목적물인 전유부분을 낙찰받음에 따라 종물 내지 종된 권리인 대지지분도 함께 취득하였다 할 것이고, 만약 낙찰인이 대지지분에 관하여 소유권이전등기를 경료받은 것을 두고 법률상 원인 없이 이득을 얻은 것이라고 한다면 구분소유권과 대지사용권의 분리 처분을 금지한 취지를 몰각하는 것이므로 감정평가액을 반영하지 않은 상태에서 경매절차를 진행하였다고 하더라도 대지지분도 함께 취득한다고 판시하고 있다.

법원 판단

집합건물의소유및관리에관한법률 제20조 제1항, 제2항과 민법 제358조 본문의 각 규정에 비추어 볼 때, 집합건물의 대지의 분·합필 및 환지절차의 지연, 각 세대당 지분비율 결정의 지연 등으로 인하여 구분건물의 전유부분에 대한 소유권이전등기만 경료되고 대지지분에 대한 소유권이전등기가 경료되기 전에 전유부분만에 관하여 설정된 저당권의 효력은, 대지사용권의 분리처분이 가능하도록 규약으로 정하였다는 등의 특별한 사정이 없는 한, 그 전유부분의 소유자가 나중에 대지지분에 관한 등기를 마침으로써 전유부분과 대지권이 동일 소유자에게 귀속하게 되었다면 당연히 종물 내지 종된 권리인 그 대지사용권에까지 미친다.

구분건물의 전유부분에 대한 소유권이전등기만 경료되고 대지지분에 대한 소유권이전등기가 경료되기 전에 전유부분만에 관하여 설정된 근저당권에 터잡아 임의경매절차가 개시되었고, 집행법원이 구분건물에 대한 입찰명령을 함에 있어 대지지분에 관한 감정평가액을 반영하지 않은 상태에서 경매절차를 진행하였다고 하더라도, 전유부분에 대한 대지사용권을 분리처분할 수 있도록 정한 규약이 존재한다는 등의 특별한 사정이 없는 한 낙찰인은 경매목적물인 전유부분을 낙찰받음에 따라 종물 내지 종된 권리인 대지지분도 함께 취득하였다 할 것이므로, 구분건물의 대지지분 등기가 경료된 후 집행법원의 촉탁에 의하여 낙찰인이 대지지분에 관하여 소유권이전등기를 경료받은 것을 두고 법률상 원인 없이 이득을 얻은 것이라고 할 수 없다.

아파트 전유부분 소유자는 대지사용권에 관하여 일정 요건하에 점유취득시효를 주장할 수 있다(대법원 2017. 1. 25. 선고 2012다72469 판결)

판례 해설

전유부분의 소유자는 대지 지분에 관하여 자신의 명의로 되어 있지 않더라도 20년동안 평온 공연하게 점유하고 있었다면 해당 대지지분에 관하여 점유취득시효를 인정받을 수 있다고 판단된 사례이다.

원고의 주위적 청구는 자신에게 분양을 한 재개발재건축 조합을 대위하여 한국주택공사에 대하여 대지지분을 반환하도록 요청하였던 것이었는데 재개발재건축 조합은 대지 지분을 취득하거나 취득할 수 있는 지위에 있지 않다는 이유로 동 청구는 배척당하였다. 결국 원고는 최후의 수단으로 점유취득 시효를 주장하였는데 동 주장이 받아들여져 대지 지분권을 가져오게 되었다.

그러나 본 판결은 부득이하게 인정된 판결로서 이 사건 자체가 한국주택공사가 무슨 이유로 대지 지분을 이전해주지 않았는지도 의문이고 더불어 집합건물법상 전유부분과 대지사용권의 분리처분 금지 또는 분리되는 상황을 어떻게든 방지하기 위하여 부득이 대법원에서 점유취득시효를 가지고와서 인정한 것으로 보인다.

결국 대상판결의 법리는 경매절차에서 대지권이 없는 상태에서 아파트 전유부분이 매각목적물로 나왔을 경우 점유취득 시효기간을 고려하여 경매 낙찰자가 원용할 수 있다는데 그 의의가 있다.

법원 판단

가. 건물은 일반적으로 그 대지를 떠나서는 존재할 수 없으므로, 건물의 소유자가 건물의 대지인 토지를 점유하고 있다고 볼 수 있다. 이 경우 건물의 소유자가 현실적으로 건물이나 그 대지를 점유하지 않고 있더라도 건물의 소유를 위하여 그 대지를 점유한다고 보아야 한다(대법원 2003. 11. 13. 선고 2002다57935 판결 등 참조).

그리고 점유는 물건을 사실상 지배하는 것을 가리키므로, 1개의 물건 중 특정 부분만을 점유할 수는 있지만, 일부 지분만을 사실상 지배하여 점유한다는 것은 상정하기 어렵다.

따라서 1동의 건물의 구분소유자들은 그 전유부분을 구분소유하면서 공용부분을 공유하므로 특별한 사정이 없는 한 그 건물의 대지 전체를 공동으로 점유한다고 할 것이다(대법원 2014. 9. 4. 선고 2012다7670 판결 참조). 이는 집합건물의 대지에 관한 점유취득시효에서 말하는 '점유'에도 적용되므로, 20년간 소유의 의사로 평온, 공연하게 집합건물을 구분소유한 사람은 등기함으로써 그 대지의 소유권을 취득할 수 있다. 이와 같이 점유취득시효가 완성된 경우에 집합건물의 구분소유자들이 취득하는 대지의 소유권은 전유부분을 소유하기 위한 대지사용권에 해당한다.

집합건물의 소유 및 관리에 관한 법률(이하 '집합건물법'이라고 한다)은 구분소유자의 대지사용권은 그가 가지는 전유부분의 처분에 따르고(제20조 제1항), 구분소유자는 규약에 달리 정한 경우를 제외하고는 그가 가지는 전유부분과 분리하여 대지사용권을 처분할 수 없다(제20조 제2항)고 정함으로써, 전유부분과 대지사용권의 일체성을 선언하고 있다. 나아가 집합건물법은 각 공유자의 지분은 그가 가지는 전유부분의 면적 비율에 따르고(제12조 제1항), 구분소유자가 둘 이상의 전유부분을 소유한 경우에 규약으로써 달리 정하지 않는 한 대지사용권이 전유부분의 면적 비율대로 각 전유부분의 처분에 따르도록 규정하고 있다(제21조 제1항, 제12조). 이 규정은 전유부분을 처분하는 경우에 여러 개의 전유부분에 대응하는 대지사용권의 비율을 명백히 하기 위한 것인데, 대지사용권의 비율은 원칙적으로 전유부분의 면적 비율에 따라야 한다는 것이 집합건물법의 취지라고 할 수 있다. 이러한 취지에 비추어 보면, 집합건물의 구분소유자들이 대지 전체를 공동점유하여 그에 대한 점유취득시효가 완성된 경우에도 구분소유자들은 대지사용권으로 그 전유부분의 면적 비율에 따른 대지 지분을 보유한다고 보아야 한다.

집합건물의 대지 일부에 관한 점유취득시효의 완성 당시 구분소유자들 중 일부만 대지권등기나 지분이전등기를 마치고 다른 일부 구분소유자들은 이러한 등기를 마치지 않았다면, 특별한 사정이 없는 한 구분소유자들은 각 전유부분의 면적 비율에 따라 대지권으로 등기되어야 할 지분에서 부족한 지분에 관하여 등기명의인을 상대로 점유취득시효완성을 원인으로 한 지분이전등기를 청구할 수 있다.

구분소유권이 이미 성립한 집합건물이 증축되어 새로운 전유부분이 생긴 경우, 새로운 전유부분을 위한 대지사용권이 인정되는지 여부(원칙적 소극) (대법원 2017. 5. 31. 선고 2014다236809 판결)

판례 해설

간혹 다세대 주택이기는 하나 대지사용권이 존재하지 않은 건물들이 종종 있고 특히 경매 목적물 중에 이와 같은 건물이 심심치 않게 발생하고 있다. 이와 같은 건물이 생기는 이유는 이미 성립한 집합건물에 임의로 증축하여 새로운 전유부분이 생긴 것으로 이는 해당 집합건물의 다른 구분소유자들과 대지사용권에 관한 충분한 논의 없이 증축된 건물이다.

이와 같이 문제가 된 건물의 대지사용권에 관하여 본 대상판결에서는 명확히 선을 그었다. 즉 건물의 일부 증축으로 새로이 생긴 전유부분에 대하여는 대지사용권은 존재하지 않고 결국 해당 전유부분은 대지사용권이 존재하지 않은 채로 남아있으며 추후 매매 등을 할 때에도 여전히 대지 사용권이 존재하지 않기 때문에 언제든지 철거의 운명이 있을 수 있고 특히 재개발이나 재건축 당시 대지지분권이 없기 때문에 그 가치는 형편없이 감정된다는 것이다.

이 점을 유의하여 대상판결과 같은 상황 즉 기존 건물에 임의로 증축하여 대지사용권이 없는 전유부분을 매수하거나 경매건으로 낙찰을 받을 경우에는 특히 주의하여야 할 것이다.

법원 판단

집합건물의 소유 및 관리에 관한 법률(이하 '집합건물법'이라고 한다)은 제20조에서, 구분소유자의 대지사용권은 그가 가지는 전유부분의 처분에 따르고(제1항), 구분소유자는 규약 또는 공정증서로써 달리 정하지 않는 한 그가 가지는 전유부분과 분리하여 대지사용권을 처분할 수 없다(제2항, 제4항)고 규정하고 있다. 집합건물의 건축자가 그 소유인 대지 위에 집합건물을 건축하고 전유부분에 관하여 건축자 명의로 소유권보존등기를 마친 경우, 건축자의 대지소유권은 집합건물법 제2조 제6호에서 정한 구분소유자가 전유부분을 소유하기 위하여 건물의 대지에 대하여 가지는 권리인 대지사용권에 해당한다. 따라서 전유부분에 대한 대지사용권을 분리처분할 수 있도록 정한 규약이 존재한다는 등의 특별한 사정이 인정되지 않는 한 전유부분과 분리하여 대지사용권을 처분할 수 없고, 이를 위반한 대지지분의 처분행위는 효력이 없다.

그러므로 구분소유권이 이미 성립한 집합건물이 증축되어 새로운 전유부분이 생긴 경우에는, 건축자의 대지소유권은 기존 전유부분을 소유하기 위한 대지사용권으로 이미 성립하여 기존 전유부분과 일체불가분성을 가지게 되었으므로 규약 또는 공정증서로써 달리 정하는 등의 특별한 사정이 없는 한 새로운 전유부분을 위한 대지사용권이 될 수 없다.

대지사용권을 가진 집합건물의 건축자가 대지권에 관한 등기를 하지 아니하고 구분건물에 관하여만 소유권이전등기를 마친 경우, 구분건물의 현 소유자가 구 부동산등기법 시행규칙 제60조의2에 근거하여 대지권변경등기절차의 이행을 구할 수 있는지 여부(소극) 대법원 2020. 8. 20 선고 2019다30396 판결 [대지권이전등기절차이행등청구의소]

법원 판단

집합건물의 건축자가 대지사용권을 가지고 있는 경우에 대지권에 관한 등기를 하지 아니하고 구분건물에 관하여만 소유권이전등기를 마쳤을 때에는 **구분건물의 현 소유자가 건축자와 공동으로 대지사용권에 관한 이전등기를 신청할 수 있고, 위 신청과 동시에 단독으로 대지권표시등기를 신청할 수 있다**(부동산등기법 제60조 제1항, 제3항 참조). 따라서 **구분건물의 현 소유자는 집합건물의 건축자에 대하여 부동산등기법 제60조 제1항에 의하여 대지사용권에 관한 이전등기를 구할 수 있음은 별론으로 하고**, 2006. 5. 30. 대법원규칙 제2025호로 부동산등기법 시행규칙이 개정되면서 삭제된 구 부동산등기법 시행규칙 제60조의2에 근거하여 대지권변경등기절차의 이행을 구할 수는 없다(대법원 2008. 9. 11. 선고 2007다45777 판결 참조).

원심판결 이유를 위와 같은 법리와 기록에 비추어 살펴보면, 원심의 이유 설시에 일부 부적절한 점은 있으나, 대지권변경등기절차의 이행을 소로써 구할 수 있다는 전제에서 제기된 이 사건 소를 모두 각하한 원심판결에 상고이유 주장과 같이 법원의 석명의무를 위반하거나 관련 법리를 오해하여 판결에 영향을 미친 잘못이 없다.

유치권, 임차권, 법정지상권 등
경매 관련 분쟁을 정리한

부동산 경매
분쟁 사례 개정판

초판 발행　2018년 12월 07일
2판 발행　2023년 11월 17일

지 은 이　권형필
디 자 인　이나영
발 행 처　주식회사 필통북스
등　　록　제2019-000085호
주　　소　서울특별시 관악구 신림로59길 23, 1201호(신림동)
전　　화　1544-1967
팩　　스　02-6499-0839
homepage　http://www.feeltongbooks.com/

ISBN　　979-11-6792-127-7　03360

ⓒ 권형필 2023

정가 25,000

지혜와지식은 교육미디어그룹
주식회사 필통북스의 인문서적 임프린트입니다.

| 이 책은 저자와의 협의 하에 인지를 생략합니다.
| 이 책은 저작권법에 의해 보호를 받는 저작물이므로
　주식회사 필통북스의 허락 없는 무단전제 및 복제를 금합니다.
| 잘못된 책은 바꾸어 드립니다.